# Un magicien parmi les esprits

Harry Houdini

**Writat**

Cette édition parue en 2023

ISBN : 9789358810868

Publié par
Writat
email : info@writat.com

# Contenu

# INTRODUCTION

DEPUIS mes débuts en tant qu'artiste mystique, je me suis intéressé au spiritualisme comme appartenant à la catégorie du mysticisme, et en marge de ma propre phase de spectacles mystérieux, je me suis associé à des médiums, rejoignant la base et organisant des séances en tant que un média indépendant pour comprendre la vérité sur tout cela. À l'époque, j'appréciais le fait de surprendre mes clients, mais tout en étant conscient du fait que je les trompais, *je* ne voyais ni ne comprenais la gravité de jouer avec une sentimentalité aussi sacrée et le résultat funeste qui en résultait inévitablement. Pour moi, c'était une plaisanterie. J'étais un mystificateur et en tant que tel, mon ambition était satisfaite et mon amour pour une sensation douce satisfait. Après avoir approfondi, j'ai réalisé la gravité de tout cela. Au fur et à mesure que j'avançais vers des années d'expérience plus mûres, j'ai pris conscience de la gravité de jouer avec le respect sacré que l'être humain moyen accorde au défunt, et lorsque j'ai personnellement été affligé d'un chagrin similaire, j'ai été chagriné d'avoir jamais dû l'avoir fait. s'est rendu coupable d'une telle frivolité et s'est rendu compte pour la première fois que cela frôlait le crime.

En conséquence, ma propre attitude mentale est devenue considérablement plus plastique. Moi aussi, je me serais volontiers séparé d'une grande part de mes biens terrestres pour le réconfort d'un seul mot de mes bien-aimés disparus - juste un mot dont j'étais sûr qu'ils m'avaient été sincèrement accordés - et j'ai ainsi été amené à une pleine conscience du le caractère sacré de la pensée, et je suis devenu profondément intéressé de découvrir s'il y avait une réalité possible au retour, par l'Esprit, de quelqu'un qui avait traversé la frontière et qui depuis lors a consacré à cet effort mon cœur et mon âme et quelle puissance cérébrale je possède. Dans cet état d'esprit, j'ai commencé une nouvelle ligne de recherche psychique en toute sérieux et depuis lors jusqu'à aujourd'hui, je ne suis jamais entré dans une salle de séance qu'avec un esprit ouvert et dévotement désireux de savoir si l'intercommunication est dans la gamme des possibilités et avec un volonté d'accepter toute démonstration qui prouve une révélation de la vérité.

C'est cette question de la vérité ou de la fausseté de l'intercommunication entre les morts et les vivants, plus que toute autre chose, qui a retenu mon attention et à laquelle j'ai consacré des années de recherches et d'études consciencieuses. Sir Arthur Conan Doyle dit dans l'une de ses conférences :

"Quand on frappe à la porte, on ne s'arrête pas, mais on va plus loin pour voir la cause et enquêter, et tôt ou tard on découvre qu'un message est en train d'être délivré, ... "

donc allé enquêter sur les coups, mais à la suite de mes efforts, je dois avouer que je suis plus loin que jamais de croire en l'authenticité des manifestations de l'Esprit et après vingt-cinq ans de recherches et d'efforts ardents, je déclare que rien n'a été révélé pour me convaincre qu'une intercommunication a été établie entre les Esprits des défunts et ceux encore dans la chair.

J'ai conclu des accords avec quatorze personnes différentes selon lesquelles celui d'entre nous qui mourrait le premier communiquerait avec l'autre si cela était possible, mais je n'ai jamais reçu un mot. Le premier de ces pactes a été conclu il y a plus de vingt-cinq ans et je suis certain que si l'une des personnes avait pu me joindre, elle l'aurait fait. Un pacte a été conclu avec mon secrétaire particulier, feu John W. Sargent, un homme d'âge mûr. Nous étions très attachés l'un à l'autre. La veille de son opération, il m'a dit :

« Houdini, c'est peut-être la fin. Si tel est le cas, je reviendrai vers vous, peu importe ce qui se passe de l'autre côté, à condition que je puisse vous joindre par un moyen quelconque. Et si je peux venir, vous saurez que c'est moi parce que je le veux si fort que vous ne pouvez pas vous tromper.

Il est mort le jour suivant. C'était il y a plus de trois ans et il n'y a aucun signe. J'ai attendu et regardé en croyant que si un homme avait pu renvoyer un message, il aurait été l'homme qu'il fallait. Et je sais que nos esprits étaient si proches l'un de l'autre que j'aurais reçu le signal indiquant que mon ami voulait m'appeler. Personne ne pourrait m'accuser de ne pas vouloir recevoir un tel signe car cela aurait été la plus grande illumination que j'aurais pu avoir dans ce monde.

Sir Arthur Conan Doyle, un croyant sincère et confirmé aux phénomènes spirituels dont j'estime la connaissance, m'informe que je n'obtiens pas de résultats convaincants parce que je suis sceptique et je veux donc préciser que je ne suis pas un moqueur. Je crois fermement en un Être Suprême et qu'il existe un au-delà. C'est pourquoi, depuis leur départ de cette terre, j'ai pour habitude, comme devoir final, de visiter les lieux de repos sacrés de mes parents bien-aimés et de demander leur protection et leurs bénédictions silencieuses par l'intermédiaire du Tout-Puissant Tout-Puissant. Le tout premier endroit que je visite à mon retour de voyage est ce même lieu sacré. Tous deux m'ont fidèlement promis à d'innombrables reprises dans cette vie que s'ils pouvaient m'aider et me protéger depuis leurs tombes ou depuis le Grand Au-delà, ils le feraient. Mon esprit a toujours été ouvert, réceptif et prêt à croire. En assistant aux séances, j'ai toujours pris un serment d'honneur envers moi-même de bannir de mon esprit, dans la mesure de mes possibilités, toutes pensées profanes. Je m'engage en outre à me concentrer. J'ai persuadé toute mon âme, mon cerveau et ma pensée à un point tel que le médium a retenu mon attention à tel point qu'à la fin, je me sens aussi épuisé que le médium qui montre à ceux qui sont présents les effets d'une grande tension, quelle qu'en soit la cause. Il faut donc voir que je ne suis pas sceptique. Cependant, l'œuvre de ma vie a été d'inventer et de présenter publiquement des problèmes dont même les membres de la profession magique n'ont pas pu découvrir les secrets et dont les effets se sont révélés aussi inexplicables aux scientifiques que n'importe quelle merveille de l'histoire. médiums, et je prétends qu'en ce qui concerne la révélation de la supercherie, mes années d'investigation ont été plus productives que la même période de travail similaire de n'importe quel scientifique ; que mon palmarès en tant que « mystificateur des mystificateurs » me qualifie pour regarder sous la surface de tout problème mystérieux qui se présente à moi et qu'avec mes yeux entraînés par trente années d'expérience dans les domaines du mystère et de l'occultisme, il n'est pas étrange que je considère ces les soi-disant phénomènes sous un angle différent de celui du profane ordinaire ou même de l'enquêteur expert.

Un incident mémorable dans ma vie et qui montre à quel point le monde dans son ensemble comprend peu les méthodes par lesquelles mes mystères sont produits et montre également combien il est facile pour même un grand intellect, confronté à un mystère qu'il ne peut pas comprendre, de conclure qu'il existe Il y a quelque chose de surnaturel impliqué, qui a à voir avec Madame Sarah Bernhardt.

Lors d'un de mes différents engagements à Paris, elle avait été témoin de mes performances et avait hâte de voir un de mes exploits en extérieur, alors, alors que nous jouions tous les deux en même temps à Boston, par bonne camaraderie, j'ai donné une représentation spéciale à mon hôtel. en ajoutant quelques expériences supplémentaires à son bénéfice. Alors que nous étions assis dans l'automobile en route vers ma manifestation, elle a doucement placé son bras autour de mon épaule, et de cette voix merveilleuse dont elle était douée et qui a enthousiasmé des milliers d'auditeurs, mais maintenant immobilisée pour toujours, elle a dit : moi:

« Houdini, tu fais des choses tellement merveilleuses . Ne pourriez-vous pas... pourriez-vous me rapporter ma jambe ?

Je l'ai regardée, surprise, et ne voyant aucune étincelle malicieuse dans ses yeux, j'ai répondu :

– Bon Dieu, Madame, certainement pas ; tu ne peux pas être sérieux. Vous savez que mes pouvoirs sont limités et vous me demandez en réalité de faire l'impossible.

"Oui," dit-elle en se penchant plus près de moi, "mais tu fais l'impossible."

Nous nous regardâmes ; elle, la femme du monde expérimentée et usée par les voyages ; Moi, l'humble mystificateur , j'étais perplexe et abasourdi par le compliment extraordinaire et involontaire qu'elle me faisait. Puis j'ai demandé :

"Est-ce que vous plaisantez?"

« *Mais non, Houdini, j'ai jamais été plus sérieux dans ma vie* 1 », répondit-elle en secouant lentement la tête.

«Madame, vous exagérez mes capacités», lui dis-je.

Chacune des merveilles de la science moderne, telles que le téléphone, la radio, la machine volante, le radium, etc., était autrefois considérée comme impossible et aurait été considérée comme une manifestation surnaturelle, voire spirituelle. Des mystères similaires, mais plus fragiles dans leurs principes et dans leurs détails constructifs, étaient les instruments utilisés par les prêtres des anciens cultes religieux dans le but de maintenir en servitude la masse des êtres inintelligents.

Il n'est pas rare que l'œil ou l'oreille joue des tours avec l'un d'eux, mais lorsque de telles illusions et délires sont pris pour les formes spirituelles des défunts et les voix des morts au lieu d'être reconnus comme des phénomènes subjectifs provoqués par une cause physique, la situation prend un aspect grave. C'est ce transfert d'une réaction intérieure vers un objet extérieur qui constitue pratiquement tout ce qu'il faut pour être rangé dans la catégorie des « médiums », qui représentent les prêtres et les ministres du Spiritualisme.

Les parents en détresse captent le moindre mot qui puisse indiquer de loin que l'Esprit qu'ils recherchent est en communication avec eux. Un petit signe même, qui fait appel à leur imagination en attente, brise toute prudence ordinaire et ils se convertissent. Ensuite, ils commencent à accepter toutes sortes d'événements naturels comme le résultat de l'intervention de l'Esprit. Cet état d'esprit est producteur de nombreux malheurs, y compris des suicides de ceux qui pensent qu'ils connaîtront un bonheur avec des êtres chers au-delà des limites. Alors que j'étais en Europe en 1919 pour terminer un engagement interrompu par la Première Guerre mondiale, j'ai été impressionné par l'empressement des parents accablés par le chagrin à chercher le réconfort d'un mot du garçon décédé et mon désir de vérité s'est renouvelé avec une nouvelle vigueur. On me dit que l'engouement pour les « médiums » est devenu si grand à Berlin que les habitants affligés ont dépensé de grosses sommes d'argent dans l'espoir de découvrir des médiums qui « leur garantiraient un aperçu derrière le voile ». C'est avec le plus profond intérêt et inquiétude que j'ai observé cette grande vague de spiritualisme déferler sur le monde ces derniers mois et que j'ai réalisé qu'elle avait pris une telle emprise sur les personnes au tempérament névrotique, en particulier celles souffrant de deuil, qu'elle est devenue une tendance. menace pour la santé et la santé mentale.

Le professeur George M. Robertson, éminent psychopathologiste et médecin surintendant du Royal Edinburgh Mental Hospital, a fait du danger de folie résultant d'une forte croyance au spiritualisme chez les névrosés le sujet d'une partie de son rapport annuel en 1920. Il dit :

« Ceux qui ont enduré des deuils pendant la guerre et les ont supportés avec sérénité lors des événements surpeuplés et sous la pression des activités de guerre, telles que celles de la Croix-Rouge et d'autres œuvres, ont beaucoup plus de mal à supporter aujourd'hui, même si le temps a passé. Certains sont tombés en panne depuis la fin de la guerre. Beaucoup, pour réconforter leurs sentiments, se sont intéressés au spiritualisme. Depuis que le Dr Charles Mercier a cité dans la préface de son livre "Le Spiritualisme et Sir Oliver Lodge" mon avertissement sur le danger des personnes névrosées s'engageant dans des enquêtes pratiques de nature spiritualiste, j'ai reçu de nombreuses demandes pour en dire davantage sur le sujet. Je n'ai pas grand-chose à ajouter, si ce n'est pour réaffirmer la déclaration faite alors.

« Je ne considère ni Sir Arthur Conan Doyle ni Sir Oliver Lodge comme des juges sûrs, dont l'opinion devrait être acceptée sur ce sujet difficile et important, compte tenu de leur deuil et de leurs désirs inconscients. Si le désir est père de la pensée, il est mère de l'hallucination des sens.

"Les tours que le cerveau peut jouer sans faire appel aux aides spiritualistes sont tout simplement stupéfiants, et seuls ceux qui ont étudié la psychologie morbide aussi bien que normale en réalisent toute la vérité."

J'ai lu avec une vive curiosité les articles d'éminents scientifiques au sujet des phénomènes psychiques, notamment ceux de Sir Arthur Conan Doyle et Sir Oliver Lodge, dans lesquels ils ont discuté de leurs conversions respectives à une croyance en la communication avec les morts. Il ne fait aucun doute dans mon esprit que certains de ces scientifiques sont sincères dans leurs convictions, mais malheureusement c'est grâce à cette sincérité *que* des milliers de personnes se convertissent. Le fait qu'ils soient *scientifiques* ne leur confère pas un don particulier pour détecter les sortes particulières de fraudes utilisées par les médiums, ni ne les empêche d'être trompés, surtout lorsqu'ils sont fortifiés dans leur croyance par le chagrin, pour les différents livres et les archives sur le sujet regorgent de tromperies pratiquées sur des scientifiques de renom qui ont tenté d'enquêter sur des médiums éminents. Il est parfaitement rationnel de supposer que je puisse être trompé une ou deux fois par une nouvelle illusion, mais si mon esprit, qui a été si intensément entraîné pendant des années à inventer des effets mystérieux, peut être trompé, combien plus susceptible l'observateur ordinaire doit-il être trompé. .

Lors de mon dernier voyage à l'étranger, en 1919, j'ai assisté à plus d'une centaine de séances dans le seul but d'une enquête honnête ; ces séances étaient présidées par des médiums bien connus en France et en Angleterre. En plus d'assister à ces séances, j'ai passé beaucoup de temps à discuter avec des personnes clairement identifiées avec le spiritualisme. Au cours de mes intenses investigations , j'ai rencontré la plupart des médiums célèbres de notre époque. Je me suis soumis aux conditions imposées par eux et j'ai attendu religieusement les résultats, mais je mets toujours en doute toute prétendue preuve de l'existence d'Esprits qui s'intéressent de quelque manière que ce soit, physiquement ou mentalement, au bien-être des hommes mortels. Il n'entre pas dans le cadre de ce livre, qui est le résultat de mes années d'investigation, de donner tous les détails historiques concernant chaque médium mentionné, bien qu'il en soit fourni suffisamment dans chaque cas pour établir mes affirmations, dont chacune est basée sur un une étude approfondie des dossiers, tout comme mes déclarations, dont beaucoup sont étayées par des preuves documentaires en ma possession.

J'ai passé une bonne partie de ma vie dans les études et la recherche. Au cours des trente dernières années, j'ai lu tous les ouvrages littéraires que je pouvais sur le sujet du spiritualisme. J'ai accumulé l'une des plus grandes bibliothèques au monde sur les phénomènes psychiques, le spiritualisme, la magie, la sorcellerie, la démonologie, les mauvais esprits, etc., certains documents remontant jusqu'à 1489, et je doute que quiconque au monde ait une bibliothèque si complète sur le spiritualisme moderne, mais rien de ce que j'ai jamais lu concernant les soi-disant phénomènes spiritualistes ne m'a impressionné comme étant authentique. Il est vrai que certaines des choses que j'ai lues semblaient mystifiantes, mais je me demande si elles le seraient si elles étaient reproduites dans des circonstances différentes, dans *des conditions de test* , et devant des mystificateurs experts et des comités ouverts d'esprit. Mon enquête n'a pas duré quelques jours, quelques semaines ou quelques mois, mais elle s'est étendue sur trente ans et, au cours de ces trente années, je n'ai pas trouvé un seul incident qui ait un goût d'authentique. S'il y avait eu une véritable démonstration sans mélange sur laquelle travailler, qui ne sente pas la fraude, qui ne puisse pas être reproduite par les puissances terrestres, alors il y aurait quelque chose pour une fondation, mais jusqu'à présent, tout ce que j'ai étudié a été le résultat de cerveaux trompés ou de ceux qui étaient trop activement et intensément disposés à croire.

HOUDINI.

# PRÉFACE

J'embrasserais volontiers le spiritualisme s'il pouvait prouver ses affirmations, mais je ne veux pas me laisser tromper par les impositions frauduleuses des soi-disant médiums, ni accepter comme réalité sacrée aucune des preuves qui m'ont été présentées jusqu'à présent .

La croyance enfantine des anciens dans la démonologie et la sorcellerie ; les superstitions des civilisés et des non-civilisés, et ces merveilleux mystères des âges passés, sont tous ridiculisés par le sens pleinement développé de la génération actuelle ; Pourtant, quelques scientifiques et érudits nous demandent très sérieusement d'accepter comme vérité absolue les témoignages construits par leurs médiums favoris, qui, jusqu'à présent, se sont avérés n'être rien d'autre qu'une construction plus ou moins élaborée. de fiction reposant sur des fondations les plus ténues, ou plutôt sur absolument aucune fondation.

Non seulement des hommes et des femmes instruits qui aspirent émotionnellement à une certaine assurance de l'existence continue de leurs proches décédés, mais des personnes de toutes phases et conditions de vie se sont complètement abandonnées à la croyance en la fiction la plus monstrueuse, attestée par un seul témoin. du soi-disant phénomène, et cela aussi lorsque le médium, par l'intermédiaire duquel le phénomène était censé s'être présenté, avait été surpris à maintes reprises en train de tricher.

Je crois en un au-delà et aucune plus grande bénédiction ne pourrait m'être accordée que l'opportunité, une fois de plus, de parler à ma sainte Mère qui m'attend à bras ouverts pour me serrer contre son cœur en guise de bienvenue, tout comme elle l'a fait lorsque je suis entré dans cet au-delà. sphère banale.

H.

*Printemps 1924.*

# CHAPITRE I
## LES FONDATRICES DU SPIRITUALISME MODERNE

L' histoire des manifestations spirituelles modernes, ainsi appelées, date de 1848 et de la « ferme solitaire » de John D. Fox et de sa femme dans le village de Hydesville , dans l'État de New York, et se concentre sur leurs deux petites filles, Margaret, huit ans, et Kate, plus jeune d'un an et demi. Exploité avec succès alors qu'il était encore enfant ; crédité d'un pouvoir occulte; devenant mondialement connues sous le nom de « The Fox Sisters », leur palmarès est, sans exception, l'un des plus intéressants de l'histoire du spiritualisme.

John Fox et sa femme semblent avoir été du type « bons et honnêtes », mais pas mentalement vifs. Des deux, l'épouse était la plus « simple d'esprit », et lorsque la « femme nerveuse et superstitieuse » commença à entendre des bruits inhabituels dont elle ne pouvait pas s'expliquer et qui semblaient d'une manière particulière liés à ses enfants, elle conclut à une fois que les sons n'étaient « pas naturels » et il a commencé à ruminer la question. Ses craintes augmentèrent avec la récurrence persistante des bruits mystérieux, et bientôt elle fit confiance à certains voisins. Ils étaient aussi perplexes que la mère, la maison des Fox est devenue un objet de suspicion et le quartier s'est donné pour mission de résoudre le mystère.

Avec l'augmentation de l'intérêt s'est accompagnée une augmentation proportionnelle des bruits, qui ont commencé à être connus sous le nom de « coups frappés » et auxquels, malgré les dénégations positives des enfants de toute connaissance de la façon dont ils étaient produits, répondaient régulièrement par un code étrange . questions posées aux deux filles. La possibilité d'une duplicité chez de tels enfants n'est jamais venue à l'esprit de personne à Hydesville , avec pour résultat que la timide allusion à un « esprit désincarné » est rapidement devenue une théorie. Quelqu'un a demandé aux filles si un meurtre avait déjà été commis dans la maison. Les sons inquiétants du code répondirent par l'affirmative et immédiatement aux chercheurs avides, la théorie devint un fait prouvé et surgit dans leur esprit la vision d'une personnalité dans le Monde des Esprits s'efforçant par des moyens rudimentaires, qui ressemblaient quelque peu à la télégraphie, faire bénéficier les êtres humains de ses connaissances plus vastes, toute l'affaire étant d'une manière obscure liée à deux petites filles.

À ce moment critique, la fille mariée de John D. Fox et de sa femme rentrait à Hydesville pour une visite. Vingt-trois ans plus âgée que la petite Margaret, d'un type très différent de celui de son père ou de sa mère, elle semble avoir saisi instantanément les possibilités des pouvoirs « occultes » de ses petites sœurs et avoir pris le contrôle total des affaires de la famille Fox à l'époque. une fois. Sa première démarche fut d'organiser une « Société des spiritualistes » et d'encourager les foules à venir à la maison pour voir les enfants. Hydesville est devenu célèbre presque du jour au lendemain. La nouvelle de ces « rappings » particuliers s'est répandue avec une rapidité fulgurante et est rapidement devenue un sujet de conversation passionnant, non seulement aux États-Unis, mais également en Angleterre, en France, en Italie et en Allemagne. On dit que des femmes comme Harriet Martineau et Elizabeth Barrett Browning y ont consacré toute leur réflexion, et que des hommes dotés d'une intelligence et d'une volonté très fortes se sont laissés « prendre dans les mailles qu'elle avait tissées dans la pensée contemporaine ».

Hydesville est devenu très vite un champ trop petit pour les opérations de Mme Fish, la sœur aînée, et bientôt elle apparaît à Rochester avec les filles, exposant publiquement leurs exploits à de grandes foules pour de l'argent, réalisant de cent à cent cinquante dollars par nuit de bénéfices, qu'elle empochait. De Rochester, elle les emmena à New York, et plus tard les filles firent une tournée des villes des États-Unis, attirant « les théologiens, médecins et hommes professionnels les plus éminents de toutes sortes, ainsi que de grandes foules partout ». Il n'y a aucune trace que les filles aient jamais été sous la direction de Mme Fish après leur départ de New York, même si elle les menaçait continuellement et que Margaret la craignait aussi longtemps qu'elle vivait.

La grande tournée terminée, Kate, parrainée par Horace Greeley, alla à l'école et Margaret, à peine devenue une jolie jeune femme et destinée à devenir la plus célèbre des deux médiums, commença une série de séances dans des chambres occupées par elle-même et sa mère. à l'Union Hotel de Philadelphie. C'est là que la romance est entrée dans sa vie un jour de 1853 en la personne du Dr Elisha Kent Kane, le célèbre explorateur de l'Arctique.

Sa carrière a été remarquable. Appartenant à l'une des familles les plus aristocratiques de Philadelphie ; le fils d'un juge; beau; encore moins de trente-quatre ans ; Diplômé plus de dix ans auparavant de l'Université de Pennsylvanie, il s'était rendu en Chine avec le commodore Parker comme «chirurgien de l'ambassade», avait ensuite obtenu un congé et avait parcouru la Grèce à pied, remonté le Nil, visité l'Inde, Ceylan et les îles des mers du Sud, et même « osé l'Himalaya ». La guerre du Mexique lui avait fourni l'occasion de « gagner des éperons pour sa bravoure ». et, ce faisant, il avait rejoint une expédition de secours qui partait à la recherche de Sir John Franklin en 1850.2

Cet homme du monde qui a beaucoup voyagé et qui a beaucoup d'expérience a été immédiatement et irrésistiblement attiré par le jeune médium. Une connaissance s'est formée et il n'a pas fallu longtemps avant que le docteur Kane décide que, quels que soient tous les obstacles, elle devrait être sa femme. Malgré les efforts de sa famille, il prit bientôt des dispositions pour éduquer Margaret, et elle fut placée chez un tuteur dans une banlieue tranquille de Philadelphie, où une tante du médecin pouvait la surveiller et où, en plus de ses autres Après ses études, elle devait maîtriser le français, l'allemand et l'italien, ainsi que la musique vocale et instrumentale. Ses vacances étaient passées avec une sœur du sénateur Cockrell. Pendant trois ou quatre ans, elle fut ainsi à l'abri du monde, tandis que le médecin faisait tout ce qui était en son pouvoir pour extirper de son esprit tout ce qui avait trait au spiritualisme et aux « coups ». Puis vint le tournant de la marée.

La santé du médecin s'est dégradée à la suite de son exposition dans l'Arctique et a décidé de partir à l'étranger. Il n'y avait eu aucune cérémonie civile ou religieuse pour marquer son mariage avec Margaret, mais juste avant de partir, en présence de sa mère et d'autres témoins, il déclara qu'ils étaient mari et femme. Sa santé se détériore à Londres et il part pour les Antilles, où Margaret et sa mère devaient le rejoindre, mais leurs préparatifs du voyage sont interrompus par l'annonce dans les journaux de sa mort à La Havane le 16 février. , 1857. Margaret fut prosternée sous le coup. Une longue maladie s'ensuivit et lorsqu'elle se rétablit enfin, ce fut pour affronter le monde, non seulement sans amis et seule, mais aussi sans le sou, car, à la suite d'un compromis, elle ne partagea pas la succession du médecin. Déçue, découragée et amère, elle retourna à son spiritualisme et à ses « raps ». Pendant trente ans, elle a erré d'un endroit à l'autre, organisant des séances. Pendant trente ans, elle a souffert des tortures du remords et de la mauvaise santé. Elle croyait être conduite « en enfer ». Elle détestait ce qu'elle était et essayait parfois de noyer ses ennuis dans le vin. Pendant trente ans, elle a vécu dans la peur constante de sa sœur aînée. Margaret Kane a ensuite trouvé un réconfort temporaire dans l'Église catholique. Mais il lui fallut encore des mois de lutte avant qu'elle ne trouve enfin le courage de raconter l'histoire des « coups » mondialement connus dans une confession signée remise à la presse en octobre 1888.3

«Je fais cela», dit-elle, «parce que je considère comme mon devoir, une chose sacrée, une mission sainte, de l'exposer (le spiritualisme). Je veux voir le jour où cela sera complètement supprimé. Après l'avoir exposé, j'espère que le spiritualisme recevra un coup mortel. J'étais le premier sur le terrain et j'ai le droit de l'exposer. 4

«Ma sœur Katie et moi étions de très jeunes enfants lorsque cette horrible tromperie a commencé. Je n'avais que huit ans, soit un an et demi de plus qu'elle. Nous étions des enfants très espiègles et cherchions simplement à terrifier notre chère mère, qui était une très bonne femme et très facilement effrayée.

« Quand nous nous couchions le soir , nous avions l'habitude d'attacher une pomme à une ficelle et de déplacer la ficelle de haut en bas, ce qui faisait cogner la pomme sur le sol, ou nous la laissions tomber par terre, faisant un bruit étrange à chaque fois. ça rebondirait. Mère a écouté cela pendant un moment. Elle ne voulait pas comprendre et ne nous soupçonnait pas d'être capables de ruse parce que nous étions si jeunes.

« Finalement , elle n'en pouvait plus et elle a appelé les voisins pour leur en parler. C'est ce qui nous a poussé à découvrir un moyen de rendre le rap plus efficace. Je pense, quand j'y réfléchis, que c'était une découverte des plus merveilleuses, une chose très merveilleuse que des enfants fassent une telle découverte, et tout cela par désir de faire uniquement du mal. 5

« Notre sœur aînée avait vingt-trois ans quand je suis née. Elle était à Rochester lorsque ces astuces ont commencé, mais elle est venue à Hydesville , le petit village du centre de New York où nous sommes nés et avons vécu.

« Tous les voisins, comme je l'ai dit, ont été convoqués pour assister à ces manifestations. Il y avait tellement de monde qui venait à la maison que nous ne pouvions pas utiliser l'astuce de la pomme, sauf lorsque nous étions au lit et que la pièce était sombre. Même alors, nous y parvenions à peine, la seule solution était donc de frapper sur le lit.

« Et c'est ainsi que nous avons commencé. D'abord, pour effrayer ma mère, puis, quand tant de gens sont venus nous voir, les enfants, nous avons nous-mêmes eu peur et, par instinct de conservation, nous avons été obligés de continuer. Personne ne nous soupçonnait de quelconque ruse parce que nous étions de très jeunes enfants. Nous avons été guidés volontairement par ma sœur et par ma mère involontairement. On l'entendait souvent dire :

« Est-ce un esprit désincarné qui a pris possession de mes chers enfants ? »

«Cela nous a encouragés à nous amuser et nous avons continué. Tous les voisins pensaient qu'il y avait quelque chose et voulaient savoir ce que c'était. Ils étaient convaincus que quelqu'un avait été assassiné dans la maison. Ils interrogeaient les esprits à ce sujet par notre intermédiaire et nous rappions un pour que l'esprit réponde « oui », pas trois comme nous l'avons fait par la suite. Le meurtre auquel ils ont conclu a dû être commis dans la maison. Ils parcoururent tout le pays environnant pour tenter de retrouver les noms des personnes qui vivaient autrefois dans la maison. Finalement, ils trouvèrent un homme du nom de Bell et ils dirent que ce pauvre innocent avait commis un meurtre dans la maison et que les bruits provenaient de l'esprit de la personne assassinée. Le pauvre Bell fut rejeté et considéré par toute la communauté comme un meurtrier. 6

"Mme. Underhill, ma sœur aînée, nous a emmenés Katie et moi à Rochester. C'est là que nous avons découvert une nouvelle façon de faire du rap. Ma sœur Katie a été la première à observer qu'en agitant ses doigts, elle pouvait produire certains bruits avec ses jointures et ses articulations, et que le même effet pouvait être produit avec ses orteils. Constatant que nous pouvions faire des coups avec nos pieds – d'abord avec un pied, puis avec les deux – nous nous sommes entraînés jusqu'à ce que nous puissions le faire facilement lorsque la pièce était sombre.

« Comme la plupart des choses déroutantes lorsqu'elles sont expliquées clairement, il est étonnant de voir avec quelle facilité cela se réalise. Les coups sont simplement le résultat d'un contrôle parfait des muscles de la jambe au-dessous du genou, qui gouvernent les tendons du pied et permettent une action peu connue des os des orteils et de la cheville. Un tel contrôle parfait n'est possible que lorsqu'un enfant est amené à un âge précoce et qu'on lui apprend soigneusement et continuellement à exercer les muscles qui se raidissent au fil des années. Un enfant de douze ans est presque trop vieux. Grâce au contrôle des muscles du pied, les orteils peuvent être ramenés au sol sans aucun mouvement perceptible à l'œil. En fait, le pied tout entier peut être amené à donner des coups en utilisant uniquement les muscles situés au-dessous du genou. Voilà donc l'explication simple de toute la méthode des coups et des coups.

« À Rochester, Mme Underhill a donné des expositions. Des foules venaient nous voir et elle gagnait entre cent et cent cinquante dollars par nuit. Elle a empoché ça. Des groupes sont venus de toutes parts pour nous voir. Beaucoup, dès qu'ils ont entendu un petit rap, ont été convaincus. A toutes les questions nous avons répondu par des raps. Nous savions quand rapper « oui » ou « non » selon certains signes que Mme Underhill nous faisait pendant la séance.

« Beaucoup de gens, lorsqu'ils entendent le rap, s'imaginent tout de suite que les esprits les touchent. C'est une illusion très courante. Des gens très riches sont venus me voir il y a quelques années lorsque j'habitais dans la 42e rue et j'ai fait quelques rap pour eux. J'ai fait frapper l'esprit sur la chaise et une des dames a crié :

« Je sens l'esprit me taper sur l'épaule. »

« Bien sûr, c'était pure imagination.

«Katie et moi avons été conduits comme des agneaux. Nous sommes allés à New York depuis Rochester puis partout aux États-Unis. Nous avons attiré des foules immenses. Je me souviens particulièrement de Cincinnati. Nous nous sommes arrêtés à la Burnett House. Les chambres étaient bondées du matin au soir et ces vieux misérables nous demandaient de montrer nos coups alors que nous aurions dû jouer au grand air.

« Personne n'a jamais soupçonné, depuis le début en 1848 jusqu'à nos jours, une quelconque supercherie dans nos méthodes. Il n'y a jamais eu de détection. 7 Mais à mesure que le monde devenait plus sage et que la science commençait à enquêter , nous avons commencé à adapter nos expériences à notre public. Nos séances se déroulaient dans une salle. Il y avait une table centrale au milieu et nous nous tenions tous autour d'elle.

« En ce qui concerne *les Esprits,* ni ma sœur ni moi n'y avons pensé. Je sais que le retour des défunts à cette vie n'existe pas. Beaucoup de gens m'ont dit qu'une telle chose était possible et semblaient y croire si fermement que j'ai essayé de voir, et j'ai essayé sous toutes les formes et je sais que cela ne peut pas être fait.

« Après mon mariage, le Dr Kane ne m'a pas laissé parler de mon ancienne vie : il voulait que je l'oublie. Mais quand j'étais pauvre, après sa mort, j'y ai été de nouveau poussé, et je veux dire clairement que je dois tout mon malheur à cette femme, ma sœur. Je lui ai demandé à maintes reprises :

« Maintenant que vous êtes riche, pourquoi ne sauvez-vous pas votre âme ? »

«Mais à mes paroles, elle s'emportait. Elle voulait établir une nouvelle religion et elle m'a dit qu'elle recevait des messages d'esprits. Elle savait que nous trompions les gens mais elle essayait de nous faire croire que les esprits existaient. Elle nous a raconté qu'avant notre naissance, des esprits étaient entrés dans sa chambre et lui avaient dit que nous étions destinés à de grandes choses.

« Oui, je vais exposer le spiritualisme depuis ses fondements mêmes. J'ai cette idée en tête depuis de nombreuses années, mais je n'ai jamais pris de décision auparavant. J'y ai pensé jour et nuit. Je déteste ce que j'ai été. Je disais à ceux qui voulaient que je donne une séance :

« 'Vous me conduisez en enfer.'

« Puis le lendemain, je noyais mes remords dans le vin. J'étais trop honnête pour rester un « médium ». C'est pour cela que j'ai abandonné mes expositions. J'ai vu tant de misérables tromperies ! Chaque matin de ma vie, je l'ai devant moi. Quand je me réveille, je réfléchis à cela. C'est pourquoi je suis prêt à affirmer que le spiritualisme est une fraude de la pire des sortes. J'ai eu une vie de chagrin, j'ai été pauvre et malade, mais je considère que c'est mon devoir, une chose sacrée, une sainte mission de le dénoncer. Je veux voir le jour où cela sera complètement supprimé. Après que ma sœur Katie et moi l' ayons exposé , j'espère que le spiritualisme recevra un coup mortel.

« Je ne veux pas qu'on comprenne que l'Église catholique m'a conseillé de faire ces révélations et confessions publiques. C'est ma propre idée. Ma propre mission. Je l'aurais fait il y a longtemps si j'avais eu l'argent et le courage nécessaires pour le faire. Je n'ai trouvé personne pour m'aider – j'étais trop timide pour demander.

« Je suis maintenant très pauvre. J'ai cependant l'intention d'exposer le spiritualisme parce que je pense que c'est mon devoir sacré. Si je ne peux pas le faire, qui le peut ? Moi qui en ai été le commencement ? J'espère au moins réduire les rangs des huit millions de spiritualistes du pays. J'y entre comme dans une guerre sainte. J'attends avec anxiété et sans crainte le moment où je pourrai montrer au monde, par une démonstration personnelle, que tout spiritualisme est une fraude et une tromperie. C'est une branche du tour de passe-passe, mais elle doit être étudiée de près pour atteindre la perfection. Personne d'autre qu'un enfant en bas âge n'aurait jamais atteint la compétence et commis un mal aussi répandu que moi.

JOHN D. FOX ET SA FEMME

LA MAISON DU RENARD À HYDESVILLE

« J'espère que cette déclaration, venant solennellement de ma part, la première et la plus réussie dans cette tromperie, brisera la croissance rapide du spiritualisme et prouvera que tout cela n'est qu'une fraude, une hypocrisie et une illusion.

(Signé) « Margaret Fox Kane ». 8

La « confession » de Mme Kane a été publiée dans l'édition dominicale du New York *World* le 21 octobre 1888. Des dispositions avaient été prises pour qu'elle donne une démonstration publique et une exposition des soi-disant « merveilleux » « phénomènes » spiritualistes de ce même soirée à l'Academy of Music de New York. Pendant ce temps, afin de déjouer les « tentatives » de certains médiums de la « kidnapper », elle était étroitement gardée à son hôtel où, pendant la journée, elle était interviewée par des journalistes. S'attendant à ce qu'en quittant sa chambre, elle ne réponde qu'aux questions, elle consentit néanmoins volontiers à témoigner de « comment le tour avait été réalisé » afin de faire tout ce qui était en son pouvoir pour « compléter l'exposé et démontrer l'absurdité totale des affirmations des médiums ». qu'elle possédait un pouvoir spirituel malgré ses dénégations. Le journaliste *du World* a raconté cette manifestation privée comme suit :

"'Maintenant,' dit Mme Kane, 'je vais me tenir devant ces portes pliantes et vous pourrez vous tenir aussi près que vous le souhaitez et j'invoquerai n'importe quel "esprit" que vous souhaitez et répondrai à toutes vos questions. Un coup signifie « non » et trois coups signifient « oui ». Es-tu prêt?'

« 'Napoléon Bonaparte est-il présent ?' » a demandé le journaliste en observant Mme Kane de près. Trois coups (oui).

« 'Est-ce qu'il me connaît ? Je veux dire, est-ce qu'il m'a déjà rencontré et conversé avec moi ? Trois coups.

« C'est étrange, n'est-ce pas », remarqua Mme Kane en souriant, « étant donné qu'il a dû mourir avant votre naissance ? Essayer à nouveau.'

« 'Abraham Lincoln est-il présent ?' Trois coups.

« Eh bien, vous voyez, les « esprits » sont très obligeants. »

« 'Harrison sera-t-il élu ?' Un coup fort (non).

« Le président Cleveland obtiendra-t-il un autre mandat ? » Trois coups.

Cette nuit-là, environ deux mille personnes se sont rassemblées à l'Académie de musique pour assister à cet exposé sensationnel. La plupart d'entre eux étaient des gens sobres et sensés qui « saluaient avec ravissement » l'annonce selon laquelle l'une des célèbres sœurs Fox allait « se débarrasser de sa part de charabia spiritualiste ». Mais certaines parties de la maison étaient remplies de spiritualistes prononcés, d'hommes et de femmes qui considéraient tous les efforts visant à désillusionner le public comme autant d'insultes personnelles, et lorsque, avant l'apparition de Mme Kane, le Dr C. M. Richmond, un éminent dentiste new-yorkais qui Après avoir dépensé vingt ans et des milliers de dollars à enquêter sur les astuces et les ruses médiumniques, à expliquer et à démontrer en pleine lumière les méthodes complètes pour les produire, ce contingent spiritualiste est devenu décidément hostile et lorsque Mme Kane s'est finalement présentée devant le grand public pour « avouer oralement ce qu'elle avait fait ». déjà avoué par écrit », elle souffrait d'une trop grande tension nerveuse pour faire un « énoncé intelligent ». Les responsables de l'affaire, se rendant compte qu'une adresse était hors de question, lui suggérèrent aussitôt de faire immédiatement une démonstration des « coups ». Le lendemain matin , l'un des journaux de New York a publié la description suivante de ce qui s'est passé. 9

"Mais si sa langue avait perdu son pouvoir, ce n'était pas le cas de l'articulation surnaturelle de son orteil. Un tabouret ou une table en bois brut, reposant sur quatre pieds courts et ayant les propriétés d'une caisse de résonance, était placé devant elle. Enlevant sa chaussure, elle posa son pied droit sur cette petite table.

« La salle entière devint essoufflée et fut récompensée par une série de petits coups secs et aigus, ces sons mystérieux qui, depuis quarante ans, effrayèrent et déconcertèrent des centaines de milliers de personnes dans ce pays et en Europe.

« Un comité composé de trois médecins pris dans le public monta alors sur scène, et après avoir examiné son pied pendant le déroulement des coups

, convint sans hésiter que les sons étaient émis par l'action de la première articulation de son gros orteil.

"La démonstration était parfaite et complète et seuls les fanatiques du spiritualisme les plus désespérément préjugés et les plus fanatiques pouvaient résister à la force irrésistible de cette explication et de cette exposition banales sur la façon dont les coups spirituels sont produits."

L'exposition a attiré une large attention. Des lettres affluaient de partout pour demander confirmation, explication ou démenti. Le reste de la tribu des médiums a naïvement laissé entendre que s'il y avait eu fraude, il était bien de la dénoncer, mais bien sûr, *elles* étaient authentiques. Beaucoup de ceux qui avaient cru au spiritualisme ont écrit de manière très pathétique. L'un de ces écrits de San Francisco dit :

«Je crois au phénomène depuis ses débuts, à travers vous et votre sœur, et je le crois depuis lors.

« J'ai maintenant quatre-vingt-un ans et je n'ai bien sûr que peu de temps pour rester dans ce monde, et j'éprouve une grande anxiété de savoir par votre intermédiaire si j'ai été trompé pendant tout ce temps sur une question d'un intérêt vital pour nous. tous." dix

Mais peut-être que de tous, aucun n'exprime mieux à quel point l'exposition a été un coup dur pour des milliers de personnes qui avaient accepté comme authentiques les messages des raps mystérieux ou ne décrit plus clairement l'effet du spiritualisme sur beaucoup de ceux qui y sont attirés que ce qui suit d'une femme de Boston. . 11

« Des centaines de milliers de personnes ont cru à travers vous et vous seul. Des centaines de milliers de personnes vous demandent avec impatience si toute la lumière glorieuse qu'ils pensaient que vous leur aviez donnée n'était que le faux scintillement d'une simple bougie de fraude.

« Si, comme vous le dites, vous avez été contraint de poursuivre cette imposture dès l'enfance, je peux vous pardonner, et je suis sûr que Dieu le fera ; car il ne fait pas reculer les vrais repentants. Je ne vous ferai pas de reproches. Je suis sûr que vous avez souffert autant que n'importe quelle punition, humaine ou divine, pourrait vous faire souffrir. Les révélations que vous faites m'enlèvent tout ce que j'ai le plus chéri. Il ne me reste plus qu'à espérer la réalité de ce repos que nous promet la mort.

« Il vaut peut-être mieux que l'illusion soit enfin balayée par un seul mot, et ce mot « fraude ».

POISSON RENARD LÉAH

KATIE FOX JENCKEN

MARGARET FOX KANE

ELISHA KENT KANE, MD

«Je sais que la poursuite de cette croyance obscure a travaillé sur mon cerveau et que je ne suis plus mon ancien moi. De l'argent que j'ai dépensé en milliers et en milliers de dollars en quelques années seulement pour favoriser l'intelligence « médiumnique ». Il est vrai que jamais je n'ai reçu un message ou l'ébauche d'une parole qui ne laissait dans mon cœur un désir encore insatisfait, le sentiment que ce n'était finalement pas vraiment l'être aimé qui me parlait, ou si c'était lui qui me parlait. était mon bien-aimé, qu'il avait changé, que je le connaissais à peine et qu'il me connaissait à peine. Mais cela devait être la véritable intuition. Il vaut mieux que l'illusion soit passée, après tout, car si j'avais continué ainsi, je suis sûr que je serais devenu fou. La recherche constante, la réponse feinte fréquente, sa signification insatisfaisante, le sentiment de distance et de changement entre moi et mon bien-aimé – oh ! ça a été horrible, horrible !

« Celui qui meurt de soif et dont la douce coupe est toujours arrachée de ses lèvres, juste au moment où la première goutte les touche, lui seul peut savoir quelle est dans les choses réelles la similitude de cette torture spiritualiste.

« Que Dieu vous bénisse, car je pense que vous dites maintenant la vérité. Vous avez au moins mon pardon, et je crois que des milliers d'autres vous pardonneront, car l'expiation faite en temps opportun efface une grande partie de la tache du péché précoce.

Les « aveux » de Margaret Kane ne lui ont pas apporté le soulagement ni les amis qu'elle espérait, et n'ont pas non plus mis fin à ses liens avec le spiritualisme car, aussi heureuse qu'elle l'aurait été d'y renoncer pour de bon, son exposition théâtrale a été un échec financier et avant Pendant longtemps, elle fut de nouveau déprimée et une fois de plus , elle recourut au spiritualisme comme moyen de subsistance, donnant des séances et des réunions médiumniques dans un certain nombre de villes à travers les États-Unis ; mais son pouvoir de tromper le public avait disparu. Ayant avoué une fois sa tromperie, aucun effort de persuasion de sa part ne parvenait à convaincre le public de son authenticité, et à la place des milliers de personnes qui l'avaient rejointe dans sa jeunesse, elle n'en avait jamais eu qu'une poignée à ses réunions. Ses seuls amis étaient des spiritualistes car, curieusement, certains d'entre eux avaient encore confiance en elle, même lorsqu'elle dénonçait le spiritualisme, croyant qu'elle était tombée entre les mains de mauvais esprits lorsqu'elle avait avoué qu'elle était une imposture.

Quelque temps après les aveux, une « rétractation » a circulé comme venant de Mme Kane. Je n'ai jamais pu trouver de preuve de son authenticité, mais mon ami, M. W. S. Davis, qui la connaissait bien, m'a informé qu'elle avait réussi, qu'elle devait le faire, ou mourir de faim. Ce n'était cependant pas entièrement volontaire, car M. Newton (alors président de la Première Société des Spiritualistes) l'a convaincue que ce serait dans son intérêt, ainsi que dans celui du spiritualisme, de le faire. Cela ne faisait pourtant guère de différence, car la carrière de la malheureuse était presque terminée. Souvent accablée par l'alcool, contrainte par les privations et la misère, la mort lui survint le 8 mars 1895, moins de sept ans après s'être tenue dans un théâtre bondé et avoir délibérément montré la méthode de fabrication des raps qui lui avaient valu la renommée. quatre décennies.

Les Sœurs Fox utilisaient le spiritualisme uniquement comme un moyen « d'obtenir tant que l'obtenir était bon ». Heureusement pour le grand public, le spiritualisme reçut un coup dur dans la confession de Margaret Fox Kane ; l'« escroquerie » de Fox a pris fin et une quantité incalculable de prix du sang et de chagrin a été épargnée à de pauvres âmes égarées si facilement trompées par une simple astuce physique.

---

# CHAPITRE II
## LES FRÈRES DAVENPORT

DES témoignages d'esprits tels que les simples « coups » des Fox Sisters cédèrent bientôt la place à des « manifestations » plus élaborées et avec l'apparition d'Ira Erastus Davenport et de son frère William Henry Harrison Davenport, travaillant ensemble et connus sous le nom de « Davenport Brothers », «Ces manifestations sont devenues des expositions complexes impliquant l'utilisation d'un meuble, de tours de corde, de cloches et de divers cors et instruments de musique. Ces frères ont toujours été et sont toujours présentés comme étant une preuve incontestable de la réalité et de l'authenticité des phénomènes médiumniques et l'intérêt du public pour le spiritualisme a été grandement stimulé par l'énorme sensation et la discussion provoquée par leurs démonstrations, mais un ensemble intéressant de circonstances a mis en évidence Je suis en possession de faits plus que suffisants pour réfuter leur pouvoir spiritualiste, ou même leur revendication.

Pendant de nombreuses années où j'ai étudié le spiritualisme, j'ai supposé que les Davenport étaient morts et lorsque mon ami, Harry Kellar , en racontant certaines de ses premières expériences et difficultés, m'a dit qu'il avait été associé à eux à un moment donné. à cette époque et qu'Ira Davenport était toujours en vie, j'ai été vraiment surpris. J'ai immédiatement communiqué avec lui et il s'en est suivi une agréable connaissance qui a duré jusqu'à sa mort et m'a fourni beaucoup de valeurs historiques concernant les frères qui n'ont jamais paru sous forme imprimée.

Jusqu'à présent, tous les récits publiés sur les agissements des frères Davenport étaient vagues, spéculatifs, manquant de connaissances réelles et trompeurs parce que les auteurs ont été victimes d'illusions, mais les informations données ici sont basées sur une longue correspondance avec Ira Davenport ainsi que sur un confession à cœur ouvert qu'il m'a faite peu avant sa mort, répondant sans réserve à toutes mes questions et offrant de m'aider de toutes les manières possibles car il voulait que mes déclarations 12 soient exactes dans le livre sur le Spiritualisme qu'il savait que j'écrivais.

Les frères Davenport étaient profondément attachés les uns aux autres et lorsqu'en 1877 William mourut alors qu'ils étaient en Australie, Ira, le frère survivant, fut complètement bouleversé. Il fit une faible tentative pour se réintégrer, mais «d'Esprit» lui faisait défaut et il revint, découragé, pour passer le reste de ses jours en paix et tranquillement chez lui. Alors que je jouais en Australie au début de 1910 pour Harry Rickards, j'ai fouillé la tombe de William Davenport et la trouvant tristement négligée, je l'ai fait mettre en ordre, des fleurs fraîches y ont été plantées et les travaux de pierre ont été réparés. 13 C'est également au cours de ce voyage que j'ai rencontré William

M. Fay de « Davenport Brothers and Fay », qui m'a raconté beaucoup de choses intéressantes sur les frères et à mon retour en Amérique, l'une des premières choses que j'ai faites a été d'aller à Maysville . , comté de Chautauqua, New York, pour rendre visite à Ira Davenport. Il m'a rencontré à la gare et m'a emmené chez lui, un domicile exceptionnellement heureux et reposant présidé par la seconde Mme Davenport, la première étant décédée en couches.

Ce second mariage fut des plus romantiques. Au cours d'une séance que les Frères donnaient à Paris le 14, Ira remarqua une jeune fille belge d'une beauté saisissante qui l'observait attentivement. Après la représentation, il a réussi à la rencontrer et a découvert qu'elle ne parlait pas un mot d'anglais. Son français se limitant au vocabulaire habituel de la table d'hôte de deux ou trois mots du touriste américain moyen, il appela son interprète et, par son intermédiaire, demanda à la jeune fille de devenir sa femme. Déconcertée par une proposition aussi audacieuse, elle rougit profondément et baissa les yeux, puis les releva lentement et regarda droit dans ceux d'Ira. Il y eut un rapide échange d'admiration et l'intuition de sa femme a dû lire profondément et correctement car elle a immédiatement consenti à épouser cette Américaine qui lui avait demandé de manière si peu conventionnelle d'être sa femme, une décision qu'elle n'a jamais eu l'occasion de regretter car ils étaient un couple remarquablement heureux. 15

Dans l'atmosphère tranquille de son porche, nous avons remonté les pages du temps, M. Davenport revivant rétrospectivement les épreuves, les batailles, les louanges et les applaudissements d'autrefois. Nous avons entre autres parlé des interprètes de mystères magiques d'autrefois, ce qui l'a amené à dire très généreusement :

"Houdini, tu en sais plus sur les anciens et mes arguments que moi qui ai vécu ces temps difficiles."

Il a dit qu'il reconnaissait en moi un ancien maître du métier et qu'il parlait donc ouvertement et n'hésitait pas à me confier les secrets de ses exploits. Nous avons discuté et analysé les déclarations faites dans ses lettres et il a admis franchement que le travail des frères Davenport était accompli par des moyens parfaitement naturels et appartenait à cette classe d'exploits communément attribués à la « dextérité physique ». Pas une seule fois il n'a été question que le spiritualisme le préoccupait, il a plutôt parlé de son travail comme d'une simple mise en scène.

Pour moi, ce fut une journée mémorable et ne s'est pas terminée avec le coucher du soleil, car nous avons discuté jusque tard dans la nuit, moi avec un cahier à la main, lui avec un long morceau de corde m'initiant aux mystères du véritable « Davenport ». cravate », qui a converti des milliers de personnes à la croyance au spiritualisme et a été la genèse 17 des cascades d'attaches de cordes qui ont tant stimulé les discussions spiritualistes en relation avec les frères. Bien que de nombreuses tentatives aient été faites pour l'imiter, à ma connaissance, personne, pas même la fraternité magique, n'a jamais été capable de détecter la méthode utilisée dans ces célèbres tours de corde, le secret étant si soigneusement gardé que l'artiste d'Ira Davenport les enfants ne le savaient pas. Je l'ai testé et pour les usages qu'ils en ont fait, je le considère comme l'un des meilleurs attaches de corde qui existent aujourd'hui, et c'est uniquement parce que je veux qu'il soit enregistré lorsque je passerai éventuellement dans l'Au-delà que j'explique à au public le *modus operandi* qui était le suivant.

De chaque côté du meuble utilisé par le Davenports 18 se trouvait un banc à travers lequel deux trous avaient été percés à une petite distance l'un de l'autre. Les Frères s'asseyaient sur ces bancs, l'un en face de l'autre, les pieds bien à terre devant eux. Le bout d'une corde était passé autour des jambes d'un des frères, jusqu'aux genoux, et attaché. La corde était ensuite enroulée plusieurs fois autour des jambes, attachée aux chevilles, la partie restante étant portée directement à travers le meuble jusqu'aux chevilles de l'autre frère, attachée, enroulée autour de ses jambes et attachée aux genoux. Un morceau de corde plus court était ensuite attaché à chacun de leurs poignets, les nœuds se trouvant à côté du pouls. Ces cordes étaient enfilées dans les trous et les poignets descendaient jusqu'aux bancs, et les extrémités des cordes étaient attachées aux chevilles.

Leur méthode pour se libérer était relativement simple. Pendant que l'un étendait ses pieds, l'autre rentrait les siens, assurant ainsi suffisamment de jeu dans les cordes des poignets pour permettre à leurs mains de sortir des boucles. 19 Le deuxième frère a été libéré en inversant l'action.

Une fois les démonstrations terminées , les frères remirent leurs mains dans les boucles d'où ils les avaient tirées, remirent leurs pieds dans leur position d'origine et étaient prêts à être examinés. Lorsque le cabinet fut ouvert, les cordes paraissaient aussi tendues que lorsqu'elles étaient tendues par le comité.

Afin de réfuter l'affirmation fréquemment répandue selon laquelle les Davenport auraient quitté leurs bancs pour produire certaines manifestations, ils ont demandé aux commissions d'enquête de placer des feuilles de papier sous leurs pieds et de marquer autour d'eux avec un crayon ou un crayon, rendant ainsi apparemment impossible le mouvement d'un pied sans être détecté. Mais cela n'a en aucun cas interféré ou gêné dans leur performance car Ira m'a dit qu'ils avaient l'habitude de faire glisser leurs pieds, le papier et tout, tout en gardant les pieds à l'intérieur des marques, une méthode dont je peux garantir qu'elle est pratique car je l'ai essayée avec succès. . 20

Avec l'avantage de travailler ensemble, il était tout simplement impossible de sécuriser les deux frères de manière à les empêcher de produire les résultats escomptés. Si l'un était en difficulté, l'autre était toujours prêt à venir à la rescousse, car peu importe la façon dont le comité les attachait, l'un était sûr d'être attaché plus lâchement que l'autre et pouvait avoir une main libre pour tendre la main et l'aider.

« Il y avait une chance sur vingt millions de nous retenir tous les deux en même temps », m'a dit Ira. 21

Le test le plus strict des Davenports était connu sous le nom de « La cravate autour du cou ». Cela m'a également été expliqué par Ira. On convoqua un comité de trois personnes , dont une était une femme et pour cette raison la moins suspecte bien qu'en réalité une complice. 22 Elle et les Davenport étaient tour à tour attachés autour du cou. La femme s'est libérée en coupant la corde. 23 Cachant les morceaux dans ses bloomers, elle effectua sa part des manifestations et se rattacha avec un double morceau de corde. Personne n'en était plus sage car nos cinq sens sont si curieusement alliés que le comité, privé de sa vue alors que des actes aussi sombres se déroulaient, semblait avoir perdu également l'usage de son pouvoir de raisonnement.

Les premières représentations publiques des Davenport ont eu lieu dans une grande salle avec des rangées de sièges pour le public et une petite plate-forme surélevée qui servait de scène. Quelqu'un, pensant empêcher la possibilité d'une assistance de la part des visiteurs ou des complices du public, a demandé s'il était possible que les manifestations se produisent dans un placard. En recevant une réponse affirmative, on en construisait un avec des ouvertures suffisamment grandes pour « insérer les mains spirituelles ». Cette armoire était un avantage certain pour les Frères car elle leur donnait la possibilité de travailler dans l'obscurité totale, élément essentiel de leur performance. Le placard fut amélioré en plaçant une grande boîte au centre de la scène et c'est là que se développa progressivement le cabinet 24 tel que nous le connaissons aujourd'hui.

Au cours de cette visite mouvementée, Ira a catégoriquement nié bon nombre d'histoires absurdes et de croyances populaires concernant les Frères, parmi lesquelles le « test de la farine », le « test du tabac à priser » 25 et des histoires telles que l'affirmation selon laquelle lorsqu'un garçon à la maison il donnait une séance pour ses parents et pendant la lévitation, 26 s'est levé jusqu'à ce que sa tête touche le plafond, brisant les lattes et le plâtre ; qu'il a été une fois lévité à travers la rivière Niagara, sur une distance de trois mille mètres, et celui qui raconte qu'il s'est échappé par des moyens spirituels d'une prison à Oswego, N. Y., en 1859.

Les Davenport étaient constamment sur leurs gardes pour éviter toute surprise et toute révélation et Ira m'a expliqué que lorsqu'ils se méfiaient d'un membre du comité qui voulait entrer avec eux au cabinet, ils insistaient pour qu'il soit également attaché afin d'empêcher le public de penser qu'il était un confédéré. Attaché à un banc ainsi qu'à chacun des Davenport, il était absolument impuissant car pendant que l'un se détachait, l'autre tendait les cordes aux pieds du comité qui le tenait fermement.

Il m'a également dit qu'ils avaient l'habitude de réserver des places au premier rang pour leurs amis afin de se protéger contre toute intrusion. Dans des cercles privés, ils ont fait passer une cordelette dans les boutonnières de toutes les personnes présentes, apparemment pour « empêcher toute collusion avec le médium », mais en réalité pour se protéger contre une saisie surprise. Ils ont entendu un jour que l'agence de détectives Pinkerton avait été embauchée pour les attraper et afin de prévenir efficacement toute ingérence, ils ont fait entrer un confédéré dans un piège à ours et, une fois la salle de séance assombrie, ont installé le piège dans l'allée.

J'ai attiré l'attention d'Ira sur une coupure concernant les « Dark Seances » du London *Post*, un journal conservateur, qui disait :

« Les instruments de musique, cloches, etc., étaient posés sur la table ; les frères Davenport furent ensuite menottés aux mains et aux pieds et solidement attachés aux chaises par des cordes. Une chaîne de communication (mais non circulaire) s'est formée, et dès l'instant où les lumières s'éteignaient, *les instruments de musique semblaient être transportés partout dans la pièce. Le courant d'air qu'ils provoquaient dans leur rapide transit se faisait sentir sur les visages de tous ceux qui étaient présents.*

« Les cloches sonnaient fort ; les trompettes frappaient le parquet, *et le tambourin parut courir dans la pièce en tintant de toutes ses forces. Au même moment, des étincelles ont été observées, comme si elles passaient du sud vers l'ouest. Plusieurs personnes se sont exclamées avoir été touchées par les instruments, qui sont devenus un jour si démonstratifs qu'un monsieur a reçu un coup sur l'organe nasal qui a brisé la peau et fait couler quelques gouttes de sang.* »

Après avoir fini de le lire, Ira s'est exclamé :

« C'est étrange comme les gens imaginent les choses dans le noir ! Eh bien, les instruments de musique n'ont jamais quitté nos mains et pourtant de nombreux spectateurs auraient juré de les entendre voler au-dessus de leurs têtes. 27

Ira Davenport a catégoriquement nié le pouvoir spiritualiste dans son entretien avec moi, répétant à plusieurs reprises que lui et son frère n'ont jamais prétendu être des médiums ni prétendre que leur travail était spiritualiste. Il a cependant admis que ses parents sont morts en croyant que les garçons possédaient des pouvoirs surhumains. A ce propos, il m'a parlé d'une famille du nom de Kidder dans laquelle les garçons simulaient la médiumnité spiritualiste. La mère, une femme simple et facilement induite en erreur, est devenue une croyante convaincue. Au bout d'un moment, les garçons se lassèrent du jeu auquel ils jouaient et lui avouèrent que tout cela était faux. Le choc de la désillusion l'a presque rendue folle et Ira a déclaré que c'était la peur d'un résultat similaire qui l'avait empêché d'avouer à son père la véritable nature de leur travail. Ainsi , lorsque le père a demandé aux garçons de faire des tests pour lui, ils ont déclaré que les esprits avaient dit « non » et ont expliqué qu'ils ne pouvaient faire que ce que les *esprits* demandaient.

Mais si les frères Davenport ne revendiquaient pas eux-mêmes les pouvoirs spirituels , ils permettaient néanmoins à d'autres de les revendiquer en leur nom. L'un des premiers à faire cela fut J. B. Ferguson, connu sous les noms de « M. », « Révérend » et « Dr », mais je n'ai aucun moyen de savoir comment ses titres lui sont parvenus ou exactement ce qu'ils représentaient. Si je ne me trompe pas , il avait été ministre de l'Église unitarienne. Il a voyagé avec les Davenport en tant que conférencier, poste occupé plus tard par Thomas L. Nichols. Ferguson croyait positivement que tout ce qu'accomplissaient les Davenport l'était avec l'aide des esprits. Leurs écrits montrent que Ferguson et Nichols croyaient au spiritualisme. Ni l'un ni l'autre ne furent déçus quant aux pouvoirs spirituels des Frères, le secret des manifestations leur étant religieusement caché. Leurs remarques ont été laissées à leur propre discrétion, les Davenport estimant qu'il était plus judicieux de laisser le public tirer ses propres conclusions après avoir vu l'exposition. Puis aussi avec un ministre comme conférencier qui croyait sincèrement aux phénomènes auxquels beaucoup étaient amenés à croire, ce qui a aidé à remplir les caisses, à faire face aux dépenses et à accroître la publicité qui était une partie nécessaire du jeu.

IRA ERASTUS DAVENPORT ET HOUDINI, PRISE LE 5 JUILLET 1911. LA DERNIÈRE PHOTOGRAPHIE DU VIEUX SHOWMAN

Dans une des lettres qu'Ira m'a écrite, il dit :

« Nous n'avons jamais affirmé publiquement notre croyance dans le spiritualisme, que nous considérions comme n'étant pas l'affaire du public ; nous n'avons pas non plus proposé nos divertissements comme le résultat d'un tour de passe-passe, ou au contraire comme du Spiritualisme. Nous avons laissé nos amis et nos ennemis régler cela du mieux qu'ils pouvaient entre eux, mais malheureusement, nous avons souvent été victimes de leurs désaccords.

Dans une lettre qu'Ira a écrite de Maysville, datée du 19 janvier 1909, et que j'ai reçue alors que j'étais en Europe, il dit :

« Vous ne devez pas manquer de me faire l'honneur d'une visite à votre retour en Amérique, même si deux ans, c'est assez long, et en attendant, s'il vous plaît, laissez-moi de vos nouvelles chaque fois que « l'Esprit » se *déplace* .

"En ce qui concerne l'avenir, je pense que les possibilités à votre portée sont de nouveaux territoires presque illimités et splendides, tout le sud de l'Amérique centrale, le Mexique, l'Australie, la Nouvelle-Zélande, l'Inde, l'Espagne, le Portugal et l'Afrique." 28

"Mon ancien compagnon de voyage, William M. Fay, m'a dit il y a quatre ans, lors d'une visite ici depuis l'Australie, que lui et Harry Kellar avaient gagné plus de 40 000 $ en huit mois environ en Amérique du Sud et au Mexique, et cela faisait trente- il y a quatre ans, et que les opportunités sont maintenant considérablement améliorées, comme *les chemins de fer, au lieu des mules* , l'augmentation de la population, le progrès de la civilisation dans ces pays arriérés. Il dit que ce serait un voyage d'agrément maintenant comme c'était le cas lorsque lui et Kellar devaient voyager à dos de mule. Il était très enthousiaste à l'idée de faire une autre tournée et nous l'aurions fait sans le fait que ses médecins l'avaient fortement déconseillé en raison de sa mauvaise santé et de sa condition physique affaiblie. Il vit actuellement à Melbourne, en Australie, où il s'est installé avec sa famille en 1877, peu après la mort de mon frère, survenue le 1er juillet 1877. Il n'est pas du tout content, malgré son environnement agréable et sa grande fortune ; une fois qu'un homme est devenu un « *Globe Trotter* » régulier, je ne pense pas qu'il soit possible pour lui de se stabiliser et de mener une vie tranquille et monotone.... Je tiens ici à dire que notre première tournée à travers l'Europe a duré quatre ans, laissant ce pays, le 26 août 1864, pour revenir le 29 septembre 1868. Notre deuxième voyage nous a duré plus de trois ans, partant d'ici le 22 mars 1874 et revenant le 20 octobre 1877, quatre mois après la mort de mon frère.

Lors de leur exposition à Liverpool, les Davenport furent la cause d'une véritable émeute 29 qui non seulement milita contre eux mais attisa également des conflits politiques. Je citerai le récit d'Ira dans une lettre qu'il m'a adressée le 19 janvier 1909.

Mayville Jan 19th 1909.

Mr Harry Houdini

Dear Sir.

I was most agreeably surprised on my return to Mayville from Buffalo by receiving your letter of Dec 12th mailed at Liverpool. I had been several weeks in Buffalo

— — — — — — — — — — — —

You must not fail to do me the honor of a visit when you return to America, although two years is quite a long time, and in the meantime please let me hear from you whenever the spirit moves you, regarding the future, I think the possibilities within your grasp are almost boundless, Splendid new territory, all South and central America, Mexico, Australia, New Zealand, India, Spain, Portugal and Africa.

— — — — — — — — — — — —

we never in public affirmed our Belief in spiritualism, that we regarded as no business of the public, nor did we offer our entertainments as the results of slight of hand, nor on the other hand as spiritualism, we let our friends and foes settle that as best they could between themselves. but unfortunately we were often the victims of their disagreements. You will find enclosed in this letter a few clippings referring to my daughter also a poem on the death of my Brother. hopeing to hear from you soon and wishing you all kinds of good luck I remain

Yours truly

Ira E Davenport

## FAC-SIMILE DE PARTIES D'UNE LETTRE ÉCRITE À HOUDINI PAR IRA E. DAVENPORT

« Eh bien, oui, concernant Liverpool, j'ai des souvenirs très vifs, et après quarante-quatre ans, ils sont loin d'être des « scènes d'événements mystifiés », ils étaient le résultat de combinaisons particulières, de circonstances malheureuses, de jalousie professionnelle, de préjugés *religieux*, d' anticipation

. - *Le sentiment américain* , avec quelques autres éléments inquiétants ajoutés, y compris le « fenianisme », 30 qui attirait l'attention du public à cette époque, le tout s'est élevé jusqu'à atteindre son *point* culminant dans l'une des manifestations les plus spectaculaires du « fair-play anglais ». qui n'a jamais été présenté à un public anglais reconnaissant... Alors que nous étions à Liverpool et dans d'autres villes d'Angleterre, nous ne pouvions pas apparaître dans les rues sans être accueillis par des foules menaçantes, avec des exclamations telles que « Yankee Doodle », « John Brown's Body ». ,' 'Barnum's Humbug', 'Yankee Swindle', ' Fegi Mermaid' et bien d'autres belles choses trop nombreuses pour être mentionnées....

"Je pense que mon expérience à Liverpool se démarque comme l'exemple le plus marquant de 'Fair Play' jamais offert à un citoyen américain et un exemple nauséabond pour tous les étrangers de la 'comment' l'Anglais moyen fait les choses à 'certains ' . .. Il était bien connu que nous étions des hommes du Nord, et tout le monde sait à quel point les Anglais sympathisaient avec la rébellion des esclavagistes, et ils ne manquaient aucune occasion de montrer ce qu'ils pensaient à l'époque à ce sujet. Tout en prétendant que leurs manifestations brutales d'hostilité étaient causées par notre refus d'être liés par un type particulier de nœud, en fait notre seule offense a été de nous opposer à être torturé au risque d'être mutilé ou estropié à vie. L'appel adressé au public britannique à l'époque est une déclaration tout à fait véridique des faits concernant les émeutes de Liverpool, Huddersfield et Leeds, que plusieurs journaux anglais ont eu l'équité de publier. Toute l'Angleterre semblait être devenue folle au sujet de la destruction du cabinet et les spéculateurs ont récolté une riche récolte en vendant de faux morceaux du cabinet Davenport brisé. suffisamment de bois a été vendu en petits morceaux pour fabriquer dix fois plus d'armoires que les frères Davenport n'en ont jamais utilisé au cours de leur carrière publique... Bien que j'aie maintenant 70 ans, je n'hésiterais pas un instant à affronter le public de Liverpool. , Huddersfield et Leeds, et essayez à nouveau des conclusions avec eux, sans tracer de ligne ni de limites, sauf celles de torturer ou de mutiler quelqu'un à vie.... Je ressentirai toujours beaucoup de plaisir dans votre succès, en particulier en rencontrant et en surmontant tout. dans la nature de l'hostilité et de l'opposition. Je me souviens avoir vu un avis annonçant le décès du Dr Slade il y a quelque temps. Je l'ai connu en 1860. Il résidait alors dans l'État du Michigan.

L'extrait ci-dessus montre le courage et le courage d'un véritable showman à soixante-dix ans, toujours prêt à se battre avec un divertissement basé sur les lois naturelles.

Les frères Davenport, alors qu'ils exposaient à Manchester, en Angleterre, avaient la particularité d'être publiquement imités et ridiculisés par deux acteurs célèbres, Sir Henry Irving et Edward A. Sothern, qui apparaissaient au Theatre Royal . Avec quelques amis, ils avaient assisté à un spectacle des frères Davenport et étaient déterminés à dénoncer ce qu'Irving appelait une « imposture honteuse ». Avec l'aide de ces hommes, il donna une représentation privée imitant la séance de Davenport dans un club populaire et connut un tel succès qu'on lui demanda de la répéter dans une grande salle. Ainsi , le samedi 25 février 1865, la salle de la bibliothèque du Manchester Athenæum était remplie d'un public invité à assister à « une démonstration de « philosophie surnaturelle » lors d'une séance privée à la Davenport assurée par des membres bien connus de la profession théâtrale. jouer en ville.

Une perruque, une barbe, un foulard, une redingote bien boutonnée et un maquillage artistique ont si complètement transformé Irving qu'il ressemblait exactement au double du Dr Ferguson. Avec son charme inimitable, Irving a pris l'air digne et les gestes caractéristiques du médecin et, se faisant passer pour son ton de révérend, il a prononcé un discours intéressant et à moitié plaisant avec juste assez de sérieux pour satiriser vivement le vieux médecin et, à la fin, il a reçu un tonnerre d'applaudissements de la part du public ravi. 31

Irving et ses amis ont ensuite imité les manifestations avec un degré de précision remarquable. « Les « frères » ont été pieds et poings liés, placés dans un cabinet et ont immédiatement commencé leurs manifestations. Des bruits étranges ont été entendus, des mains sont devenues visibles à travers l'ouverture du meuble, des instruments de musique ont été vus flotter dans les airs et la trompette a été jetée à plusieurs reprises. Lorsque les portes ont été ouvertes, on a montré que les frères étaient solidement attachés. Ils ont reproduit tous les effets des performances accompagnés de remarques appropriées et de plaisanteries délicieuses d'Irving.

À la fin de la séance, les artistes ont reçu un vote de remerciement, le public acclamant Irving à plusieurs reprises. Les journaux de Manchester furent remplis pendant plusieurs jours de récits et de lettres concernant la séance d'Irving, et en réponse à de nombreuses demandes urgentes, elle fut répétée une semaine plus tard au Free Trade Hall, mais le résultat net de l'exposition à Irving fut la perte de son engagement au Théâtre Royal car il refusait de capitaliser son succès en donnant des représentations nocturnes au théâtre.

Le passage suivant tiré des « Evidences of Spiritualism » de D. C. Donovan montre à quel point les gens se sont laissés tromper par les expositions de Davenport. En tant que comité d'enquête volontaire, il avait été autorisé à siéger au cabinet avec les Frères pendant que les manifestations se déroulaient. Dans le récit de ses expériences , il dit :

« Pendant que j'étais à l'intérieur, plusieurs bras étaient sortis par les ouvertures et distinctement vus par les personnes à l'extérieur. Or il est certain que ce n'étaient pas les bras des Frères , car ils n'auraient pas pu atteindre les ouvertures sans se lever de leur siège, et s'ils l'avaient fait, je l'aurais détecté en un instant ; de plus, si leurs mains avaient été libres, ils n'auraient pas pu jouer de six instruments à la fois et avoir encore des mains pour toucher mon visage et mes mains et me tirer les cheveux. Certains de mes amis tentent de me persuader que les Davenport ont bien bougé, mais que, étant dans le noir, je ne l'ai pas remarqué. Mais l'obscurité, quoique très défavorable à la vue, ne l'est pas du tout au sentir, et j'avais les mains sur leurs épaules, là où le moindre mouvement musculaire eût été détecté.

Au vu de ce que m'a dit Ira Davenport à propos de leurs manipulations, je ne peux lire le récit ci-dessus sans me sentir désolé pour M. Donovan, qui, si sa croyance était authentique, avait atteint le point le plus élevé de l'illusion.

En raison des qualifications particulières et de l'aptitude des magiciens à détecter la fraude, il n'est pas surprenant que les publications spiritualistes s'emparent avec empressement de toute parole venant d'eux favorable à la cause du spiritualisme. Avec le commentaire "cela vaut la peine de le conserver et de le placer à côté de celui de Belachini , le prestidigitateur allemand, comme réponse à ceux de nos adversaires qui, ignorant les tours de passe-passe, déclarent que nos phénomènes sont de ce caractère", "Le spiritualiste". du 9 septembre 1881, cite dans la « *Revue des Esprits* » de Paris la déclaration suivante d'E. Jacobs, prestidigitateur français :


« Concernant les phénomènes qui se sont produits à Paris en 1865, par l'intermédiaire des frères Davenport, malgré les affirmations plus ou moins dignes de foi des journalistes français et anglais, et malgré les folles jalousies de prestidigitateurs ignorants, je crois de mon devoir de montrer la mauvaise foi d'un parti et les chicanes de l'autre... Tout ce qui a été dit ou fait contre ces médiums américains est absolument indigne de confiance. Si l'on veut bien juger d'une chose, il faut la comprendre, et ni les journalistes ni les prestidigitateurs ne possèdent la connaissance la plus élémentaire de la science qui régit ces phénomènes. En tant que prestidigitateur réputé et spiritualiste sincère, j'affirme que les faits médiumniques démontrés par les deux Frères étaient absolument vrais, et appartiennent en tous points à l'ordre des choses spiritualiste.... MM. Henri Robin et Robert Houdin, en tentant pour imiter cesdits exploits, n'a jamais présenté au public autre chose qu'une parodie infantile et presque grotesque desdits phénomènes, et ce serait une personne ignorante et obstinée qui pourrait prendre au sérieux la question posée par ces messieurs. Si, comme j'ai des raisons de l'espérer, les études psychiques auxquelles je m'applique en ce moment réussissent, je pourrai établir clairement (et cela par une démonstration publique) l'immense ligne de démarcation qui sépare les phénomènes médiumniques des phénomènes de prestidigitation proprement dits. , et alors l'équivoque ne sera plus possible, et les personnes céderont à l'évidence ou nieront par prédétermination.

(Signé) «E. Jacobs. 32

« Expérimentateur et Président de la Conférence des Etudes Psychologiques à Paris. »


Dion Boucicault, dramaturge irlandais et acteur de premier plan en Amérique et également en Europe, a reçu les Davenport chez lui à Londres (1865), où il était assuré que la salle ne pourrait pas contribuer à des résultats frauduleux. Vingt-trois amis, hommes de rang et de notoriété, parmi lesquels des ecclésiastiques et des médecins, étaient présents. Il n'a pas indiqué s'il y en avait qui étaient croyants, mais on déduit de ses écrits qu'aucun ne l'était. Comme dans d'autres cas, les plus grandes précautions ont été prises pour rendre les conditions les plus acceptables aux enquêteurs. Néanmoins, les manifestations habituelles ont eu lieu et M. Boucicault a rédigé de longs rapports détaillés et, en conclusion de son rapport, il a écrit :

« A la fin de la séance, une conversation générale eut lieu au sujet de ce que nous avions entendu et vu. Lord Bury a suggéré que l'opinion générale semblait être que nous devrions assurer les frères Davenport et M. W. Fay, qu'après un procès très rigoureux et un examen minutieux de leurs procédures, les messieurs présents ne pouvaient arriver à aucune autre conclusion que celle qu'il y avait aucune trace de supercherie sous quelque forme que ce soit, et certainement il n'y avait ni confédérés ni machines et que tous ceux qui avaient été témoins des résultats déclareraient librement dans la société dans laquelle ils évoluaient, que, dans la mesure où leurs enquêtes leur permettaient de se faire une opinion, le Les phénomènes qui s'étaient produits en leur présence n'étaient pas le produit d'un tour de passe-passe. Cette suggestion a été rapidement acceptée par toutes les personnes présentes.

« Certaines personnes pensent que l'exigence de l'obscurité semble impliquer une supercherie. Une chambre noire n'est-elle pas indispensable dans le processus de photographie ? Et que répondrions-nous à celui qui dirait : « Je crois que la photographie est une fumisterie, faites tout dans la lumière, et nous croirons le contraire » ? Il est vrai que nous savons pourquoi l'obscurité est nécessaire à la production des images solaires ; et si les hommes scientifiques soumettent ces phénomènes à l'analyse, nous découvrirons pourquoi l'obscurité est essentielle à de telles manifestations. C'est un sujet que les hommes de science n'ont pas le droit de traiter avec négligence et mépris. — Je le suis, etc.,

« Dion Boucicault. »

Richard Francis Burton, éminent voyageur anglais , écrivain et traducteur des *Mille et Une Nuits* , a écrit au Dr Ferguson, conférencier et directeur de Davenport Brothers :


« J'ai passé une grande partie de ma vie dans les pays orientaux et j'y ai vu de nombreux magiciens... J'ai lu et écouté toutes les explications des « trucs » de Davenport présentées jusqu'ici au public anglais et, croyez-moi, si quelque chose pouvait me faire faire ce saut formidable « de la matière à l'esprit », c'est bien la déraison totale et complète des raisons par lesquelles les « manifestations » s'expliquent.


Ce n'est pas non plus seulement en Angleterre que les hommes capables ont été complètement trompés par la performance des Davenport. Les Français eux aussi, après avoir vu l'exposition, s'empressèrent de mettre par écrit leurs avis favorables. Hamilton, expert bien connu dans l'art du tour de passe-passe et gendre de Robert Houdin , le célèbre prestidigitateur, a écrit :


« MM. Davenport, — Hier, j'ai eu le plaisir d'assister à la séance que vous avez donnée, et j'en suis ressorti convaincu que la jalousie seule était la cause du tollé contre vous. Les phénomènes produits ont dépassé mes espérances, et vos expériences m'ont été pleines d'intérêt. Je crois de mon devoir d'ajouter que ces phénomènes sont inexplicables, et à plus forte raison pour les personnes qui se croient capables de deviner votre prétendu secret, et qui sont en réalité bien loin de découvrir la vérité.

"Hamilton."


M. Rhys, fabricant d'instruments de prestidigitation et lui-même inventeur de trucs, écrivit aux Davenport :

«... Je reviens d'une de vos séances tout étonné. En tant que personne ayant consacré de nombreuses années à la fabrication d'instruments pour les spectacles de tours de passe-passe, ma déclaration, faite dans le respect de la fidélité et guidée par les connaissances que m'a apportées une longue expérience, vous sera, j'en espère, d'une certaine valeur. .. J'ai été admis à examiner votre armoire et vos instruments... avec le plus grand soin mais je n'ai rien trouvé qui puisse justifier des soupçons légitimes. À partir de ce moment, j'ai senti que les insinuations lancées à votre sujet étaient fausses et malveillantes.

Ce ne sont là que quelques-uns des innombrables cas où des hommes de culture, de connaissances et d'expérience ont été trompés par la performance des frères Davenport, tout comme les hommes le sont aujourd'hui avec mes présentations, et lorsque le lecteur prend en considération la confession d'Ira Erastus. Davenport 33 en 1909, et du fait qu'il m'a enseigné toute sa méthode de manipulation des séances, il peut alors se faire une idée de la mesure dans laquelle les esprits les plus intelligents peuvent être égarés par ce qui leur semble être des phénomènes, mais pour moi , de simples problèmes susceptibles d'une explication lucide.

# CHAPITRE III
## LA MAISON DE DANIEL DUNGLAS

APRÈS les premières séances des « Fox Sisters », en 1848, les médiums ont poussé comme des champignons dans tout le pays, mais de cette multitude, il n'y en a pas eu plus d'une douzaine dont le travail, malgré des révélations répétées, est encore cité comme preuve. du spiritualisme, et dont les noms ont trouvé une place permanente en lien avec son développement et son histoire. Parmi ceux-ci, l'un des plus remarquables et des plus loués de son type et de sa génération était Daniel Dunglas Home. Il fut le précurseur des médiums dont le fort est de filer en présumant de la crédulité du sujet. Un champ nouveau et fertile s'est ouvert et depuis cette époque jusqu'à nos jours, il y a eu de nombreux cas de médiums tombant dans les griffes de la loi, conséquence directe de l'utilisation de ses méthodes, mais Home avait des caractéristiques qui, dans de nombreux cas, le sortir du pétrin. Extérieurement, c'est un personnage adorable avec une personnalité magnétique et un grand penchant pour les enfants ; suave, captivant au dernier degré, bon habilleur friand d'exposer les bijoux ; une apparence de mauvaise santé qui suscitait de la sympathie et avec une hypothèse de piété et de dévotion aux formes établies de culte religieux, il parcourut facilement son chemin et trouva la faveur de beaucoup qui l'auraient rejeté dans d'autres conditions et cela aussi, aussi étrange que cela puisse paraître. semble-t-il, malgré les *rumeurs persistantes* d'immoralité dans sa vie privée.

Home a contribué à bâtir sa réputation en ne facturant pas ses services médiumniques. L'affirmation selon laquelle il n'acceptait pas d'honoraires pour ses séances peut être tout à fait vraie, ou non, mais il n'en demeure pas moins que les esprits étaient bons envers lui et pourvoyaient abondamment et somptueusement à ses besoins temporels, et qu'il subsistait grâce à la générosité de ses Des amis spiritualistes qui semblaient rivaliser pour le recevoir chez eux pendant de longues périodes et le couvrir de cadeaux, une pratique qui a commencé en Amérique et s'est poursuivie en Angleterre et sur le continent dans une mesure qui a rendu possible une vie de luxe positif.

Il est fortement suggéré que les dons que Home a reçus ont été dans de nombreux cas *suggérés* par les *esprits* qu'il a invoqués et que son guide spirituel semble avoir toujours gardé un œil attentif sur son besoin de subsistance terrestre, même au point de parer sa personne de manière satisfaisante avec des bijoux. Cela se *matérialisait* toujours pour lui lorsque cela était nécessaire, et comme lui, personnellement, ne pouvait pas être tenu responsable de ce que de mauvais esprits pourraient faire, et comme ils faisaient preuve de bon jugement dans le choix des victimes, rien n'en fut dit et il échappa au sort de prison d'Ann. O'Delia Diss Debar.

Sa jeunesse s'est déroulée dans le Connecticut, mais que ce soit chez sa tante à Waterford ou chez sa mère à Norwich, à douze miles de là, est une question, mais il est certain qu'à la mort de sa mère, il est allé chez la tante. C'était alors qu'il avait dix-sept ans, deux ans après le début de la carrière des « Fox Sisters » dans l'État de New York. On ne sait pas exactement à quel point il en a entendu parler, c'est quelque chose qui ne fait aucun doute, et il n'est pas étrange qu'un jeune ayant ses caractéristiques veuille les imiter. De plus, sa mère avait la réputation d'être dotée d'une soi-disant « seconde vue » et il a peut-être hérité de traits qui ont contribué à rendre la vie d'un médium attrayante à ses yeux. Quoi qu'il en soit, réclamant l'aide de l'esprit de sa mère, il essaya ses pouvoirs médiumniques chez les voisins avec un tel succès qu'il annonça bientôt à sa tante qu'il allait s'établir comme spiritualiste *professionnel*. La dame, une fervente trinitaire, était si choquée et perturbée, nous dit-il, que « dans sa colère incontrôlable, elle s'est saisie d'une chaise et me l'a lancée ». Mais même si elle n'aimait pas l'idée que le jeune homme devienne un médium, ses performances attirèrent bientôt tellement d'attention qu'elle accepta qu'il quitte sa maison de Norwich pour se rendre à Willimantic, dans le Connecticut, où il commença sa vie durant. la générosité des amis et des dupes. Ses premiers exploits furent des plus simples, comme il en existe dans le répertoire de tout propriétaire itinérant de spectacles, mais son succès semble avoir été instantané. L'une des raisons à cela était que, même si les médiums en tant que classe étaient paresseux, Home était un travailleur infatigable ainsi qu'un égoïste sans faille et ses qualités personnelles contribuaient largement à désarmer les soupçons et à inspirer confiance dans l'esprit de ses dupes.

L'endroit où il a fait ses premières études n'apparaît pas, mais les archives regorgent d'indices d'une intellectualité considérable. Il prétend avoir étudié la médecine et obtenu un diplôme à New York, mais il n'a jamais exercé. Dans ses dernières années, il ouvrit un atelier en Italie 34 et se consacra à la sculpture entre ses séances et « vendit des bustes à des prix tout à fait disproportionnés par rapport à leurs mérites artistiques ». Il a également étudié l'élocution et aurait donné de nombreuses lectures réussies. 35 Il avait aussi le mérite d'être un bon musicien et de jouer de plusieurs instruments, ce qui explique en partie son tour d'accordéon. Avec tout cela, il était un linguiste considérable, capable de parler la plupart des langues modernes. Il est l'auteur de deux livres prétentieux 36 dont le but principal semble avoir été d'établir l'impression que, même si tous les autres médiums trichaient parfois, *Home était strictement honnête* en toutes occasions, et pour preuve il était dit qu'il n'était jamais dénoncé et jamais reçu. des honoraires pour ses séances. Néanmoins, une accusation de fraude a été prouvée contre lui devant le tribunal. 37 Il est peut-être vrai ou non qu'il n'a jamais été complètement exposé, mais nombre de ses manifestations se sont révélées frauduleuses et chacune d'entre elles peut être reproduite par des prestidigitateurs modernes dans les mêmes conditions. La principale raison pour laquelle il n'a jamais été *complètement* exposé était qu'il ne donnait aucune séance publique, apparaissant toujours comme l'invité de la famille où il vivait et, comme l'a exprimé un écrivain, « on ne songerait pas plus à critiquer l' invité de son hôte qu'il ne le ferait. le vin de son hôte.

À une occasion, Robert Browning, le poète, assista à l'une des séances de Home. Il était devenu quelque peu alarmé par l'intérêt de sa femme pour le spiritualisme, et lorsqu'un visage se matérialisa et dit être celui d'un fils décédé en bas âge, Browning saisit la tête supposée matérialisée et découvrit qu'il s'agissait du pied nu de M. Home . . Soit dit en passant, Browning n'avait jamais perdu un fils en bas âge. Le fils vivant, R. Barrett Browning, dans une lettre au London *Times* du 5 décembre 1902, faisant référence à cet événement, déclarait : « La maison a été détectée dans une vulgaire fraude. » Dans la même lettre, il raconte la modification de la croyance de sa mère après avoir été trompée par un « *ami de confiance* » et ses mots de clôture furent : « La douleur de la désillusion fut grande, mais ses yeux étaient ouverts et elle voyait clairement.

Ce que l'on pourrait appeler l'apprentissage américain de Home commença en 1850 et, malgré sa jeunesse et son inexpérience, il réussit à convaincre de nombreuses personnalités de l'authenticité de ses phénomènes, parmi lesquelles le juge Edmonds, 38 William Cullen Bryant et l'évêque Clarke de Rhode Island. Au printemps 1855, un comité d'admirateurs rassembla une somme d'argent suffisante pour l'envoyer en Angleterre et s'établir confortablement. Il emportait avec lui une lettre d'introduction adressée à un homme aux goûts scientifiques du nom de Cox, propriétaire de l'hôtel Cox, dans Jermyn Street, et grâce à l'influence duquel il put organiser des séances avec Lord Brougham, Sir David Brewster, Robert Owen. , T. A. Trollope, Sir E. Bulwer Lytton et d'autres tout aussi éminents.

Après seulement quelques mois de séjour en Angleterre, Home se rendit en Italie, apparemment pour sa santé, et pendant les quatre années suivantes, il vécut sur le continent, voyageant d'un endroit à l'autre, vivant dans le luxe, se divertissant presque continuellement dans les maisons de « amis », qui dans presque tous les cas étaient des personnes de rang et de richesse. Il semble avoir eu peu de difficultés à rencontrer la royauté et la noblesse en termes d'intimité, comptant même parmi ses patrons l'empereur et l'impératrice de France ainsi que le tsar de Russie. De cette clientèle, il reçut de nombreux et précieux cadeaux. À la cour russe, avec sa tendance vers l'occulte, il était particulièrement bien accueilli et vivait pendant des semaines dans le palais du tsar, à l'instar des carrières similaires de Washington Irving Bishop, Mons. Phillipi et Raspoutine. Pendant son séjour en Russie , il rencontra une belle jeune femme de rang et, avec l'approbation du tsar, l'épousa. 39

À cette époque, Home commençait déjà à manifester ce penchant pour les pierres précieuses qui devint finalement si prononcé que quelques années plus tard, un écrivain anglais, en le décrivant, disait :

«Mais la caractéristique marquante de cet homme, après tout, était ses bijoux. Au troisième doigt de la main gauche , il portait un immense solitaire, qui faisait briller des splendeurs impériales à chaque mouvement ; au-dessus, un saphir de taille énorme ; de l'autre, un gros diamant jaune et un superbe rubis serti de brillants.

Mais ce n'était pas tout pour l'écrivain ajoute une liste d'autres en possession de Home qui susciteraient facilement l'envie de n'importe quelle épouse de multimillionnaire. Compte tenu de cet penchant pour les bijoux, un incident survenu juste avant que Home quitte la cour russe est intéressant. L'histoire m'a été racontée par Stuart Cumberland. Je l'ai entendu le répéter à d'autres et il le raconte également dans son livre « Cet autre monde », que je cite.

« À Petrograd, du moins m'a assuré un diplomate célèbre lorsque j'y étais, Home a accompli un exploit de dématérialisation devant la Cour qui, sans la faveur dont il était tenu en haut lieu, aurait pu restreindre son accès à la justice. liberté pendant un certain temps.

« Il avait dématérialisé une splendide rangée d'émeraudes prêtée aux « chers esprits » pour les besoins de l'épreuve ; mais jusqu'au moment de son départ de la séance, les émeraudes, pour une raison occulte, avaient refusé de se matérialiser et d'être restituées au propriétaire confiant. Ils étaient, bien sûr, dans le pays des esprits, attirant l'attention des fantômes, qui semblaient avoir un joli goût pour les bijoux de valeur. Mais le chef de la police n'avait pas cette foi en la probité spirituelle généralement admise à la Cour, et avant de quitter le palais, Home fut fouillé et - c'est ainsi que l'histoire me parvint - les émeraudes dématérialisées furent trouvées matérialisées dans la poche de son manteau. Bien entendu, ils avaient été placés là par un mauvais esprit, mais le chef de la police fit comprendre au médium que le climat de la capitale russe n'était peut-être pas bon pour sa santé et qu'un départ anticipé lui serait probablement bénéfique. Home a compris l'allusion et son départ anticipé. Jusqu'à sa mort, je pense qu'il a regretté l'interférence du mauvais esprit (ou de la police). Il aurait été bien plus satisfaisant que les bijoux restent dématérialisés dans le pays des esprits, qu'ils soient matérialisés à volonté sans intervention de la police, car eux, les bijoux, avaient une grande valeur terrestre.

DANIEL DUNGLAS LA MAISON

L'année 1859 retrouva Home en Angleterre et marqua le début de ce qui s'avéra être la période de son plus grand succès. Ce n'est que quelques années plus tard qu'il tenta son entreprise financière la plus remarquée. Il s'était établi à Sloane Street, à Londres, en tant que secrétaire de ce qu'on appelait « l' Athénée spirituel ». Un jour, à la fin de 1866, lui vint une veuve du nom de Jane Lyon qui avait hâte de rejoindre sa société. Elle avait soixante-quinze ans et, en plus d'être riche, son mari lui avait laissé de nombreux moyens. Avant d'appeler Home, elle avait lu son livre, y avait cru et avait également fait une série de rêves inhabituels. La médium n'eut aucune difficulté à trouver un moyen de lui permettre d'entrer à l' Athénée , et elle raconta comment plus tard, lors de cette première rencontre, l'esprit de son mari « avait communiqué avec elle par l'intermédiaire de Home et avait noué son mouchoir ». Tout ce que l'esprit de son mari lui a dit lors de cet entretien n'apparaît pas, mais cela a suffi pour la persuader de lui donner vingt-quatre mille livres. Les esprits se sont montrés très intéressés par les affaires de Mme Lyon et en novembre, sous leur direction, Home a brûlé son testament et peu de temps après, elle lui a donné six mille livres supplémentaires.

L'attachement entre la veuve de soixante-quinze ans et la moyenne de trente-trois ans grandit rapidement et bientôt l'esprit de son mari lui suggéra d'adopter Home comme son fils « car il lui serait d'un tel réconfort ». La suggestion fut immédiatement suivie d'effet et le médium commença à s'appeler Daniel Home Lyon. L'esprit n'oubliait pas non plus les besoins d'un fils, suggérant qu'une allocation de sept cents livres par an serait à peu près juste. En janvier (1867), Mme Lyon céda à Home une hypothèque de trente mille livres, se réservant uniquement les intérêts sous forme de rente pour elle-même. Ce n'est qu'un mois plus tard qu'elle s'inquiéta et consulta un avocat, qui lui assura qu'elle avait été imposée, mais elle ne fut convaincue qu'après avoir interrogé les esprits par l'intermédiaire d'une fille de douze ans, fille d'un médium aux fleurs du nom de de Murray. Comme l'a rapporté cette jeune fille, même les esprits semblaient penser que Mme Lyon avait été escroquée de soixante mille livres et elle a donc exigé son retour par Home. Il ignora la demande mais proposa de restituer l'hypothèque si elle lui donnait la possession incontestée des premiers trente mille livres et lui permettait d'abandonner le nom de Lyon. Elle n'accepterait pas cela. Home a été arrêté et une action en justice a été engagée. Le litige fut long, l'affaire se termina finalement en mai 1868, par un jugement en faveur de Mme Lyon ; la Cour a jugé que, le transfert d'argent et l'acte ayant été accomplis frauduleusement, *ils* étaient donc nuls. Dans ses remarques finales, le vice-chancelier a qualifié Mme Lyon de vieille dame à l'esprit « *saturé d'illusions* » et a caractérisé le spiritualisme comme étant, selon les preuves, un « système d'absurdités malicieuses bien calculé pour tromper les vains, les faibles ». , les insensés et les superstitieux. 40

Home continua néanmoins sa médiumnité et, entre 1870 et 1872, il tint plusieurs séances avec Sir William Crookes41, qui fut si impressionné qu'il le considérait comme « l'un des hommes les plus aimables, dont l'authenticité parfaite était au-dessus de tout soupçon ». opinion contrastant de façon frappante avec le verdict dans le cas de Mme Lyon, mais qui montre avec quelle facilité et profondeur les adeptes du spiritualisme sont séduits et induits en erreur. *Aucun* média n'est *jamais* suspect aux yeux des fidèles et la déclaration de Sir William Crookes encourage à croire que même les scientifiques ne sont pas toujours à l'abri de l'influence du *magnétisme personnel* . Il aurait également déclaré :

« Quant à la théorie de la fraude, il est évident que cette théorie ne peut rendre compte que d'une très petite partie des faits observés. Je suis prêt à admettre que certains soi-disant médiums dont le public a beaucoup entendu parler sont de fichus imposteurs, qui ont profité de la demande publique d'excitation spiritualiste pour remplir leur bourse de guinées facilement gagnées ; *tandis que d'autres, qui n'ont aucun motif pécuniaire d'imposture, sont tentés de tricher, semble-t-il, par le seul désir de notoriété.*

On verra donc que même le professeur Crookes, tout en défendant le soi-disant médium authentique, admet du même coup qu'il existe des praticiens frauduleux.

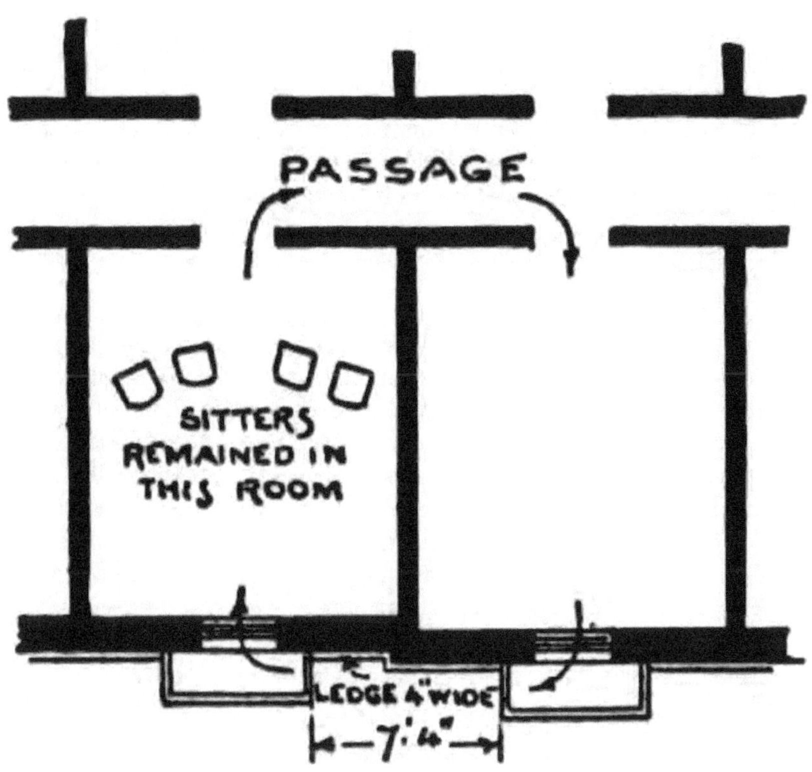


DIAGRAMME MONTRANT LA DISPOSITION DES PIÈCES, DES FENÊTRES, ETC., OÙ L'EXPÉDITION RÉPUTÉE DE FLOTTAGE DE LA MAISON A EU LIEU.

Home a acquis une grande notoriété pour ses phénomènes inhabituels grâce à ses actes de lévitation réputés, dans lesquels il glissait de la chaise sur laquelle il était assis jusqu'à une position horizontale, puis demandait que la chaise soit retirée car elle ne le soutenait pas, et « flottait » sous une table et un dos, mais son chef-d'œuvre, l'incident le plus souvent mentionné, était de sortir d'une fenêtre les pieds en premier, et de naviguer vers une autre, distante de sept pieds et quatre pouces, d'atterrir les pieds en premier dans une pièce adjacente, où il « s'est assis ». » Lord Adare, un observateur, s'est dit surpris qu'il ait pu être transporté à travers une ouverture aussi étroite que dix-huit pouces, après quoi « Home, toujours fasciné, a dit : « Je vais vous montrer », puis, dos à la fenêtre, il s'est penché et *a été a tiré hors de l'ouverture la tête en premier, avec le corps rigide, puis est revenu assez silencieusement* . 42, 43

C'est ainsi que l'histoire a été racontée maintes et maintes fois par des écrivains et des conférenciers spiritualistes et est encore aujourd'hui racontée par Sir Arthur Conan Doyle avec autant de sérieux que s'il avait été un témoin oculaire de l'événement en pleine lumière d'un midi. soleil du jour.

"Quand DD a fait ce 'home run'" à l'extérieur de sa maison, il semble avoir cherché une altitude plutôt qu'un record de vitesse, car les trois témoins fiables (?) s'accordent pour dire que les fenêtres à travers lesquelles il flottait étaient dans le troisième étage et à soixante ou quatre-vingts pieds du sol. Cela ferait passer la hauteur de chaque étage de vingt à vingt-sept pieds, mais *les grandes histoires* semblent avoir été une spécialité de ces messieurs remarquablement observateurs.

En 1920, j'ai projeté de reproduire cet exploit de fenêtre dans les mêmes conditions que Home et feu Stuart Cumberland a ouvertement défié les spiritualistes en affirmant que j'étais prêt à me soumettre à un tel test, mais aucune réponse n'a été reçue avant mon départ d'Europe. Par conséquent , je désire déclarer officiellement que je suis capable de réaliser les mêmes phénomènes (?) à condition que je reçoive les mêmes conditions et la même portée qu'était Home. Je crois que ceux qui ont été témoins de l'exploit étaient sincères en y accordant du crédit, mais que c'était une illusion et qu'ils ont été trompés par Home, car l'esprit de la personne moyenne accepte ce qu'il voit et n'est pas disposé à appliquer les lois de la physique. peu importe à quel point ou de manière flagrante cet acte défie les principes fondamentaux dont dépend notre existence même.

Les années 1859 à 1872 furent celles du plus grand succès de Home. Vers la fin de cette période, cependant, sa popularité déclina et, après avoir épousé une seconde fois une dame appartenant à la noblesse russe, il abandonna l'exercice de sa profession, rompit avec presque tous ses anciens amis et retourna sur le continent où il consacre une grande partie de son temps à l'écriture. Il meurt en 1886 et est enterré à Saint-Germain -en - Laye .

Sa carrière active, ses diverses escapades et la cause directe de sa mort 44 indiquent qu'il a vécu la vie d'un hypocrite de la plus profonde teinte. Comme il est étrange que ces agents inspirés du « Summerland », ces transmetteurs humains de messages, ces tremplins vers l'Au-delà, soient, pour la plupart, des pervers moraux dont la défense préférée est l'affirmation selon laquelle ils sont forcés de commettre de tels actes par le mal . esprits qui en prennent possession.

# CHAPITRE IV
## PALLADINO

EUSAPIA PALLADINO, une Italienne, a à son actif la tromperie réussie d'hommes plus philosophiques et scientifiques que tout autre médium connu, étant considérée par certains comme le plus célèbre de tous, malgré le fait qu'elle ne semble avoir fait aucune prétention de produire la classe de miracles revendiquée par D. D. Home et bien d'autres. Elle a rarement eu recours à la matérialisation et il y a très peu de variété dans son programme de 1892 jusqu'au moment de sa mort en 1918, se contentant évidemment d'étonner les chercheurs scientifiques avec la lévitation et la giration de choses inanimées. 45

Palladino est née dans le quartier napolitain des paysans pauvres et est décédée alors qu'elle n'était qu'une enfant. Naturellement brillante, voire astucieuse, son instinct de perception semble s'être développé très tôt dans la vie et s'être poursuivi tout au long de sa carrière, même si elle n'avait eu aucune éducation et était jusqu'à la fin à peine capable de lire ou d'écrire.

Son premier contact avec les arts mystérieux semble avoir eu lieu alors qu'elle n'était qu'une enfant de treize ans (1867), au service d'un acrobate ou d'un *prestidigitateur* 46 auprès duquel elle a dû acquérir un certain degré d'habileté et de connaissance de l'étrangeté qu'elle peut avoir. couplé au merveilleux succès obtenu par Home, et son esprit vif ont peut-être ouvert des visions d'un changement de la pauvreté à cette richesse qu'elle considérait comme la récompense du producteur de phénomènes professionnel, car elle a commencé son travail spiritualiste juste après ses opérations réussies dans L'Italie qui a servi à propager le spiritualisme malgré l'opposition papale. Son rôle a dû être bien appris et ses plans soigneusement élaborés avant de faire ses débuts en tant que médium à part entière , car elle a réussi dès le début à dérouter les hommes de science intelligents et, bien qu'en tant qu'épouse d'un petit commerçant, elle était très pauvre. , elle est devenue riche vingt ans après avoir commencé à travailler comme médium.

Elle n'attira l'attention du public que vers 1880, lorsque le professeur Chiaia , qui lui avait accordé beaucoup d'attention sans détecter ses méthodes, défia le professeur Lombroso, à l'époque l'homme scientifique le plus éminent d'Italie, d'enquêter sur elle. Le professeur Lombroso l'a fait, mais n'a détecté aucun travail frauduleux, bien que sa décision ait été si longtemps retardée que lorsqu'elle a finalement été rendue, on a prétendu que sa mentalité s'était considérablement affaiblie. 47

En 1892, Palladino avait commencé à attirer l'attention des scientifiques de différentes villes italiennes et avait également été portée à l'attention de certains spiritualistes anglais, mais ce n'est qu'en 1894 qu'elle se rendit en

France. Ce voyage a été réalisé grâce à l'influence du professeur Richet, et Sir Oliver Lodge, le professeur Sidgwick et M. Myers ont pris part aux débats. Au retour de Lodge et Myers en Angleterre, ils éveillèrent l'intérêt pour Palladino en rapportant que ses phénomènes étaient authentiques.

La première exposition de Palladino a été faite par le Dr Richard Hodgson en 1895. Un comité de la Société anglaise pour la recherche psychique, composé de Hereward Carrington, l'hon. Everard Feilding et Wortly W. Baggally , qui avaient organisé une série de séances d'essai avec Palladino en Italie, l'ont amenée en Angleterre pour un nouvel essai et une autre série de séances a eu lieu. Très tôt dans la série, des mouvements suspects de la part du médium furent observés. Plus tard, le Dr Hodgson rejoignit le cercle et put démontrer de manière concluante que grâce à une manipulation astucieuse – une pure ruse – elle libérait une main et effectuait ainsi les mouvements observés.

Sa méthode 48 consistait à commencer par permettre à une main d'être fermement tenue par la personne à ses côtés (disons à gauche) et à laisser les doigts de son autre main (droite) reposer sur ceux de la personne à sa droite. Au cours de quelques mouvements spasmodiques rapides, elle rapprochait les mains des assistantes si près l'une de l'autre que l'une des siennes pouvait faire le travail pour deux, étant tenue par une assistante tandis que ses doigts reposaient sur la main de l'autre assistante, la laissant ( 49 ) Palladino) main droite libre pour produire les « phénomènes » souhaités, après quoi elle a été restaurée dans sa position originale. D'autres dispositifs tout aussi malhonnêtes ont été observés ou déduits.

Tous ces hommes étaient des observateurs expérimentés de séances 50, mais le rapport de leurs conclusions montre avec quelle facilité ces experts ont été trompés par les mêmes astuces qui se sont révélées plus tard frauduleuses par la branche new-yorkaise de la Society for Psychical Research. Les rapports de M. Feilding étaient les moins positifs des trois et montrent que lorsque les meilleurs phénomènes étaient observés, le contrôle n'était pas complet et que les notes sténographiques étaient déficientes et que, lues le lendemain de la séance, elles semblaient faibles en comparaison d'un souvenir . des manifestations. Le fait que les rapports finaux reposaient en grande partie sur ces souvenirs est démontré par la déclaration de M. Feilding :

«Nous avons été contraints d'abandonner notre attitude incolore proposée pour adopter une attitude d'affirmation presque prosélytique.»

Lorsque Palladino arriva en Amérique en 1908, elle commençait à être mondialement connue et sa réputation était établie ; c'était une femme astucieuse, dotée d'une grande expérience dans l'art de détourner l'attention, et qui disposait d'un subterfuge commode de guides spirituels peu accommodants chaque fois que ses propres ressources étaient épuisées à cause d'un observateur trop zélé. Pendant vingt ans ou plus, elle avait évité d'être détectée parce qu'elle avait fixé les conditions dans lesquelles les tests étaient effectués et, par conséquent, en tant qu'investigations scientifiques, ils n'étaient que des farces. Mais à New York, des conditions furent introduites qu'elle n'approuva pas pour la simple raison qu'elle ignorait leur existence. Une autre différence était qu'à New York, plusieurs répétitions avaient lieu et chaque enquêteur était assigné à une partie spéciale du travail, évitant ainsi le vieux truc consistant à détourner l'attention de l'endroit où une manifestation se développait soudainement. Le résultat fut la chute de Palladino.

À son arrivée à New York, un groupe de professeurs de Columbia s'intéressa à Palladino et organisa une série de dix séances de test à cent vingt-cinq dollars la séance. Huit des dix séances avaient eu lieu et, même si la majorité des professeurs étaient convaincus qu'elle trichait, ils n'étaient pas en mesure de le prouver. Bien que les séances aient été menées secrètement par les scientifiques, l'un d'eux, le professeur Dickinson S. Miller, a discuté du meilleur truc de Palladino, la lévitation de la table, avec un de mes amis, M. W. S. Davis, lui-même un ancien médium dont les séances étaient toujours données sous conditions d'essai. Davis a non seulement expliqué au professeur la méthode probable utilisée par Palladino, mais il l'a également démontrée, avec pour résultat que le professeur a déclaré qu'une exposition complète de Palladino devrait être faite même si cela coûtait dix mille dollars et a invité Davis à l'aider lors de la prochaine séance. admettant franchement que lui et ses associés étaient incapables de mener une enquête appropriée.

Davis a répondu que les scientifiques n'étaient pas le genre d'hommes avec qui il pouvait travailler, mais que s'il le laissait emmener quelques hommes « Flim-flam », il l'aiderait. Le professeur Miller a consenti à cet arrangement à condition que les hommes soient désignés comme professeurs d'université, sinon ils ne seraient pas admis. Davis a ensuite fait venir John W. Sargent, ancien président de la Society of American Magicians, et pendant des années mon secrétaire particulier. Il a également fait venir un autre magicien, James L. Kellogg. Tous deux étaient d'accord avec Davis sur le fait que sa théorie de la méthode de Palladino était correcte. Le professeur Miller suggéra alors que, afin de compléter la découverte et de corroborer toutes les observations, deux autres personnes soient choisies pour surveiller les pieds du médium. Davis a donc choisi Joseph F. Rinn , un autre membre de la société des magiciens , qui avait participé à diverses expositions de pseudo-médiums, et le professeur Miller, nommé Warner C. Pyne , étudiant à Columbia. Il fut convenu que ces deux-là seraient vêtus de noir, même avec un couvre-chef, et introduits clandestinement dans la pièce sous le couvert de l'obscurité après le début de la séance et qu'ils devraient s'étendre sous les chaises et la table afin que leur tête soit suffisamment près des pieds de Palladino. pour détecter tout mouvement. Je suis redevable à mon ami Davis pour l'histoire intérieure suivante de la séance, telle qu'il me l'a donnée.

«Après l'arrivée d' Eusapia et de M. Livingston et lorsque tous deux furent entrés dans la salle de séance, Rinn et Pyne descendirent et se cachèrent dans le couloir où ils attendirent leur signal. Lorsque nous avons été présentés et après la conversation habituelle, Eusapia a dit qu'elle allait commencer. Avant qu'elle n'ait eu le temps de choisir ses contrôleurs, le professeur Miller nous a conduits, Kellogg et moi-même, aux positions à côté d'elle. Elle s'assit à l'extrémité étroite de la table et le dos près des rideaux du placard. (Le meuble a été formé en plaçant des rideaux du plafond au sol, s'étendant d'un coin de la pièce). Kellogg était assise à sa droite et moi à sa gauche. Eusapia était assise près de la table et sa robe noire touchait les pieds de la table. Elle plaça son pied droit sur le cou-de-pied du pied gauche de Kellogg et son pied gauche sur mon pied droit, ce qui était sa garantie que ses pieds ne joueraient aucun rôle dans la production des phénomènes. Nous n'avons pas réduit la lumière au début de la séance.

«Le reste du groupe assis autour de la table a ensuite posé les mains sur sa surface supérieure et a formé la chaîne bien connue . Eusapia a tapé du pied de Kellogg et du mien et nous a demandé si le contrôle était satisfaisant, ce qui bien sûr était le cas. Eusapia a alors retiré ses propres mains des nôtres et bientôt de légers coups se sont fait entendre. *Ils étaient tels qu'on les produit facilement et imperceptiblement en glissant le bout des doigts sur le dessus de la table.*

« Nous avons ensuite été favorisés par les coups réactifs : en doublant ses mains, elle battait l'air avec ses poings d'une manière saccadée et spasmodique lorsque nous entendions les bruits légers sur le bois. L'exposition au-dessus du tableau n'a pas retenu toute notre attention. Tous les membres du parti étaient intéressés par la théorie consistant à utiliser un pied comme levier pour relever la table. Alors qu'elle battait l'air avec son poing fermé, elle a en conséquence glissé ses pieds jusqu'à ce que nous ressentions la pression sur l'extrémité de nos pieds uniquement, alors qu'auparavant il y avait une pression sur le cou-de-pied. Kellogg et moi soupçonnions tous les deux qu'elle avait réussi à retirer un pied et à faire faire à l'autre le devoir de deux. À partir de ce moment- là , nous avons commencé à recevoir des coups plus violents, comme si elle frappait le pied de la table avec son pied.

« En frappant le pied de la table avec le côté de sa chaussure, produisant ainsi des coups, Eusapia a également obtenu la position exacte dans laquelle son pied doit être placé pour la lévitation. Lorsqu'elle faisait basculer la table d'un côté à l'autre, il lui suffisait de déplacer son orteil d'un pouce pour que le pied gauche de la table descende dessus, puis tout ce qu'elle avait à faire était de surélever son orteil pendant que le talon restait au sol. et une lévitation partielle ou complète a suivi.

« Nous avions l'air heureux et Eusapia a commencé à se sentir chez elle. Avec un peu de repos, le balancement reprit et elle considéra qu'il était prudent de risquer toute la lévitation. Tenant la main gauche de Kellogg en l'air avec sa droite, elle a posé ma main droite, paume vers le bas, sur le dessus de la table, directement sur le pied gauche de la table ; puis elle posa sa main gauche sur la mienne, le bout des doigts s'étendant plutôt sur ma main et touchant la table. Aucune autre main n'était dessus. Puis, après quelques lévitations partielles, la table s'est élevée dans les airs, chaque pied décollant du sol. C'était notre première lévitation complète. Aussi beau que n'importe quel disque et *présenté sous des lumières vives* .

J'ai demandé à Davis comment il savait que la lévitation était frauduleuse et il a répondu :

« (1) Pendant les lévitations partielles, j'ai levé négligemment mon pied gauche, je l'ai passé par-dessus le pied droit en direction d' Eusapia et j'ai été incapable de toucher sa jambe gauche à l'endroit où elle aurait dû être. (2) Sa robe noire touchait le pied de la table et alors qu'elle retirait soudainement son orteil de dessous, sa robe bougeait en conséquence. (3) Par le bruit sourd que fit la table lorsqu'elle fut privée de son support très matériel. (4) Par le fait que n'importe quel jongleur peut réaliser l'exploit lorsque le « *modus operandi* » est parfaitement compris, mais peut-être pas avec la même habileté. (5) Toutes les personnes présentes savaient que la table était maintenue en haut par la main d'Eusapia , qui reposait sur la mienne, à son tour s'abattait sur le pied de la table, vraisemblablement soutenu par l'orteil d'Eusapia qui formait une parfaite pince humaine. 51 (6) Ce que Rinn et Pyne nous ont dit après la séance. Ils ont dit que depuis leur position sous les chaises, ils ont vu Eusapia placer son pied droit sur le gauche de Kellogg et son pied gauche sur mon droit, plus tard ils l'ont vue taper sur nos pieds avec le sien pendant qu'elle faisait quelques changements dans la position de ses pieds. Ils l'ont également vue faire glisser son pied gauche de quelques accrocs alors que son droit était tordu pour couvrir mon pied droit qui se trouvait auparavant sous son pied gauche. Ils ont vu distinctement Eusapia frapper le pied de la table avec le côté de son pied pour produire les coups et ils l'ont également vue glisser son orteil sous le pied de la table et forcer la table à se relever avec l'effet de levier. 52

Au cours de sa narration, j'ai demandé à Davis de me dire si cette Italienne astucieuse qui avait trompé les scientifiques du monde entier n'était pas méfiante ou ne sentait pas qu'elle était contrôlée dans ses mouvements.

«Non», répondit-il sèchement, «une fois, pendant la séance, elle a demandé à tout le monde de se lever. Deux des dames, dans leur inexpérience, ont obéi à l'ordre. Nous avions deux espions sous nos chaises et comme nous ne voulions pas qu'elle les voie, il fallait faire quelque chose immédiatement, alors j'ai fait semblant d'avoir de fortes crampes dans les jambes et pendant que l'interprète en parlait à Eusapia, Sargent et Kellogg ont poussé les dames à s'asseoir . et la médium reprit alors sa place.

Je n'ennuierai pas le lecteur avec un compte rendu détaillé des phénomènes du cabinet lors de cette séance sous une lumière tamisée, mais je me contenterai de dire que Davis et Kellogg l'ont trompée comme auparavant et ont été capables d'expliquer chaque manifestation. Toute la séance de Miller s'est déroulée comme prévu avec si grand soin que Palladino, sur le chemin de son hôtel, a ensuite dit à l'étudiante de Columbia qui lui avait servi d'interprète 53 qu'elle était très satisfaite de la soirée et que la séance avait été l'une des plus mémorables. succès de la série. 54

Je cite avec permission une lettre que M. Davis m'a écrite en date du 22 juin 1923 :

« Rupert Hughes, dans une attaque contre le Spiritisme il y a quelque temps, disait que les rapports favorables sur Palladino constituaient une vaste littérature, et il avait raison. Les bibliothèques publiques de ce pays et d'Europe contiennent de nombreux livres dans lesquels il est prétendu qu'il a été « *scientifiquement* démontré » qu'Eusapia possède un certain pouvoir occulte.

« Des générations pendant des siècles seront probablement influencées par ces livres. Ils ne visent qu'à créer de la superstition et de l'ignorance et il est dommage qu'on les laisse circuler. Eusapia était l'un des plus grands saltimbanques du monde. Ses dupes étaient nos plus grands savants ; ils n'étaient pas de la populace. Elle fut le plus grand charlatan du Spiritisme moderne, et elle trompa plus de savants que tout autre médium. À cet égard, D. D. Home n'est pas comparable à elle. La *leçon importante de cette affaire* est que les soi-disant témoignages « scientifiques » sont pratiquement sans valeur. C'est un fait éducatif important et une leçon précieuse pour le grand public.

M. Davis a tout à fait raison quant à la gravité du danger et des dommages possibles pour le public lecteur dus aux effets de l'énergie grossièrement mal utilisée des scientifiques éminents qui ont si sans réserve reconnu Eusapia Palladino comme un véritable faiseur de miracles, et les animateurs des enthousiastes spiritualistes qui ont répété leurs déclarations publiées. Même Sir Arthur Conan Doyle loue sans réserve Home et Palladino comme les saints patrons de sa religion psychique (?). Il accepte comme preuve le fait que ces érudits scientifiques ont rencontré leur Waterloo dans le but de comprendre les simples ruses des imposteurs et, comme tous les autres spiritualistes, refuse d'accepter la preuve positive de la tromperie obtenue par des hommes instruits dans la science de la magie qui parfois est aussi apparemment inexplicable que les sujets plus profonds des sciences naturelles.

*la sincérité* de M. Davis est tout aussi grande que celle de Sir Arthur. *La sincérité* est le puissant aimant de Sir Arthur et le lecteur devrait attacher autant d'importance à la *sincérité* de l'adversaire. Nous devons également prendre en considération le fait que M. Davis était autrefois lui-même *médium* et qu'il a eu de nombreuses occasions d'observer les qualifications des scientifiques en tant qu'enquêteurs occultes. Il faut aussi remarquer les méthodes de conduite des séances dans lesquelles des résultats si divers ont été obtenus. Ceux détenus avec uniquement des scientifiques comme observateurs étaient sous le contrôle total du milieu et toutes ses conditions étaient respectées, mais à New York, il s'agissait pratiquement de combattre le feu par le feu. Il est proverbial qu'« il faut un voyou pour attraper un voyou » – c'est pourquoi un filou est plus capable de tendre des pièges pour détecter la supercherie que le grave scientifique dans ses efforts pour résoudre le problème par les mathématiques ou la logique. Dans le cas d'un succès, le plan d'opération avait été soigneusement élaboré dans les moindres détails, chaque participant s'était vu confier une tâche spécifique à accomplir et l'a exécuté. De nombreuses répétitions ont eu lieu pour que chacun se familiarise avec son rôle. Toutes les conditions si rigoureusement respectées lors des séances précédentes ont été sauvegardées et le résultat a été une exposition réussie.

EUSAPIA PALLADINO ET SA TABLE DE SÉANCE

Lorsque Carrington a amené Palladino dans ce pays, il a annoncé qu'il l'avait fait dans l'intérêt de la « science ». La publicité ne devait cependant pas être ignorée et par conséquent la première séance a été donnée devant des journalistes. William A. Brady (l'homme de théâtre) occupait le siège d'honneur, ce qui donnait l'impression que Carrington espérait des affaires théâtrales en marge des séances avec des scientifiques à cent vingt-cinq dollars la séance. On sait également que Carrington a conclu un contrat avec un magazine populaire qui lui donnait le droit exclusif de publier des rapports sur les séances et, bien entendu, Carrington devait recevoir une rémunération généreuse. Mais en 1909, M. Davis a fourni au *New York Times* deux articles faisant une attaque sensationnelle contre Palladino, après quoi les gens du magazine ont annulé leur contrat avec Carrington au motif que Davis avait « givré » leurs projets. En conséquence , Carrington a menacé le *Times* de poursuites pour cent mille dollars de dommages. La menace a été abandonnée après la dénonciation totale de Palladino et son refus de se rendre au Times Building et de gagner le prix de deux mille dollars offert par Rinn . Dans toutes les séances dirigées par Carrington, le programme était le même et les phénomènes exactement du même caractère que dans celle qui aboutit à la dénonciation complète de Palladino. La valeur de l'opinion de M. Carrington en tant que preuve peut être jugée à partir d'extraits d'un article du *McClure's Magazine* d'octobre 1909. Dans cet article, il répond à sa propre question : « Eusapia trompe-t-elle ses enquêteurs ? en disant:

« Eh bien, je connais l'état d'esprit induit par une ou deux séances avec Eusapia . Toutes les expériences antérieures sont réfutées et l'esprit ne parvient pas à saisir les faits ou à les accepter comme réels. Il est incapable de les absorber. Il faut plusieurs séances avant d'être convaincu de la réalité des phénomènes et du fait que son observation n'est pas erronée. Personnellement, j'ai dû assister à six séances avant d'être irrévocablement et définitivement convaincu de la réalité du fait. Avant cela, bien que j'étais absolument incapable d'expliquer ce que je voyais par une quelconque théorie de fraude ou de supercherie, et bien que j'étais tout à fait certain que les faits n'étaient pas dus à une hallucination, je ne pouvais toujours pas y croire. J'ai senti qu'il devait y avoir une faille quelque part ; et je sais que mes collègues ressentaient exactement la même chose que moi. Mais à la sixième séance, alors que je contrôlais moi-même le médium, de telle manière que j'étais tout à fait sûr de l'endroit où se trouvait tout son corps, et qu'en outre il faisait assez clair pour voir clairement tout le contour de son corps, — alors que, malgré cela, des phénomènes continuaient à se produire autour de nous de la manière la plus déconcertante et dans les conditions d'épreuve les plus parfaites, je sentais qu'il n'y avait plus rien à dire ; la certitude était atteinte; et à partir de la sixième séance, et pour toujours après, je resterai aussi certain que ces phénomènes sont des faits et font partie – même sporadique – de la nature, comme je le suis au moment d'écrire cet article.

Ce qui précède montre à quel point l'esprit de M. Carrington était vacillant au moment où il dirigeait les séances de Palladino, et quand, après une lutte personnelle avec le médium, il exprima sa conviction, il aurait dû savoir qu'il parlait de l' impossible ; qu'aucun homme ne pouvait contrôler Palladino au-delà de la possibilité de fraude et en même temps détecter ses faux mouvements. Dans le même article, il écrit :

« Je peux justement remarquer ici que ce médium a été pris dans une supercherie de temps en temps et qu'il y recourra presque invariablement à moins qu'il n'en soit empêché par la rigidité du contrôle (c'est-à-dire le degré de certitude obtenu en tenant ses mains et ses pieds). La raison en est qu'Eusapia , sachant que la production de phénomènes authentiques épuisera ses forces nerveuses, recourt à cette méthode plus simple, si ses modèles sont suffisamment crédules pour le permettre, afin de se sauver des séquelles douloureuses d'un véritable phénomène. séance. Presque tous les enquêteurs ont découvert à un moment ou à un autre cette fraude mesquine et plus ou moins évidente pour tout enquêteur attentif, qui consiste dans la substitution d'une main à deux et dans la production de phénomènes avec la main libre qui reste. Cependant, si des précautions suffisantes sont prises, il est relativement facile de contrecarrer ses tentatives de fraude ; et lorsque cela est fait, de soi-disant phénomènes authentiques se produisent. Beaucoup de phénomènes sont si incroyables que l'explication de loin la plus simple est que la fraude a été à l'origine de leur production ; mais je peux affirmer positivement (et je crois que les archives le montreront) que la fraude était tout à fait impossible tout au long de nos séances, non seulement à cause de la nature de notre contrôle sur le médium, qui était rigoureusement exigeant, mais à cause de l'abondance de la lumière. Toute théorie basée sur l'hypothèse que des confédérés étaient employés est absolument rejetée : premièrement, parce que les séances se déroulaient dans nos propres chambres fermées à clé de l'hôtel ; et deuxièmement, parce que pendant toute la durée des séances, il faisait suffisamment de lumière pour que nous puissions voir toute la salle et ses occupants. Il est à peine besoin d'ajouter que nous avons examiné le cabinet, la table, les instruments et tous les meubles, avant et après chaque séance.

Cela semble être la même chose qu'on pourrait s'attendre à ce qu'un manager parle du mérite de sa propre émission. Un vendeur ne devrait pas décrier ses marchandises.

Il ne fait aucun doute que Palladino a été victime de fraude. 55 Lors de conversations personnelles avec l'hon. Everard Feilding, W. W. Baggally , E. J. Dingwall et Hereward Carrington ont chacun déclaré positivement qu'ils l'avaient surprise en train de tricher et qu'ils savaient qu'elle était une fraude. Ils affirmaient que vers la fin de sa carrière, elle avait perdu son pouvoir occulte et que, dans les moments où les Esprits lui faisaient défaut , elle recourrait à la ruse plutôt que d'avouer son échec. Ils la considéraient comme un véritable médium en raison des choses qu'elle faisait dans des conditions de test qu'ils ne pouvaient pas expliquer, leur connaissance de la fraude étant apparemment dominée par une volonté de croire à l'impossible simplement parce qu'ils n'étaient pas capables de résoudre le problème.

Si vous allez dans un grand magasin et demandez un article bien annoncé et que lorsque vous rentrez chez vous, vous constatez que le vendeur a remplacé « quelque chose d'aussi bon », soit vous signalez le vendeur à la direction, soit vous ne fréquentez plus le magasin . ; si vous allez chez un tailleur et qu'il vous vend un costume « tout en laine » et que vous constatez que la plupart de la « laine » pousse sur des plants de coton, vous passez devant ce magasin lorsque vous êtes prêt à acheter un autre costume ; Si vous surprenez votre meilleur ami en train de tricher aux cartes, vous refusez de jouer à nouveau avec lui et une amitié de toute une vie est rompue. Mais Palladino a triché à Cambridge, elle a triché à l'Aguélas et elle a triché à New York et pourtant chaque fois qu'elle était surprise en train de tricher, les spiritualistes la soutenaient, l'excusaient et lui pardonnaient. En vérité, leur logique frise parfois l'humour.

F. W. H. Myers écrivait dans « Borderland » en 1896 :

"Ces fraudes ont été pratiquées dans et hors de la transe réelle ou présumée et ont été si habilement exécutées que la pauvre femme a dû les pratiquer longtemps et soigneusement."

Palladino se résume en ces quelques lignes.

Mon opinion est que Palladino, dans la fleur de l'âge, possédait peut-être l'agilité et l'abondante habileté à détourner l'attention, ainsi que suffisamment d'énergie et de courage pour embobiner 56 ses comités scientifiques et par ailleurs astucieux, mais à mesure que le temps exigeait son tribut, elle a probablement perdu son courage et son courage et est devenue incapable de présenter ses « performances » avec le succès qui avait accompagné ses précédentes manifestations.

Mon vieil ami, John William Sargent, décédé le 24 septembre 1920, faisait partie du comité qui a finalement détrôné Palladino, et je crois simplement que c'est lui qui doit dire le dernier mot de ce chapitre.

« Eusapia Palladino est morte et je suis convaincu qu'elle est partie d'ici sans me pardonner la part que j'ai prise pour gâcher ses affaires en Amérique en l'aidant à dévoiler son petit sac à malice. La question reste cependant ouverte de savoir si la révélation de sa supercherie, ou en fait de celle d'un quelconque des marchands de sensations à laquelle elle appartenait, a jamais détourné une âme de la croyance au Spiritisme ; Certains des principaux journaux, en commentant sa mort, montrent que, malgré la révélation complète de ses méthodes, la conviction de nombreuses personnes intelligentes demeure encore dans l'esprit de nombreuses personnes intelligentes, la conviction qu'elle était loin d'être une imposteur. Je ne comprends pas qu'une personne raisonnable puisse voir dans cette femme autre chose qu'une charlatan assez intelligente, dont le succès était dû plus à la crédulité de son public qu'à l'habileté de ses performances. À quoi correspondaient toutes ses expositions ? Ceux qui ont cru ont continué à croire, et malgré le vieux dicton selon lequel « la vérité est puissante et doit prévaloir », le nom d' Eusapia Palladino restera sur les lèvres des hommes longtemps, longtemps après que ses détracteurs seront oubliés.

# CHAPITRE V
## ANN O'DELIA DISS DEBAR

LES allées et venues d'Ann O'Delia Diss Debar sont des mystères car il n'y a aucune trace de sa naissance ni aucune trace de sa mort, mais le « temps intermédiaire » a fourni suffisamment de matière pour un livre entier plutôt qu'un seul chapitre, et a donné elle a eu l'occasion suffisante de faire dire d'elle qu'elle était « l'un des faux médiums et des escrocs mystérieux les plus extraordinaires que le monde ait jamais connu ». Certains l'ont même classée parmi les dix criminelles les plus en vue et les plus dangereuses du monde, et son répertoire couvrirait toute la gamme, depuis les petits jeux de confiance jusqu'aux stratagèmes élaborés destinés aux magnats de Wall Street. Selon certaines informations, elle n'a pas hésité à s'en prendre aux innocents et aux malades mentaux et a laissé derrière elle une traînée de chagrin, des portefeuilles épuisés et une moralité altérée qui a rarement été égalée. Comme beaucoup de grands criminels, elle a échappé à la punition pendant un certain temps, mais elle est finalement tombée dans les pièges de la justice et a purgé sa peine ici et en Angleterre. Le tact merveilleux avec lequel elle consacra ses grands pouvoirs à des fins d' auto-agrandissement et de profit est sans précédent, et en matière de fourberie rusée, Cagliostro, en comparaison, semble avoir été un amateur. On prétend que ses crimes allaient du plus petit au plus grand avec une moralité aussi basse qu'on peut l'imaginer chez un être humain tandis que, pire encore, elle affichait ouvertement sa méchanceté, ne faisant aucun effort pour dissimuler sa dégénérescence.

Néanmoins , son nom figure parmi les premiers rangs de l'histoire du spiritualisme et partage avec Daniel Dunglas Home la palme de la manipulation réussie de grands projets. Il n'était pas rare qu'elle conclue des contrats qui s'élevaient à des centaines de milliers de dollars et, même si les deux étaient des pionniers dans le domaine médiumnique, je crois qu'à ce jour, ils n'ont eu aucun égal dans ce domaine. Il est possible que tous les autres médias combinés n'aient pas pu totaliser la somme d'argent obtenue par ces deux-là.

Il est difficile de dire si Home a surenchéri sur Diss Debar pour la prééminence ou pour gagner, mais il est certain qu'il « ne pouvait pas tenir tête » à sa polyvalence. Tous deux semblent avoir eu l'avantage d'être scolastiques et bien versés dans l'histoire et les classiques, ce qui leur a conféré un grand prestige auprès des gens cultivés, leur ouvrant les portes de la vie sociale des « dix supérieurs » et mettant à leur portée des gens riches ainsi que des érudits et des scientifiques, qui étaient tous apparemment parfaitement disposés à se laisser tromper et à contribuer involontairement à faire de la carrière de ces deux aventuriers des « succès hurlants » jusqu'au moment de leur perte devant les tribunaux.

Contrairement à Home, qui n'a jamais nié sa personnalité, au cours de toutes les vicissitudes de sa carrière, Diss Debar, aussi souvent qu'elle a changé de base d'opérations, semble avoir changé de nom et d'ascendance. Une fois, à l'apogée de sa carrière, elle a donné une série d'interviews en prétendant être la fille du roi Louis Ier de Bavière et de Lola Montez, une danseuse hispano-irlandaise dont la carrière spectaculaire et aventureuse a parcouru l'Europe jusqu'au Cour russe et plus tard Amérique. On suppose que Diss Debar était la fille d'un réfugié politique du nom de Salomen qui s'est installé au Kentucky et qu'elle est née en 1849 bien qu'il n'y ait aucune preuve documentaire de cela. Selon l'histoire, elle s'appelait Editha et, en grandissant, elle est devenue connue comme une enfant capricieuse, déterminée à faire ce qu'elle ne devrait pas et parfaitement insensible à toute influence restrictive de l'affection parentale. «Parfois, son égarement prenait des tournures si extraordinaires que ses parents pensaient qu'elle n'était pas tout à fait saine d'esprit et demandaient l'avis d'un médecin, qui disait qu'elle était en réalité une sorte de victime d'une passion impie, mais qu'elle sortirait de son échec comme elle a vieilli », une prophétie qui ne s'est jamais réalisée.

Lorsqu'Editha Salomen devint majeure, elle quitta la maison et pendant plusieurs années, son père perdit toute trace d'elle. Plus tard, à son grand étonnement, il la découvrit installée à Baltimore, évoluant parmi les meilleurs de la société et se faisant passer pour un membre de l'aristocratie européenne. En tant que « comtesse Landsfeldt et baronne Rosenthal » de la pairie de Bavière, elle profita de tous les privilèges dont jouissaient les membres de la noblesse dans la République, fut courtisée par la jeunesse américaine et trouva les femmes américaines « trop ravies d'être dirigées par une comtesse ». »

Je n'arrive pas à comprendre où la jeune fille du Kentucky, avec son tempérament et ses caractéristiques particulières, aurait pu obtenir l'éducation et les connaissances dont elle a fait preuve à travers tous ses exploits. Elle a dû hériter d'une grande part d'astuce, ainsi que d'un goût pour la lecture de l'histoire ancienne, et s'est rendu compte très tôt que, même si elle n'était pas belle, elle possédait un certain charme de personnalité qui attirait l'attention et qui lui permettait de se faire passer avec succès pour un membre de la la noblesse.

On dit que dans ce rôle, Editha n'a eu aucune difficulté à lever des fonds. Il était facile d'encourager un jeune homme prospère dans un piège amoureux et de lui faire croire qu'elle allait bientôt l'épouser. «Puis un jour, elle se rendrait compte qu'elle avait dû payer une grosse somme d'argent pour faire face à une obligation nécessaire, que ses banquiers négligents en Bavière n'avaient pas réussi à lui remettre quelques centaines de milliers de dollars, ce qui lui avait valu à contrecœur un allègement temporaire de ses obligations. le riche prétendant. Elle en a pris autant qu'elle a osé et l'a ensuite coupé. De cette façon, elle a réussi à escroquer la jeunesse de Baltimore d'environ un quart de million de dollars. Elle s'adonnait au luxe et à l'extravagance ; Il commença à fumer librement des cigarettes imprégnées d'opium et fut bientôt admis à l'hôpital Bellevue souffrant d'un « épuisement nerveux aigu ».

Un jour, alors qu'elle était presque guérie, elle sauta du lit, poignarda un employé et tenta de tuer son médecin, et plusieurs personnes furent grièvement blessées avant qu'elle ne soit sécurisée. En conséquence , elle a été envoyée à l'asile pour aliénés de Ward's Island, où elle a été détenue pendant un an, période pendant laquelle elle n'a montré aucune trace de folie et il a été conclu que sa tentative de meurtre était préméditée ; mais comme elle avait été déclarée folle sans aucune preuve pour le contredire, la loi était impuissante et elle a été libérée.

Son aventure suivante fut dans le domaine de l'hypnose, où elle était une adepte, mais maintenant connue sous le nom de Mme Messant et veuve, car bien qu'un jeune médecin, soit par peur, soit par affection, l'ait épousée peu après sa sortie de Ward's Island, il avait survécu au mariage moins d'un an. Comme « on peut toujours trouver des imbéciles si on les cherche vraiment », elle n'a eu aucune difficulté à s'entourer de dupes mais en tant que veuve d'un obscur médecin, elle n'était pas *persona grata* dans les milieux de la haute société où se trouvent les imbéciles les mieux payés. elle se mit au travail pour trouver une entrée. Sa recherche n'a pas duré longtemps. Bientôt, elle découvrit un certain général Diss Debar ; un homme sans argent ni «esprit propre», mais il combla son besoin, céda facilement à ses cajoleries et bientôt Editha Salomen , la comtesse Landsfeldt , la baronne Rosenthal, Messant devint Ann O'Delia Diss Debar. En tant qu'épouse d'un général, la société lui sourit à nouveau et elle vécut confortablement. Les riches courtisaient « l'hypnotisme et la farce générale et la femme rusée était à la hauteur de l'exigence ». Cependant, au fil du temps, elle a commencé à dilapider l'argent qui coulait dans ses coffres. Elle a eu deux enfants. Les gens commençaient à se lasser de l'hypnotisme, ses revenus diminuaient et il lui devenait nécessaire de mettre ses esprits au travail et de jeter ses filets pour une nouvelle victime.

Il s'agissait de Luther R. Marsh, un brillant et riche avocat de New York. M. Marsh était un sujet idéal pour attirer l'attention de l'hypnotiseur. Bien qu'érudit avocat, il n'était pas exempt de superstition et sa femme était décédée peu de temps avant qu'il ne soit découvert par Diss Debar. Très tôt, elle « reçut » des messages de son épouse spirituelle que le distingué membre du barreau accepta comme authentiques avec tant de reconnaissance et sans aucun doute que la femme vit immédiatement qu'elle avait ouvert un nouveau champ avec des possibilités plus nombreuses et plus grandes qu'elle ne l'avait fait. déjà travaillé auparavant ; elle s'est rendu compte qu'elle avait des dons qui la prédisposaient à être une médium spiritualiste de premier ordre . Son jugement n'était pas non plus erroné. L'avocat crédule s'est révélé extrêmement facile. Très vite, elle gagne toute sa confiance et il ne tarde pas à l'inviter à partager son hospitalité au 166 Madison Avenue. Il n'y a eu aucun retard dans son acceptation. Avec le plein consentement des propriétaires, la maison a été transformée en un temple spiritualiste dont Ann O'Delia Diss Debar était la grande prêtresse. Bientôt, il devint évident qu'il y avait des esprits à profusion et le nouveau médium était capable de produire tout type de phénomènes souhaités, même jusqu'à la peinture spirituelle. L'entreprise fut un grand succès et une affaire florissante fut développée auprès d'une clientèle de premier ordre dont M. Marsh devint la principale et véritable victime.

Non seulement M. Marsh pleurait sa femme, mais il avait également perdu une petite fille, mais peu de temps auparavant et lorsque l'esprit supposé d'« Eva » lui a suggéré de céder sa propriété du 166 Madison Avenue à Diss Debar, le père était prêt. pour le sacrifice. 57 Les actes ont été rédigés et le transfert effectué, mais le médium a été empêché de jouir de son butin par une procédure judiciaire que les proches vigilants de Marsh ont intentée en raison de son état mental.

Ann O'Delia Diss Debar et son mari, le général Diss Debar, ont été arrêtés et détenus sous caution en vue de leur procès. 58 Comme cela arrive souvent dans de tels cas, le litige a duré longtemps et de nombreuses preuves étonnantes ont été produites. 59 Lorsqu'elle fut placée à la barre des témoins, son premier témoignage démontra son caractère. Un homme du nom de Salomen avait déclaré qu'il était son frère. Elle nia qu'il l'était et déclara que c'était un vil misérable venu chez elle pour lui emprunter de l'argent. Elle a ensuite admis à un inspecteur que cet homme était son frère mais qu'il n'oserait pas monter à la barre contre elle car elle savait quelque chose sur lui qui le ferait exploser pour toujours et n'hésiterait pas une seconde à le dire si elle en avait besoin.

Une autre indication de son caractère est fournie par l'histoire selon laquelle, en choisissant entre deux avocats pour la représenter devant le tribunal, elle s'enquit non seulement de leur capacité juridique, mais désirait également connaître leur âge et leur apparence, décidant finalement de choisir le plus jeune et le plus beau. .

Elle a témoigné que tous les problèmes avaient été causés par le fait que M. Marsh lui avait donné sa maison et, en réponse à une question de savoir pourquoi elle n'avait pas obtenu de lui de l'argent au lieu de biens immobiliers, elle a répondu qu'elle avait essayé de le faire, mais qu'il était très méchant. avec son argent. La dernière fois qu'elle lui avait demandé de l'argent, il l'avait refusé, lui proposant à la place un acte de propriété de Newport. Elle avait refusé, craignant que cela ne lui cause davantage d'ennuis.

Au début du procès, Diss Debar eut l'idée de consulter le monde des esprits concernant sa propre ligne de conduite et peu de temps après, sur « les conseils de Cicéron et de ses collègues du conseil des dix », elle rendit les actes de Madison. Propriété de l'avenue à M. Marsh.

L'une des surprises du procès fut la convocation par le procureur d'un illusionniste, hypnotiseur et prestidigitateur professionnel, Carl Hertz, comme témoin pour prouver par duplication que les tours pratiqués sur Marsh sans méfiance par Diss Debar étaient simplement des applications du lois ordinaires de la physique. Il y parvint à la satisfaction de la cour.

Alors que Hertz exhibait des lectures de « messages spirituels » sur le stand, Diss Debar a fait tout ce qui était en son pouvoir pour l'embarrasser, mais sans succès car il remplissait toutes les conditions qu'elle a suggérées, y compris certaines sous lesquelles Diss Debar elle-même n'aurait pas réussi à « se manifester ». Mme Hertz avait été l'assistante de son mari pour la lecture des billets. Diss Debar a proposé, par l'intermédiaire de son avocat, de pouvoir prendre sa place. Hertz consentit volontiers. Le juge a examiné un nouveau morceau de papier et Hertz l'a remis à Diss Debar qui l'a délibérément déchiré en deux morceaux et en lui rendant l'un d'eux a dit à Hertz :

« Je note toujours le mien ; maintenant, laisse-moi te voir faire le tour avec une de ces pièces.

Hertz a eu recours au subterfuge médiumnique habituel des « conditions défavorables » en expliquant qu'il ne s'agissait que d'une ruse et en l'exhibant comme tel. A cela Diss Debar rétorqua :

"Je repose mon honneur sur le fait que *tout est fait par la puissance spirituelle* lorsque je le fais."

Le tribunal lui a alors ordonné de quitter la barre, refusant d'autoriser une discussion sur de telles questions. Plus tard au cours du procès, Hertz a été rappelé à la barre par l'avocat de Diss Debar et lui a demandé s'il pouvait réaliser le truc avec M. Marsh comme assistant. Il a répondu qu'il « pourrait et le ferait ». Un article de journal 60 nous apprend que l'excitation était vive dans la salle d'audience pendant qu'il procédait à son tour. Diss Debar a dit à Marsh de « marquer la tablette ».

Les conditions n'étaient pas favorables à la réalisation d'un tour de passe-passe. M. Marsh et M. Hertz étaient à moins de deux pieds l'un de l'autre et les gens se pressaient si près que le magicien avait à peine la place de bouger, et pourtant il réussit complètement à tromper M. Marsh. Lorsque Hertz a remis la tablette à M. Marsh, il a dit calmement :

"Si vous souhaitez arracher un coin de la tablette pour l'identifier, je n'ai pas d'objection."

M. Marsh a arraché le coin de la tablette, mais il a néanmoins été complètement trompé et il l'a admis au tribunal.

Rien ne pourrait montrer plus clairement les méthodes utilisées par les médiums que le récit suivant, écrit par Hertz lui-même, des moyens qu'il a utilisés dans la démonstration décrite ci-dessus. La lettre était une réponse à l'une des miennes dans laquelle je lui demandais de me faire savoir la méthode qu'il avait utilisée car je pensais qu'elle devrait être consignée dans ce dossier.


8 Hyde Park Mansions,
Londres, N. W. 16 juillet 1923.

Cher Houdini :

Je reçois le vôtre, concernant la manière dont j'ai manipulé le journal pour tromper Mme. Dissident Debar. Je l'ai travaillé comme suit : lorsqu'elle était à la barre des témoins, j'ai montré au jury et à Mme Diss Debar une demi-feuille de papier blanc ordinaire sans rien dessus. Je lui ai alors dit de l'examiner et de le plier quatre fois (j'avais dans la main un double avec une communication écrite dessus), quand elle me l'a rendu, j'ai rapidement fait les modifications et lui ai donné le morceau avec l'écriture dessus, je lui ai dit de le tenir contre mon front. Elle m'a alors arrêté et m'a dit : « *un instant s'il te plaît* , chaque fois que je fais ce tour, *je les laisse marquer le papier* », et joignant l'action à la parole, elle a pris le papier, et sans l'ouvrir à nouveau, elle en a arraché un coin. la pièce vierge, mais comme elle avait déjà été modifiée, cela ne faisait aucune différence.

Vous verrez, j'ai pris un gros risque, mais ça a réussi. J'avais l'idée qu'elle ferait cela, alors j'ai changé les papiers avant de le faire de la manière habituelle, et elle a été sidérée lorsqu'elle a ouvert le papier et a trouvé une communication écrite dessus et sur le même morceau de papier. qu'elle avait marqué.

Le tour du bloc-notes que j'ai fait à la barre des témoins avec Luther R. Marsh, j'ai fait comme suit :

L'astuce, si vous vous en souvenez, consistait à montrer un bloc d'une centaine de feuilles de papier sur lesquelles il n'y avait pas d'écriture, à envelopper le bloc dans un journal et à permettre à Marsh de tenir une extrémité pendant qu'elle tenait l'autre. Ensuite, le bruit de l'écriture se faisait entendre comme si quelqu'un écrivait sur le papier, et lorsque le journal était ouvert, chaque feuille du bloc était écrite dessus.

J'avais deux tampons identiques, l'un que j'avais caché sous mon gilet, et l'autre que j'avais donné à Marsh pour qu'il l'examine ; Au fur et à mesure que je commençais à emballer le bloc, sous le couvert du journal, je les changeai, retirant rapidement le bloc de mon gilet et laissant l'autre à sa place.

J'ai ensuite emballé le bloc-notes lorsque Diss Debar a crié depuis son siège dans la salle d'audience : « Ne vous laissez pas tromper, notez-le ! mais comme c'était déjà changé, cela n'avait pas d'importance alors je les ai laissés arracher un coin.

Je lui ai alors laissé tenir une extrémité pendant que je tenais l'autre, et au milieu d'un grand silence, le bruit d'une écriture se faisait entendre, comme si une plume parcourait rapidement le papier, et je lui ai alors dit d'ouvrir le journal et de regarder le papier. bloc-notes, quand il a trouvé chaque feuille écrite dessus.

J'ai ensuite montré à la Cour comment je produisais le son d'une écriture, en fendant l'ongle de mon index et en grattant simplement le journal en dessous pendant que je le tenais.

Cordialement à moi et à ma femme de la part de nous deux.

Cordialement,<br>(Signé) CARL HERTZ

Indépendamment du témoignage et de la démonstration de Carl Hertz, la croyance de M. Marsh dans l'authenticité des phénomènes spiritualistes était inébranlable et le resta jusqu'au moment de sa mort. Non seulement l'étendue de cette croyance et son état mental, mais aussi sa confiance en Diss Debar, sont révélés dans l'extrait suivant du récit du procès du *New York Times* .

« Une courte communication de St. Paul a été lue par M. Howe (le procureur) au tribunal, et M. Marsh en a lu une très longue de St. Peter. Il a fallu quinze minutes et demie pour lire cette communication, et M. Marsh a déclaré qu'elle était arrivée sur la tablette écrite en deux minutes. Le juge Cross et Luther Colby étaient dans son bureau quand cela est arrivé. Il savait que la tablette était vierge avant lui et Mme. Diss Debar le tenait entre ses mains.

"M. Howe a demandé à M. Marsh s'il croyait vraiment que la communication provenait de l'apôtre saint Pierre, et M. Marsh a répondu qu'il savait que c'était le cas.

« 'Alors tu y crois toujours !' s'exclama M. Howe.

« 'Oui', fut la réponse ferme, et l'élément spiritualiste applaudit vigoureusement. Mme. Diss Debar et M. Marsh semblaient tous deux satisfaits de cette manifestation que la Cour a cependant arrêtée sommairement.

Douze votes ont été effectués par le jury avant qu'un accord ne soit trouvé, car l'un des jurés, visiblement sympathique avec l'accusé, s'est obstinément opposé à l'acquittement. Ses raisons étaient aussi peu logiques que la plupart des arguments spiritualistes et n'avaient aucun lien avec les preuves. En fait , les autres jurés ont déclaré que lorsqu'ils ont essayé de lui parler de preuves, « il ne l'a pas voulu, mais il s'est accroché à une ligne de pensée, à savoir qu'il croyait que Mme Diss Debar était la fille de Lola Montez et qu'un Une femme née hors mariage avait tout autant droit à la considération qu'une femme née dans le mariage, et comme Mme Ann O'Delia Diss Debar réclamait tous les honneurs de l'illégitimité, il était de son côté pour de bon.

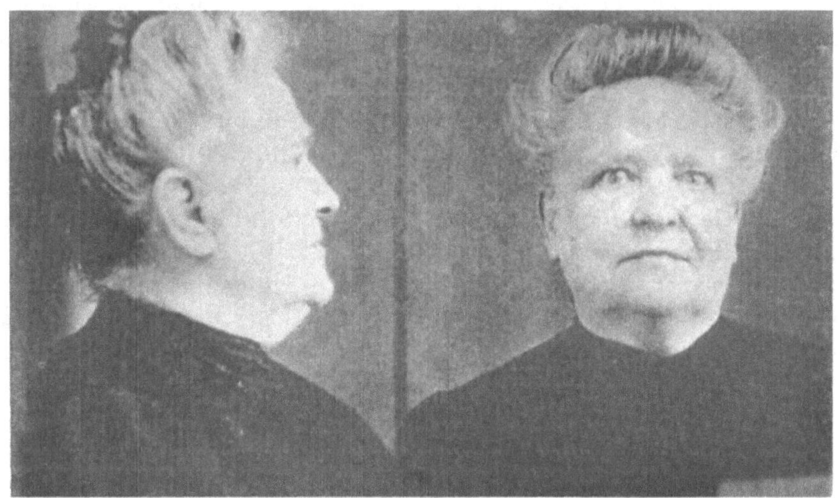

ANN O'DELIA DISS DEBAR

Finalement , après une longue dispute et avec la perspective d'être enfermé dans une salle de jury dimanche, un accord a été conclu selon lequel un verdict de culpabilité devait être rendu, mais avec une recommandation de grâce. Cela fut fait et Diss Debar et son mari furent envoyés à Blackwell's Island pendant six mois. 61

Lorsqu'elle fut libérée, elle disparut d'Amérique pour réapparaître peu après à Londres, en Angleterre, où, sous les noms de Laura et Theodore Jackson, elle et son mari se trouvèrent bientôt en difficulté pour avoir lancé un culte exceptionnellement immoral 62 qu'ils appelèrent un « culte théocratique » . Unité." 63 Elle fut condamnée en décembre 1901 à sept ans de travaux forcés dans la prison d'Aylesbury. Même ici, ses pouvoirs de persuasion trouvèrent une utilité car on dit qu'elle gagna des faveurs en raison de la merveilleuse influence qu'elle exerçait sur l'élément réfractaire que les officiers en charge avaient du mal à maintenir sous sujétion. Quoi qu'il en soit, elle a été libérée après avoir purgé cinq ans de prison, « après avoir obtenu la réduction maximale de peine pour bonne conduite ». 64

De nouveau dans le monde, elle s'aventura dans le vaudeville et ensuite dans le burlesque, mais dans ces rôles , elle fut un échec complet. Plus tard, elle revint en Amérique et fut ensuite connue à Chicago sous le nom de Vera Ava. Elle a réussi à y épouser un homme riche, mais a rapidement connu de plus grandes difficultés en raison de ses activités effrayantes et a été condamnée à deux ans de prison au pénitencier de Joliet. 65 Elle réapparut – à la Nouvelle-Orléans sous le nom de baronne Rosenthal – puis, en 1909, cette créature qui, pendant plus d'un quart de siècle, avait influencé les hommes de premier plan et les femmes de la société, disparut de la vue et, au cours des quinze dernières années , on ne sait rien d'elle. 66

En maternant cette femme immorale, le spiritualisme se rend coupable de la plus grave faute et prouve de manière concluante qu'il ne protège pas les siens des ruses et de l'immoralité des médiums, même s'ils sont reconnus coupables de basse criminalité par les tribunaux. S'il m'était permis d'entrer dans les détails, je pourrais raconter des histoires de Diss Debar qui choqueraient même le pire roué de Montmartre. Il suffit de dire que ses crimes n'étaient pas tant des crimes de gain que des insultes à la décence et à la moralité de la communauté.

La réputation d' Ann O'Delia Diss Debar 67 était telle qu'elle restera dans l'histoire comme l'une des grandes criminelles. Elle ne faisait pas honneur au spiritualisme ; elle ne faisait honneur à aucun peuple, elle ne faisait honneur à aucun pays – elle faisait partie de ces marginaux moraux qui, de temps en temps, semblent se frayer un chemin dans le monde. Mieux vaut qu'elle soit morte à la naissance que d'avoir vécu et répandu le mal qu'elle a fait.

# CHAPITRE VI
## DR. SLADE ET SES ARDOISES ESPRIT

SUR ARDOISE était une « trouvaille » particulièrement heureuse pour les médiums. Ses résultats ont été obtenus en pleine lumière et le tout semblait si simple et direct qu'apparemment il n'y avait rien à enquêter et, comparativement parlant, il n'y avait pas de séances vides. Un tel succès a conduit à l'insouciance et les dénonciations ont suivi, si nombreuses et si complètes qu'il est tout à fait inutile de toutes les énumérer ici. 68 De temps en temps, bien qu'un médium tente encore sa chance lorsque l'occasion s'en présente et donne un test à des modèles particulièrement crédules, mais aujourd'hui aucun médium ayant la moindre prétention de « classe » ne penserait à quelque chose d'aussi « commun » que l'écriture sur ardoise. son ancienne forme. Les ardoises spirituelles sont désormais répertoriées dans les catalogues des maisons vendant des appareils de prestidigitation et les médiums frauduleux qui s'en servaient autrefois emploient les escroqueries plus sûres et plus faciles de l'écriture automatique, des messages de transe ou de trompette, et du « tableau ouija » .

Les possibilités infinies de greffage des ardoises Spirit semblent avoir été négligées jusqu'à ce qu'elles soient adoptées et mises sous forme utilisable par le Dr Henry Slade, 69 un homme qui avait acquis une réputation peu enviable à New York, mais il est extrêmement douteux que la génération actuelle Je n'aurais rien su du Dr Slade si la perpétuation de son nom avait été laissée à la qualité de sa médiumnité, car il n'était que l'un des nombreux fakirs prestidigitateurs qui embobinaient les crédules de son époque. Cependant, il a été mis sous les feux de la rampe à deux occasions notables : d'abord en étant dénoncé et poursuivi pénalement à Londres ; et deuxièmement, lorsque le pauvre vieux professeur Zollner , un astronome et physicien allemand réputé, « est tombé » sous le charme de sa simple prestidigitation et est tombé si fort qu'il a fait de Slade le héros de son grand (?) ouvrage, « Physique transcendantale ».

Comme D. D. Home et bien d'autres, après s'être fait une réputation en Amérique, Slade a sauté à Londres, car les bras de l'Angleterre semblent toujours ouverts à l'accueil des médiums qui ont réussi ici et si un médium échappe aux labeurs des enquêteurs américains, il n'a que peu de chance . à craindre de la part des croyants volontaires de l'autre côté de l'Atlantique, même si en fait plusieurs y ont été envoyés en prison. Slade arriva en Angleterre en juillet 1876 et commença immédiatement à tenir des séances et fut bientôt en pleine forme « faisant le ménage ». Feu John Nevil Maskelyne, le grand magicien anglais, m'a dit ceci :

« Des foules de gens se sont précipitées pour assister au phénomène (?) en payant chacune une guinée pour une séance de quelques minutes. On pourrait penser qu'ils donnaient des guinées d'or. Le « médecin » devait gagner quelques centaines de livres par semaine, ce qui, à l'époque, était considéré comme une somme d'argent élevée pour un « interprète » individuel.

Puis, alors que les choses allaient si bien pour Slade, un accident soudain se produisit, dont deux hommes étaient responsables ; Professeur Ray Lankester (maintenant Sir Ray Lankester ) et Dr Horatio Donkin (maintenant Sir Horatio Donkin). Ces hommes ont appliqué certaines méthodes efficaces d'examen des expositions de Slade, ce qui a abouti à son arrestation. Le procès fit sensation, non seulement dans les cercles spirituels, mais dans tout le monde civilisé, et le Bow Street Court fut le spectacle le plus populaire à Londres pendant plusieurs jours ; le « top-liner » étant J. N. Maskelyne, le magicien, qui a exécuté tous les tours de Slade à la barre des témoins.

Slade a été reconnu coupable et condamné à trois mois de travaux forcés. Un appel a été interjeté et la décision a été annulée en raison d'un vice de l'acte d'accusation. Pendant que Sir Lankester obtenait de nouvelles convocations pour Slade et son manager, Simmons, ils traversèrent tous deux la Manche vers la France, fermant ainsi les portes de l'Angleterre à Slade pour toujours, car il n'osa plus jamais remettre les pieds sur ses côtes hostiles. Il se prépara pour une représentation à Paris, mais un ami de Sir Lankester envoya un compte rendu de la procédure judiciaire à la presse parisienne afin que les Français aient toute l'histoire avant que Slade puisse commencer.

Lors d'une tournée en Europe en 1920, j'ai eu le plaisir de rencontrer Sir Ray Lankester et d'entendre de sa part un récit de la perte du Dr Slade. Lui et Donkin étaient médecins. Ils avaient prévu d'exposer deux autres médiums, Herne et Williams, mais l'arrivée inattendue de Slade à Londres a changé ces plans et ils ont plutôt planifié une séance qui s'est avérée être la chute de Slade. Donkin était absent de Londres à ce moment-là, mais Sir Lankester lui a télégraphié et, en attendant son retour, il a assisté à l'une des séances de Slade. Il prétendit à Slade qu'il était venu voir si les Esprits écriraient un message sur les ardoises s'il les tenait lui-même. Slade lui assura qu'ils le feraient et des dispositions furent prises pour une deuxième séance. Avant que Sir Lankester ne parte, Slade lui demanda s'il avait été en communication avec des proches décédés.

"Non, mais j'ai un oncle John", répondit Sir Lankester .

En conséquence, lors de la deuxième séance, le message suivant a été reçu :

«Je suis heureux de vous revoir ici.— John .»

"Mais as-tu un oncle John?" J'ai demandé.

« Non, Houdini, répondit-il en souriant, c'est pour cela que tout le monde a ri dans la salle d'audience au moment du procès. Vous voyez, Slade pensait que j'étais un fervent croyant, et je lui ai permis de détourner mon attention. Il m'a dit : « Tu as beaucoup de pouvoir médiumnique en toi. Je les vois au-dessus de toi, derrière ta tête.

En disant cela, Sir Lankester leva la tête avec une apparente crédulité, jouant son rôle à merveille.

« Qu'est-ce qui vous a fait soupçonner Slade ? » Je lui ai demandé.

"Lors de la première séance, j'ai remarqué que les tendons bougeaient sur le poignet de Slade alors qu'il tenait sa main tendue sous la table", répondit Sir Lankester , "et tout en faisant un certain nombre de mouvements suspects, il a gratté les ardoises à plusieurs reprises avec son ongle pour simulez le bruit que fait un crayon d'ardoise lorsqu'on écrit sur une ardoise.

Au retour de Sir Donkin, il fut convenu que lui et Sir Lankester assisteraient à une séance ensemble et que Sir Donkin surveillerait le « mouvement suspect » et, lorsqu'il le verrait, signalerait à Sir Lankester . Tout a fonctionné comme prévu. Après avoir reçu le signal convenu de Donkin, Lankester s'empara de l'ardoise contenant le message terminé prouvant qu'un habile échange d'ardoises avait été effectué par Slade et que c'était la *véritable preuve qui provoqua la chute d'Henry Slade* en Angleterre.

Empêché à Paris de travailler ses tours à cause de la publication d'un compte rendu de son exposition en Angleterre, Slade semble être allé en Allemagne car c'est au cours de l'année suivante, 1877, qu'il réussit à tromper le professeur Zollner . « Zollner » est l'un des noms sur lesquels les adeptes du spiritualisme comptent le plus pour prouver leurs affirmations. Même Sir Arthur Conan Doyle cite encore aujourd'hui Zollner comme une autorité incontestable. Néanmoins Zollner est discrédité par M. George S. Fullerton, secrétaire de la Commission Seybert . Pendant son séjour en Allemagne, M. Fullerton s'est particulièrement attaché à enquêter sur la valeur de cette approbation de Zollner , et à l'époque, tous les hommes qui ont participé à l'enquête de Slade étaient en vie, à l'exception de Zollner lui-même. M. Fullerton, dans le résumé de son rapport à la Commission, a déclaré :

« Ainsi, il semblerait que parmi les quatre hommes éminents dont les noms ont rendu célèbre l'enquête, il y a des raisons de croire que l'un d'entre eux, Zollner , était à l'époque fou et désireux de vérifier expérimentalement une hypothèse déjà acceptée ; un autre, Fechner, était partiellement aveugle et *croyait* grâce à l'observation de Zollner ; un troisième, Scheibner , était également atteint d'une vision défectueuse et n'était pas entièrement satisfait dans son esprit des phénomènes ; et un quatrième, Weber, était âgé et ne reconnaissait même pas les handicaps de ses associés. Aucun des hommes cités n'avait d'expérience ou de connaissance des possibilités de tromperie.

La Commission Seybert , en 1884, semble avoir fait le premier effort systématique et organisé pour comprendre ce qu'on appelle les phénomènes du spiritualisme, et cette commission fit venir Slade, qui opérait alors à New York, et lui fit donner un certain nombre de séances. sous leur observation, mais malgré le fait que Slade ait remis à la Commission une lettre personnelle les remerciant pour leur courtoisie et exprimant sa volonté de siéger à nouveau avec eux, la Commission a toujours considéré son travail comme frauduleux.

Dès le début des séances, la Commission a constaté deux types de communications. Les réponses aux questions étaient mal rédigées, souvent illisibles, tandis que celles qui provenaient de contributions volontaires des Esprits étaient rédigées avec plus de soin, jusqu'à la ponctuation. Il était très évident que ces écrits sur les ardoises avaient été préparés avant la séance, tandis que ceux écrits sous la contrainte de l'observation étaient des gribouillages grossiers, de composition abrupte et souvent presque ou tout à fait illisibles. Il était évident que là où les communications joliment écrites étaient utilisées, un échange d'ardoises avait eu lieu , tandis que les autres écritures étaient le résultat d'une habileté telle qu'elle pouvait être mise à profit sans être détectée dans des conditions défavorables. Il a également été remarqué que tous les longs messages ressemblaient étrangement à l'écriture manuscrite du médium. Chaque test auquel Slade s'est soumis s'est avéré transparent pour la Commission et certains de ses efforts pour le mystifier ont été qualifiés de :

« Plusieurs petits tours qu'il imputait à l'action spirituelle, mais qui étaient presque puérils dans la simplicité de leur tour de passe-passe, et qui ont été répétés avec un parfait succès par l'un des nôtres. »

Après que tous les médiums qui ont répondu à une annonce diffusée par la Commission Seybert aient été examinés par celle-ci, le président par intérim de la Commission, M. Horace Howard Furness, a invité le regretté Harry Kellar à montrer ses talents d'écrivain. devant lui, non pas avec une quelconque prétention à des phénomènes surnaturels mais comme un magicien admettant ouvertement son intention de déjouer par des moyens purement naturels. M. Kellar s'est soumis à une série de tests bien plus compliqués et difficiles à exécuter que ceux produits par Slade ou tout autre média ; néanmoins, la Commission n'a pas pu déceler ses méthodes et s'est avouée complètement déconcertée.

M. Kellar m'a dit que lorsque M. Furness et Coleman Sellers, un autre membre de la Commission qui était lui-même un artiste amateur, lui ont demandé une démonstration de ses talents de rédacteur sur ardoise, ils s'attendaient à ce qu'il fasse les tours de passe-passe de Slade. Mais quelqu'un a informé Kellar que Sellers avait dit aux membres de la Commission ce que Kellar devait faire et sa méthode probable pour le faire et qu'ils devaient faire attention à son *modus operandi* . Ainsi, pour ne pas être « surpris en train de faire la sieste », Kellar , en mystificateur habile qu'il était, était déterminé à surpasser Slade et à battre Sellers. En m'en parlant, il rit de bon cœur en disant :

"Si vous aviez pu voir le visage de M. Sellers au moment du déroulement du mystère, cela vous aurait fait du bien au cœur."

Lorsque Kellar est arrivé pour la manifestation , il a insisté pour que la Commission fournisse ses propres ardoises. Un garçon a donc été envoyé et il en a ramené une douzaine de différentes sortes. Puis tous s'assirent autour de la table, les mains posées, paumes vers le bas, sur le dessus. La Commission ouvre la séance en inscrivant les questions sur les ardoises. Kellar les tenait sous la table avec le pouce sur le dessus et quand il les retirait au bout de quelques instants, ils avaient les réponses aux questions écrites d'une écriture ronde et claire. Les questions devenaient progressivement de plus en plus longues, mais les réponses suivaient leur rythme, couvrant parfois tout un pan de l'ardoise. Même si les ardoises étaient toutes différentes et ne pouvaient être confondues les unes avec les autres, la Commission a commencé à y apposer des marques d'identification. Une fois, aucun crayon n'a été posé sur le dessus de l'ardoise, mais la réponse est venue quand même. Ce fait a été commenté et Kellar a répondu :

« Oh, mes Esprits peuvent écrire *sans* crayons », une déclaration qui a d'autant plus intrigué les membres de la Commission.

Finalement le magicien leur demanda d'écrire une question sur une ardoise et de la recouvrir d'une autre, en plaçant le crayon entre les deux. Même cela ne dérangea pas les « Esprits », car lorsque les ardoises furent rendues, les deux faces furent trouvées couvertes d'écritures.

L'extrait suivant du rapport préliminaire de la Commission Seybert , initialement publié en 1887, décrit cette performance de Harry Kellar devant les membres de la Commission et montre l'impression qu'elle a produite sur eux.

« Un éminent jongleur professionnel a exécuté, en présence de trois membres de notre Commission, une écriture indépendante bien plus remarquable que toutes celles auxquelles nous avons assisté avec des médiums. En plein jour, une ardoise parfaitement nette des deux côtés était, avec un petit fragment de crayon d'ardoise, tenue sous le rabat d'une petite table ordinaire, autour de laquelle nous étions assis ; les doigts de la main du jongleur pressaient l'ardoise contre le dessous du battant, tandis que le pouce complétait la pression et restait bien en vue en serrant le battant de la table.

Nos yeux n'ont jamais perdu de vue ce pouce pendant une fraction de seconde ; il n'a jamais bougé ; et pourtant, en quelques minutes, l'ardoise était produite, couverte d'écritures. Les messages étaient là, et sont toujours là, car nous avons conservé l'ardoise, écrite en français, espagnol, néerlandais, chinois, japonais, gujorati , et se terminant par « *ich bin ein Geist, und lieb, mein Lagerbier* ». Pour l'un d'entre nous, le jongleur a ensuite répété le tour et en a révélé tous les détails.

La méthode utilisée par Kellar et qu'il m'a décrite était la suivante. Avec l'accord du propriétaire de l'hôtel, à qui il s'engageait à payer les éventuels dégâts, il fit réaliser dans le sol de la chambre un petit siphon, de la taille d'une bouche d'air chaud, avec les moyens nécessaires pour l'ouvrir et le fermer. . Un tapis en peluche à motifs rectangulaires était placé sur ce piège, et l'un des motifs, qui avait juste la taille du piège, était découpé au rasoir, ces coupures étant imperceptibles. Le morceau de tapis était fermement collé au sommet du piège. En plus de ces préparations, Kellar a acheté un spécimen de toutes les variétés d'ardoise que l'on trouve dans le centre-ville de Philadelphie.

Lorsque l'heure de la « séance » arriva, Barney, le jeune assistant intelligent de Kellar , était assis sur une plate-forme dans la pièce située sous le piège avec l'assortiment d'ardoises à ses côtés. Dès que la Commission fut assise autour de la table , il ouvrit le piège et put alors entendre tout ce qui se disait dans la pièce du dessus. Lorsque l'exposition commença, il prit simplement l'ardoise que Kellar avait placée sous le plateau de la table, en choisit une dans son assortiment pour y correspondre, écrivit dessus la réponse, puis la glissa sous les doigts de Kellar . Dans le cas d'une ardoise marquée , il l'a utilisée au lieu d'un double. Bien sûr, il était parfaitement facile pour Kellar de faire sa part sans retirer son pouce du dessus de la table.

"Un faux, pur et simple, me direz-vous", me fit remarquer Kellar , puis il ajouta, "mais c'est ce que sont toutes les manifestations spiritualistes."

À l'époque, John W. Truesdell fut probablement le premier à dénoncer Slade puisqu'il enquêta sur lui dès 1872, mais les résultats de son enquête ne furent rendus publics qu'après la publication de son livre « Bottom Facts » en 1883. livre, il raconte avoir tendu un piège à Slade et prouvé qu'il avait remplacé les ardoises.

En tant que Sam Johnson de Rome, New York, Truesdell a organisé une séance avec Slade. Sachant que son pardessus serait fouillé, il le laissa accroché au porte-manteau du hall avec une lettre non scellée dans la poche et en attendant dans la salle des Esprits, il profita de l'occasion pour regarder autour de lui. Sous le buffet, il trouva une ardoise avec un message écrit sur la face inférieure qui disait :

« Nous sommes heureux de vous retrouver dans cette ambiance de recherche Spirituelle. Vous êtes maintenant convoqués par de nombreux amis anxieux dans la vie spirituelle, qui désirent communiquer avec vous, mais qui ne le peuvent pas tant qu'ils n'ont pas appris davantage les lois qui régissent leurs actions. Si vous venez souvent ici, vos amis Esprits pourront bientôt s'identifier et communiquer avec vous comme sur terre.

"Allié."

D'une manière audacieuse, Truesdell a ajouté :

«Henry, fais attention à ce type. Il est à la hauteur.

« Alcinde .»

C'était le nom de la défunte épouse de Slade, un fait que Truesdell savait par hasard. Il replaça l'ardoise telle qu'il l'avait trouvée. Slade apparut alors et la séance commença avec le phénomène général des chaises en mouvement, etc., précédant l'écriture sur l'ardoise. Lorsque le nom « Mary Johnson » est apparu clairement écrit sur l'ardoise, Slade a déclaré qu'il s'agissait de la sœur de Truesdell. Lorsqu'on lui a dit que c'était incorrect, Slade, faisant semblant de changer la lumière, a rapproché la table du buffet. Comme d'habitude, il *perdit le contrôle* de l'ardoise, la laissant tomber au sol, et alors qu'il se penchait pour la ramasser, il prit celle préparée à la place. Lorsqu'il a lu les deux messages , il est devenu furieux et s'est tourné vers Truesdell pour lui demander ce que cela signifiait et qui s'était mêlé de l'ardoise.

« Esprits », fut la réponse de Truesdell.

Il y a eu quelques secondes tendues puis la séance s'est poursuivie sereinement.

J'étais trop jeune à l'époque de Slade pour solliciter une audience avec lui, mais j'ai la chance de connaître M. Frederick E. Powell, un éminent magicien et membre de la Society of American Magicians. Il est l'une des rares personnes vivant actuellement à avoir eu des séances avec Slade et, avec sa permission, je cite la description suivante de ses expériences avec Slade.

HENRY SLADE

« À l'automne 1881 ou 82, Henry Slade, le célèbre médium Spirit, vint à Philadelphie et prit ses quartiers à l' hôtel Colonade , où il ouvrit une salle pour tenir des séances. A cette époque , j'étais professeur de mathématiques au Collège militaire de Pennsylvanie à Chester, en Pennsylvanie. En lisant l'annonce des séances de Slade dans un journal de Philadelphie, je lui écrivis et pris rendez-vous pour moi et le capitaine R. K. Carter, pour être présents à l'un d'eux. Le capitaine Carter était à cette époque notre instructeur en génie civil. Arrivés à la Colonade à l'heure convenue, nous fûmes introduits en présence de Slade, dans une pièce dépourvue de meubles, à l'exception d'une table assez longue et de plusieurs chaises, placées au centre de la pièce, tandis qu'à côté et juste en arrière de l'endroit où Slade où l'on devait s'asseoir, il y avait une table plus petite sur laquelle étaient empilées un certain nombre d'ardoises d'école d'aspect ordinaire, de différentes tailles. La table centrale n'avait pas de tissu. Plusieurs petits objets étaient sur la cheminée, tels qu'un fumeur pourrait en utiliser, à savoir : une boîte d'allumettes, etc.

« D'après mes souvenirs, Slade était plutôt grand et mince, et d'une présence séduisante. Il nous attendait et me plaça aussitôt à une longue table.

« La séance a commencé, avec Slade tenant deux ardoises d'assez grande taille, et montrant toutes leurs surfaces dépourvues d'écriture, les a placées sur le dessus de la table et, tout en frottant leurs surfaces, a entretenu un feu de conversation. Il nous a ensuite dit de placer nos mains sur la table aussi près que possible du centre, nos petits doigts se touchant. Slade a placé les ardoises ensemble et après un moment ou deux les a séparées, disant qu'il avait oublié de mettre un morceau de crayon entre les deux. C'est ce qu'il fit, et les tenant ensemble, il les plaça sous la table d'une main, tandis qu'il plaça l'autre sur la table de manière à ce que ses doigts touchent nos mains. Ce poste a été occupé pendant plusieurs minutes, lorsqu'il a déclaré qu'il verrait s'il avait obtenu des résultats. Sortant les ardoises de dessous la table, il les posa dessus et après un moment dit au capitaine Carter de les regarder. Suivant cette direction, le capitaine Carter les sépara, lorsqu'il s'avéra que l'un d'entre eux avait toute sa surface recouverte d'écriture. Ce message, selon Slade, provenait d'un homme qui venait de mourir. (Un avis de décès de l'homme avait été publié dans le journal du matin.) Le message était signé du nom complet, mais comme ni le capitaine Carter ni moi ne connaissions l'homme, nous ne pouvions ni affirmer ni nier l'exactitude de l'écriture, ni le véracité de la signature.

« Capitaine. Carter demanda à Slade s'il pouvait copier le message, mais Slade s'y opposa, disant qu'il ne savait pas si les Esprits aimeraient que le message soit copié. J'ai eu du mal à expliquer la réticence du ou des Esprits puisque le message avait été écrit pour notre information. L'idée était, autant que je me souvienne, que tout était très glorieux dans le monde des esprits et que lui, l'écrivain, était très heureux. Il n'y avait rien dans le message qui dépassait la mentalité de Slade ou qui était, en aucun sens, descriptif de la vie spirituelle. Tout était vague et insatisfaisant là où des informations réelles étaient souhaitées.

"Pendant cette démonstration et même pendant toute la séance, Slade était assis de côté par rapport à la table, sa main gauche reposant généralement sur le dessus et sa main droite libre. Plusieurs messages courts furent ensuite imprimés sur une petite ardoise tenue par Slade, sous la table, et hors de vue, un petit morceau de crayon d'ardoise étant toujours placé sur la surface supérieure de l'ardoise. Slade a insisté sur deux points. Premièrement, le morceau de crayon se trouvait toujours juste à la fin du dernier mot du message, et deuxièmement, les messages se trouvaient sur la face supérieure de l'ardoise qui, selon Slade, était maintenue contre la surface inférieure de l'ardoise. le dessus de table. Cependant, comme nous ne pouvions pas voir l'ardoise lorsqu'elle était placée sous la table, puisque nous allions le plus loin possible pour mettre la main sur le centre de son sommet, et que l'ardoise ne nous était montrée qu'en étant tirée de dessous sa surface. , il aurait été facile d'abaisser l'ardoise après l'avoir placée sous la table et d'avoir écrit avec un seul doigt de la main droite de Slade, puis d'avoir amené l'ardoise sous la table et de l'avoir lentement en vue.

« Un jour, alors que la petite ardoise était posée sur la table, le bruit de l'écriture se fit entendre distinctement. Pendant ce temps, Slade avait les deux mains sur la surface supérieure de la table et bien en vue. C'était assez surprenant à l'époque, mais plus tard j'ai découvert comment produire ce son d'écriture moi-même et sans l'aide des Esprits.

"Une fois, alors que notre attention était dirigée vers une ardoise tenue par Slade, la chaise inoccupée du côté opposé à Slade et presque à côté du capitaine Carter, s'est soudainement levée de sorte que son siège a heurté le dessous de la table , puis retomba avec un bruit sourd.

« Un autre effet révélateur a eu lieu lorsque Slade m'a donné une des petites ardoises en me disant de la tenir sous la table. Je l'ai fait et je l'ai senti brusquement arraché de ma main (je le tenais d'une main, mon autre main était sur le dessus de la table) et porté avec un bruit de grattage jusqu'au bout de la table et là il s'est élevé au-dessus du sol. surface suffisamment pour révéler environ un tiers ou éventuellement la moitié de sa longueur. Ensuite, il a été rapidement ramené et mis dans ma main.

« Ceci conclut la première séance ; quand Slade, après un moment, dit qu'il pensait que c'était tout ce qu'il pouvait obtenir à ce moment-là.

« Lors de notre deuxième visite, je n'ai besoin de raconter que trois effets : Premièrement, différence dans la méthode d'obtention de l'écriture sur les grandes ardoises qui commençaient la séance, comme lors de la première visite. Slade montra une ardoise et la nettoya soigneusement, puis tout en entretenant un feu de conversation, il tendit nonchalamment la main vers la petite table, décrite comme ayant plusieurs piles d'ardoises dessus, et en prit une comme au hasard, la posa à plat dessus. la grande table. Il frotta sa surface supérieure avec ses doigts, y plaça un morceau de crayon et le tint sous la table. Après une pause, il la sortit et, enlevant l'ardoise supérieure de l'ardoise inférieure, montra les deux surfaces sans écrire. Il remarqua que peut-être un autre morceau de crayon serait préférable et il plaça un autre crayon sur la surface supérieure de l'ardoise supérieure, puis plaça l'ardoise inférieure par-dessus, sans à aucun moment avoir montré sa surface inférieure. Cette surface a été trouvée couverte d'écritures dont je ne me souviens plus de la signification.

« La deuxième variante de la première séance a eu lieu lorsque Slade m'a demandé si j'avais déjà vu la « dématérialisation d'un objet solide ? J'ai répondu que non, sur quoi Slade a pris une petite ardoise et, regardant autour de lui comme pour trouver un objet approprié pour son test, il a ramassé une boîte d'allumettes sur la cheminée et l'a posée sur la surface supérieure de l'ardoise assez près de l'endroit où elle se trouvait. il le tiendrait. Il plaça ensuite soigneusement l'ardoise et l'objet superposé sous la table et au bout d'un moment en ressortit l'ardoise, sans la boîte d'allumettes. J'ai regardé sous la table mais je n'y ai rien trouvé de suspect.

« En un instant, Slade replaça l'ardoise sous la table et en la sortant, nous vîmes la boîte d'allumettes à sa place précédente. Cette disparition ne m'a pas beaucoup impressionné car j'en ai conclu que tout le secret de la dématérialisation consistait à retourner l'ardoise et à maintenir la boîte en place avec un doigt, puis après avoir montré la surface vide, l'ardoise était à nouveau retournée pour être replacée sous la table. , et ainsi la matérialisation de la boîte a été réalisée.

« Le dernier test a été assez surprenant. Slade rapprocha sa chaise de la mienne, posa une de ses mains sur le dossier et l'autre sur la table. Mes mains reposaient sur le dessus de la table. Soudain, je sentis la chaise se soulever et je fus incliné en avant, mais je gardai mon équilibre en repoussant avec mes mains qui, comme je l'ai dit, reposaient sur le dessus de la table. Puis la force a été rapidement retirée et ma chaise et moi sommes revenus au sol avec un grand bruit sourd. Ceci conclut la deuxième séance. Je n'ai jamais revu Slade.

Powell explique ainsi la lévitation :

«Lorsque Slade a rapproché sa chaise de la mienne , il a croisé les jambes et a ainsi pu amener son pied sous le barreau de ma chaise. La jambe reposant sur le genou donnait un effet de levier considérable au membre ayant un pied sous le barreau de ma chaise. Maintenant, il exerçait la force nécessaire en poussant son pied vers le haut, et en retenant la chaise avec sa main, pendant que l'autre main stabilisait le tout, en s'appuyant sur la table. Slade a retiré sa main du dossier de ma chaise pendant une fraction de seconde *avant de relâcher son pied* . J'étais donc naturellement incliné vers l'avant et je devais exercer une certaine force pour m'empêcher de glisser de la chaise. Cet effort m'a empêché de voir Slade se libérer et remettre ses membres dans leur position normale, c'est-à-dire une main sur la table, et ses pieds et ses jambes assez en dessous. Slade était plutôt grand et, bien qu'un peu mince, il était très musclé. Bien sûr , je n'ai pas réellement *vu* Slade utiliser son pied pour soulever, mais sa position et toutes les circonstances entourant l'effet tendent à prouver ce que je crois qu'il a fait. De plus, même si j'étais loin d'être aussi fort que Slade, j'ai réussi à reproduire cette "Lévitation" par les moyens que j'ai décrits.

En cherchant des informations sur Slade, j'ai entendu parler d'un vieux médium vivant à Philadelphie du nom de Remigius Weiss, connu sous le nom de Remigius Albus, qui avait témoigné devant la Commission Seybert concernant la manipulation des ardoises par Slade. Je suis allé chez lui à Philadelphie et j'y ai rencontré le seul homme qui avait des preuves tangibles de l'existence du Dr Slade. C'est ce qu'il m'a expliqué en détail. Je lui ai demandé pourquoi il ne l'avait jamais exposé au monde et il m'a dit qu'il s'était retenu au début par pitié pour l'état de Slade et qu'il avait ensuite pensé que si les médiums frauduleux et autres criminels potentiels connaissaient les méthodes de Slade, ils pourraient les utiliser . prendre le contrôle de pauvres êtres humains qui souhaitaient entrer en contact avec des êtres chers décédés. Il n'a pas hésité à me donner tous les détails et, à ma demande, m'a écrit une lettre décrivant son expérience avec Slade. Je le cite parce que je crois que c'est le meilleur exposé jamais écrit sur les écrits de Slade.

« 18 août 1923.

« Mon cher Houdini :…

« S'il vous plaît, acceptez de ma part ce Livre-cadenas et la double ardoise verrouillée – comme un petit gage de camaraderie – dans la lutte contre la tromperie spiritualiste, la superstition populaire et l'illusion.

« Le livre et l'ardoise m'appartenaient. J'ai posé la serrure et les charnières sur l'ardoise, et j'ai préparé le livre et un certain nombre d'autres objets différents — ( comme celui du professeur Zollner , quand, dans sa folie, il était heureux d'être trompé par la bêtise du Dr Slade).

«Afin de gagner la confiance parfaite et totale du Dr Slade et de lui permettre de donner une séance chez moi, et afin de contrecarrer et de surmonter son aversion explicite à l'idée d'écrire sur ou entre une ardoise scellée ou un livre verrouillé. — Je lui ai montré des lettres de (deux auteurs spirites éminents et confiants ) — le Dr. Heinrich Tiedemann et l'ami intime de Tiedemann, Hudson Tuttle, me promettant qu'ils seraient présents à cette séance (au 148 Fairmount Avenue).

« Dr. Slade avait manipulé et inspecté ce livre et cette ardoise, au cours d'une séance, à ma résidence (au 148 Fairmount Avenue, Phila., Pennsylvanie), où moi, avec M. Wertheimer (alors étudiant en jurisprudence) - et en présence de d'autres témoins (qui étaient cachés et non vus, ni soupçonnés par le Dr Slade, ni par ses « Esprits ») ont détecté les manipulations, les pédalages (pieds, jambes et autres mouvements corporels) - et le *modus operandi général* de son simple Legerdemain lors de la séance. . J'avais préparé, pour cette séance, trois ensembles de meubles différents, et ainsi, j'ai découvert qu'il ne pouvait, ou ne pouvait, se produire que sur ou sur un certain type de table simple, carrée ou à abattants et de chaises ou chaises en bois ordinaires. chaises en rotin.

« Chaque personne présente à la séance a rédigé, *indépendamment* et *avant* de communiquer avec les autres, un rapport personnel et individuel de la séance et l'a signé dans les jours suivants. Un jour ou deux après, j'ai mis ces papiers dans ma poche ainsi qu'un autre papier que j'avais préparé, pour servir ou utiliser comme confession du Dr Slade devant être signé par lui. Je me suis rendu à l'hôtel Girard, chambre 24 (au coin nord-ouest des rues 9th et Chestnut, Philadelphie, Pennsylvanie), pour faire arrêter le Dr Slade pour avoir obtenu de l'argent sous de faux prétextes, ou pour lui faire signer ses propres aveux . Là, dans sa chambre n°24 de l'hôtel Girard, j'ai eu une autre séance, différente, avec le Dr Slade. Il examina de nouveau attentivement le livre et l'ardoise, puis, tenant le livre sous la table, secrètement et soigneusement, il tenta d'ouvrir la serrure, avec une petite clé cachée dans son mouchoir.

« Dr. Slade et ses prétendus « *Esprits* » ne pouvaient pas écrire dans le livre. Tout en le tenant sous la table, il essaya de retirer du livre ce mince cadre carré de bois que j'avais placé là sur les bords des feuillets pour que le petit morceau de mine de plomb puisse se déplacer . tentative similaire, il travailla et transpira sur et par-dessus la double ardoise. Ses « Esprits » ne pouvaient pas écrire sur l'ardoise verrouillée et il ne pouvait pas l'ouvrir.

« Il a dit : 'Les Esprits semblent être en colère contre votre scepticisme, cela ne sert à rien de perdre encore du temps à essayer.' Mon guide ne veut plus rien avoir à faire avec vous.

«Puis, à la demande du Dr Slade, j'ai déverrouillé l'ardoise et il a écrit de la manière ordinaire, comme on écrit généralement dans les écoles, deux courtes phrases sur l'ardoise. Ensuite, il a travaillé l'éponge, 70 et, en tournant le côté écrit vers le bas, un tour de passe-passe, il a essayé de retrancher cela, affirmant qu'il s'agissait d'une « écriture sur ardoise authentique et indépendante de l'Esprit ».

«Jusqu'à cette époque, le 4 novembre 1882, j'avais témoigné au Dr Slade une attention amicale et joyeuse. Nous avons parlé de certains de mes articles de journaux que j'avais publiés quelques semaines avant qu'il n'accepte de me donner une séance.

« Dans ces journaux, je l'avais décrit (le Dr Slade) comme « le Cagliostro moderne, un nécromancien célèbre, un martyr ou un charlatan, aux tendances radicales et libres-religieuses, aux bonnes manières et un conférencier public humiste, plein d'esprit et énergique et le spirite le plus puissant » . Medium, qui a contesté et conteste à maintes reprises les révélations, et attire une attention particulière sur le fait que le Dr Slade a, dans ses conférences et autrement, annoncé publiquement à maintes reprises qu'il était prêt à payer mille dollars (1 000,00 $) à toute personne qui peut prouver qu'il (le Dr Slade) est un fumiste, ou que les « manifestations » du Dr Slade sont une supercherie, un tour de passe-passe, une fumisterie ou de quelque manière que ce soit frauduleux.

«ARDOISE VERROUILLÉE» UTILISÉE PAR DR. HENRY SLADE
DANS SES TESTS D'ÉCRITURE À PHILADELPHIE

« Dr. Slade semblait satisfait de ma description. Après quelques discussions agréables sur son apparence avec les scientifiques, les rois et autres personnes royales et dirigeants d'Europe, ainsi que sur son succès en tant que conférencier et son mode de vie, il m'a donné son adresse, n° 221 West 22nd Street, New *York*.

« Ensuite, j'ai demandé au Dr Slade de changer de « rôle », lui de prendre ma place et d'être l' enquêteur, et moi de jouer le « médium », là, dans sa chambre, à titre d'« expérience ».

« Dr. Slade a également déclaré que si je parvenais à surmonter mon scepticisme , je serais un bon « médium », doté de dons « médiumniques ».

« J'ai suggéré qu'il m'observe attentivement et qu'il me dise ensuite honnêtement de l'effet et de « l'impression » que mes « manifestations » pourraient (ou produiraient) sur son esprit, et éventuellement sur le résultat de la « spiritualité, de l'harmonie » . , Philosophie, ou soi-disant religion scientifique des Spirites .

«Puis, à sa grande consternation, j'ai sérieusement, par démonstration réelle, reproduit chacune de ses manifestations, *exactement* (et par le même *modus operandi* , comme moi et mes témoins l'avions vu et détecté) comme *le Dr Slade les avait réalisées* . Il m'a demandé comment et par quels moyens nous avions détecté son mode « occulte » ou secret, ou son « processus de prodige » ou de miracle ? — J'ai mentionné qu'il avait catégoriquement refusé de tenter une quelconque « expérience » sur les premier et deuxième sets. de tables et de chaises, et m'avait demandé de les remplacer par une simple table de cuisine et des chaises d'une certaine construction.

« Je lui ai dit que j'avais percé des trous d'observation dans les *coins* des panneaux (en particulier dans les coins *inférieurs* ) des portes du salon, du sol, du plafond et d'autres endroits d'où mes témoins cachés observaient, et que j'avais vu exactement tous les détails. mouvements de ses pieds, de ses mains, etc., *au-dessous* et au-dessus de la table, a vu comment il a soulevé (« flotté ») M. Wertheimer assis sur la chaise, a vu comment lui (le Dr Slade), avec ses pieds renversés, a donné un coup de pied dans un livre (s'étendant sur le bord de la table), a lancé un crayon en ardoise depuis le bord de la table à partir d'une ardoise tenue sous et au bord de la table, etc., etc.

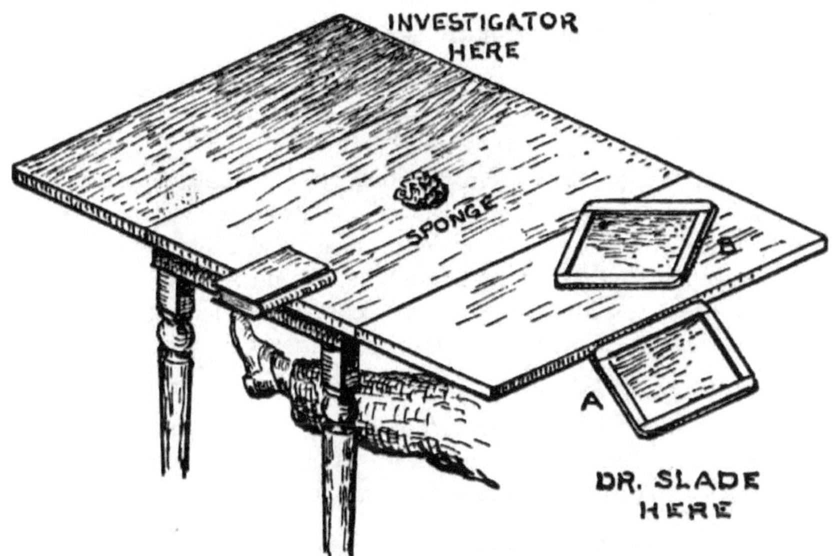


Croquis montrant le siège de SLADE à la table, les différentes positions des ardoises, l'emplacement de l'éponge et la méthode de déplacement du livre.

« Dr. Slade, devenu très pâle et essuyant l'épaisse transpiration de son front et de son visage, dit : « Eh bien, qu'en est-il ? et demanda imprudemment : « Où étaient Hudson Tuttle et le Dr H. Tiedemann ? Je lui ai rappelé qu'ils avaient envoyé une excuse, ne pouvant (en raison de circonstances imprévues) assister à cette séance chez moi.

« Alors je lui ai sévèrement proposé l' alternative : soit il *signe sa propre confession* (sur le fait), soit il a (au cours des nombreuses années de sa carrière de médium spirituel professionnel et dans tout ce qu'il avait professé ou prétendu être ) "véritable" spirite ou spiritualiste) a trompé et escroqué le public. Je lui ai lu la confession et j'ai sévèrement exigé : "Soit vous signez ceci, soit vous serez mis derrière les barreaux. "

## *CONFESSION*

« Le soussigné, Henry Slade, connu professionnellement sous le nom de Dr Henry Slade, – le puissant médium spirite – en raison de circonstances défavorables, est devenu il y a des années un médium spiritualiste pour l'écriture sur ardoise (etc., etc.), et un conférencier et conférencier spirite. il avoue par la présente que toutes ses prétendues manifestations spiritualistes étaient et sont toujours des tromperies, réalisées au moyen de ruses.

( Signé) H. Slade.


« Moi (R. Weiss) avais également stipulé qu'il (le Dr Slade) promettait de mettre un terme à sa méthode actuelle, malhonnête et criminelle, pour gagner sa vie en s'attaquant à la superstition des spiritualistes et à la crédulité du public », dit alors le Dr Slade . Il fit des remontrances et dit : — que je ne pouvais pas affecter sa position aux yeux de ceux qui avaient vu et cru ses manifestations, en mentionnant le tsar de Russie et d'autres personnalités mondiales.

« Je me suis ensuite dirigé vers la porte, signifiant que *ma partie* de l'entretien et de la dispute était terminée – et en transmettant également l'« impression » de mon intention de le faire arrêter.

« Il a ensuite changé d'attitude et, d'une manière grimaçante, il m'a supplié d'avoir pitié de lui, car il n'avait que cette seule façon de gagner sa vie. Tout cela, ainsi que ses supplications, étaient si intenses qu'il tomba évanoui .

« Puis, après que je l'ai « réanimé » après un « *véritable* » évanouissement, il m'a supplié de renoncer à le faire arrêter, puis *il a signé les aveux* .

( Signé) « Remigius Weiss. »

# CHAPITRE VII
## ÉCRITURE SUR ARDOISE ET AUTRES MÉTHODES

UN nombre remarquablement grand de méthodes ont été utilisées à un moment ou à un autre par les nombreux médiums de moindre réputation que Slade qui ont prospéré grâce à l'écriture sur ardoise. Slade lui-même, comme tout prestidigitateur habile, utilisait diverses manières pour produire ses effets. Sa méthode habituelle était très simple. Une table de cuisine commune avec les vantaux déployés était utilisée, le Docteur étant assis au bout et le client du côté contre le vantail, à la droite du Docteur.

Après que l'ardoise ait été soigneusement lavée des deux côtés, il la plaça sous la feuille à gauche du modèle, la maintenant en place avec les doigts de sa main droite, le pouce au-dessus de la table. Il était demandé au modèle de tenir l'extrémité gauche de l'ardoise d'une main et de l'autre de saisir la main gauche du Docteur près du centre de la table. Dans une telle position, il était impossible pour le modèle de voir l'ardoise ou les doigts du médium.

À l'index de sa main droite, Slade avait une sorte de dé à coudre ou d'anneau auquel était attaché un bout de crayon en ardoise. Avec cela, il écrivit un court message sur la face inférieure de l'ardoise, le grattement du crayon étant tout à fait audible pour le modèle. Lorsque ce grattage cessait, le Docteur était saisi d'une série de spasmes nerveux au cours desquels l'ardoise était arrachée des mains du modèle pendant une fraction de seconde et, à son insu, retournée, amenant ainsi le message au sommet de sorte que lorsque quelques minutes plus tard, on a montré que le message apparaissait comme écrit entre l'ardoise et la feuille de table.

Une deuxième méthode, qui produisait des messages plus longs, consistait à remplacer les ardoises. Si ce message était de caractère général, l'ardoise était *remplacée* par une autre portant un message préalablement écrit et dissimulé sur un meuble voisin. Si un message spécial était requis, il était rédigé par un assistant écoutant dans la pièce voisine. Lorsque l'ardoise fut nettoyée, prête pour le message, le Docteur donna le signal et l'assistant frappa à la porte. Le Docteur répondit en personne, emportant l'ardoise avec lui, et, tout en écoutant un bruit banal, les ardoises furent échangées. En reprenant sa place, l'ardoise fut placée sous le plateau de la table comme auparavant. Aucun bruit d'écriture ne se faisant entendre, il examinait plusieurs fois le dessus de l'ardoise mais ne trouvait bien sûr aucune écriture. Finalement, affirmant que l'influence ne semblait pas assez puissante, il posait l'ardoise sur le dessus de la table, côté message vers le bas, avec un morceau de crayon en dessous, puis prenait les deux mains du modèle dans les siennes. Bientôt, un bruit d'écriture se ferait entendre et, après examen, le message serait trouvé. Il était possible pour Slade de produire le son d'une écriture pendant que ses mains tenaient celles de son client en glissant un morceau de crayon dans les fils sur le côté de son genou et en le frottant contre un autre morceau maintenu au pied de la table par une pince en bois.

L'une des méthodes d'écriture sur ardoise les plus courantes est connue sous le nom d'« ardoise à rabat ». Le message est écrit à l'avance et dissimulé par un rabat de gaze silicatée , ou fine ardoise, qui s'insère étroitement dans le cadre en ardoise. Un côté de ce rabat est recouvert d'un tissu assorti à celui utilisé sur le dessus de la table et lorsqu'il tombe, il passe inaperçu. Une meilleure façon est de recouvrir le dos du rabat avec du papier journal et en le laissant tomber sur un journal, il devient invisible.

Il existe une ingénieuse forme double de cette ardoise à rabat avec laquelle il est possible de faire apparaître un message sur les deux surfaces intérieures d'une paire d'ardoises verrouillées sans qu'elles quittent un instant la vue du porteur. Les deux ardoises sont articulées ensemble comme les ardoises d'école à l'ancienne mais avec les charnières à l'extérieur des ardoises. Les dalles d'ardoise sont très fines et les extrémités des cadres sont légèrement biseautées vers elles. Une extrémité de chaque cadre est réalisée de telle sorte qu'en appuyant sur l'une des vis de charnière , l'extrémité du cadre est libérée et peut être tirée d'environ un quart de pouce. Une très fine plaque d'ardoise appelée « rabat » est disposée pour s'ajuster parfaitement sur la véritable ardoise lorsque les extrémités du cadre sont en place, mais tombe dès qu'elles sont relâchées et retirées. En travaillant ces ardoises , le médium écrit un message à l'intérieur de l'une d'elles, disons à gauche, ainsi que sur un côté du rabat. L'extrémité de l'ardoise avec le message est ensuite retirée et le rabat inséré, côté message vers le bas, et le cadre est remis en place. Une marque secrète à l'extérieur du cadre indique sur quelle ardoise est écrite. Les ardoises peuvent alors être montrées et apparaîtront propres sur les quatre côtés, et il est possible de les sceller ou de les verrouiller sans interférer avec le succès de la démonstration. Ils sont ensuite placés sur la table avec les fausses extrémités les plus proches du support et tandis qu'il s'appuie sur leurs extrémités avec les bras à moitié croisés, engageant la conversation avec le modèle, il en même temps, avec les doigts de sa main cachée, retire les extrémités du cadre. , permettant au rabat de tomber d'une ardoise à l'autre, puis de le maintenir en place en remettant les extrémités. Bien sûr, lorsque les ardoises sont ouvertes, un message étroitement écrit se trouve sur les deux.

Une autre sorte d'ardoise double destinée à produire un effet similaire dans les séances sombres ou dans les travaux d'ébénisterie possède également une extrémité libre qui, au lieu de bouger d'un quart de pouce, s'étire à n'importe quelle longueur, entraînant la dalle avec elle. Une fois les lumières éteintes ou le meuble fermé, il est facile de retirer la dalle et d'y écrire un message.

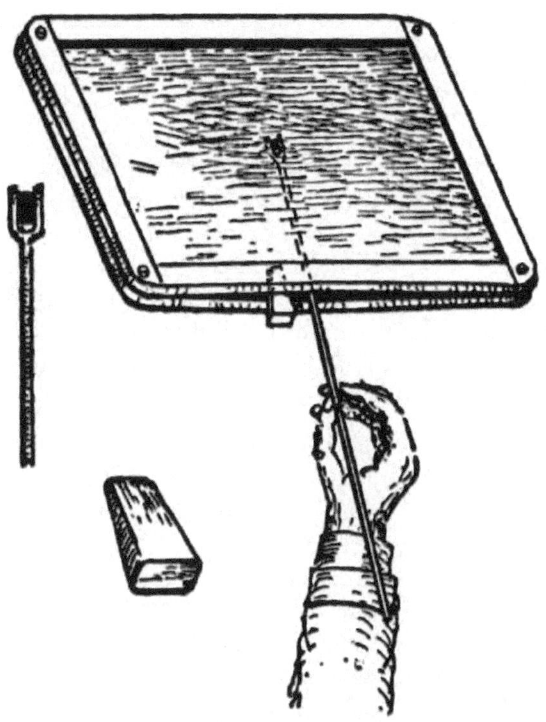

ÉCRIRE SUR DES «ARDOISES HONNÊTES» AU MOYEN DE
COINS ET DE FIL.


L'écriture se fait parfois entre deux ardoises parfaitement honnêtes qui ont été fixées ensemble aux angles en insérant un coin de bois dur entre les cadres, les séparant ainsi suffisamment pour glisser entre elles un morceau de fil de fer avec un bout de crayon d'ardoise fixé à sa pointe. . De cette manière, un message peut être produit lors d'une séance sombre en quelques minutes sans briser les sceaux.

Il existe une forme d'ardoise où la dalle est articulée de manière invisible sur le côté de sorte qu'elle s'ouvre comme une porte et est maintenue fermée par un loquet secret. Cette ardoise peut être utilisée dans une séance sombre ou sous la table lors d'une séance claire. Il peut également être utilisé sur une table recouverte de tissu avec un piège invisible. Le piège et l'ardoise articulée descendent ensemble et le médium peut écrire sur l'ardoise en passant la main sous la table.

Encore un autre schéma utilisé avec une paire d'ardoises à charnières consiste à percer les deux cadres à une extrémité et à les verrouiller avec un cadenas. En travaillant ainsi, les broches sont poussées hors des charnières et les cadres, se déplaçant facilement sur la manille du cadenas, permettent au support d'écrire sans difficulté à l'intérieur des ardoises, puis de fixer à nouveau les ardoises ensemble en replaçant simplement les broches dans les charnières.

Une méthode pour dissimuler une ardoise supplémentaire consiste à la placer un peu plus petite que le reste, puis à la cacher dans un endroit pratique, par exemple le siège d'une chaise. Une grande ardoise est d'abord examinée et posée sur la chaise. Plus tard, il est récupéré avec celui supplémentaire en dessous. Parfois, l'excédent est caché sous le bord d'un tapis au sol et travaillé de la même manière. À d'autres moments, il est caché sur le corps du médium et glissé sous une grande ardoise lorsque le médium se tient avec son côté droit aligné avec la vision du modèle.

Une méthode tout à fait différente est employée dans une certaine mesure par les médiums qui parlent très rapidement et très intéressantment. Tout au long de la séance, le médium se promène nerveusement dans la pièce, entretenant un flux continu de conversations. Il passe deux ardoises au gardien pour examen. Un troisième, de même taille, avec un message préalablement écrit sur un côté, étant dissimulé dans une grande poche à l'intérieur de la poitrine de son manteau. Pendant que les ardoises sont examinées , il se promène dans la pièce tantôt derrière, tantôt devant le modèle, en lui tapotant l'épaule pour souligner ses propos. Dès que les ardoises sont examinées , il les prend et, passant derrière le modèle, les place sur sa tête et lui demande de les tenir là tout en continuant sa marche et sa conversation. Bien entendu, lorsque l'on examine les ardoises, on constate un message à l'intérieur de l'une d'elles. Lorsque le médium se place derrière le modèle avec les ardoises à la main, il change rapidement l'ardoise avec un message qu'il a caché pour l'une des ardoises vierges. Ce n'est ni plus audacieux ni plus difficile que de nombreuses astuces médiumniques, mais cela nécessite un interlocuteur particulièrement fluide pour réussir à produire la quantité nécessaire de fausses orientations lorsque les ardoises sont inversées. Les femmes médiums effectuent un échange similaire, parfois à l'aide d'une poche spéciale dans la robe.

Une méthode très efficace pour obtenir une réponse directe à une question posée à l'intérieur d'une double ardoise scellée est la suivante. Les ardoises sont soigneusement nettoyées par le modèle, qui écrit une question sur un bout de papier, le plie et le place entre les ardoises, avec un peu de crayon. Le médium se tient à distance pendant l'écriture et ne peut pas voir ce qui a été écrit. Les ardoises sont ensuite scellées avec des bandes de papier et placées sur la table et le modèle tient les deux mains du médium. Au bout d'un moment, alors qu'aucun son d'écriture ne se fait entendre, le médium montre une certaine inquiétude quant à la possibilité d'un échec et *suggère* au modèle de tenir les ardoises au sommet de sa propre tête. Il n'y a toujours aucun son et les ardoises sont remises sur la table, où elles restent quelque temps sans aucun signe d'écriture. Le médium s'inquiète beaucoup et propose de remettre les ardoises sur la tête du sujet, en faisant remarquer que si aucun son n'est entendu, il sera obligé de reporter cet examen à une séance ultérieure. Cette fois, l'écriture se fait entendre presque dès que les ardoises touchent la tête et lorsqu'elle cesse et que les ardoises sont descellées, une réponse complète se trouve écrite sur la surface intérieure de l'une ou des deux ardoises.

Cette apparente merveille est produite de la manière simple suivante. L'assistant du médium entre dans la pièce avec une double paire d'ardoises scellées et se tient derrière le gardien. Au moment de placer les ardoises sur la tête, un changement est effectué et le gardien tient les doubles tandis que les originaux sont emmenés dans une pièce voisine par l'assistant. Il soulève les sceaux avec un couteau de table chaud et après avoir lu la question, il écrit une réponse appropriée, referme les ardoises et retourne à sa position derrière le modèle. Un autre échange a lieu lorsque les ardoises sont placées une deuxième fois sur la tête du modèle. Le son de l'écriture est produit par le médium sous la table avec un morceau de crayon d'ardoise et un morceau d'ardoise, mais il est si faible que le modèle ne peut pas le localiser.

## HOUDINI, Mme. HOUDINI ET M. TEALE DÉMONTRE UNE MÉTHODE DE CHANGEMENT D'ARDOISES SUR LA TÊTE D'UN SITTER

En Bohême, province de Prague, j'ai rencontré un médium particulièrement doué pour l'écriture sur ardoise. Au début , je ne parvenais pas à « comprendre » son travail. Alors que je jouais à Berlin, au Wintergarten , il est venu un soir et a voulu donner une représentation aux metteurs en scène. J'étais invité mais je suis allé préparé pour lui. Son travail était tellement conçu qu'il marchait derrière nous et, ce faisant, il m'a dérouté. J'ai demandé une séance privée et il a facilement consenti.

Lorsqu'il écrivait sur les ardoises lors de cette séance , j'ai senti la présence de quelqu'un et, bien sûr, lorsqu'il a retiré les ardoises, il y a eu une hésitation presque imperceptible. En cette fraction de seconde, les ardoises passèrent à travers un *piège situé dans le panneau* derrière moi. J'avais un miroir sur un élastique en caoutchouc attaché à mon gilet et, en m'asseyant, j'ai tiré sur l'élastique pour pouvoir m'asseoir dessus. J'ai réussi à sécuriser ce miroir et à le garder dans ma main, et avec lui, j'ai vu le panneau s'ouvrir, le bras étendu avec les ardoises en double et l'échange effectué.

S. S. Baldwin, un expert reconnu en sottises spiritualistes et télépathiques, a été embobiné par un Dr Fair, selon sa propre histoire qu'il m'a racontée en décembre 1920. Il a reçu un message sur une ardoise qu'il tenait sous une table, et ensuite, à la suggestion du Docteur, il fit un examen minutieux de la table, de la pièce et de tout ce qu'il voyait, mais ne parvint pas à découvrir une porte cachée dans le lambris du mur par laquelle un homme vêtu de vêtements noirs pouvait se frayer un chemin pour entrer. espace sous un canapé et de là jusqu'à la table, qui était assez grande, écrivez l'Esprit puis sortez pendant que M. Baldwin était entièrement occupé à tenir l'ardoise sous la table, les yeux fixés sur l'espace au-dessus.

L'un des meilleurs tours médiumniques, et celui qui a fait la réputation de plus d'un médium connu, se fait avec plusieurs petites ardoises et une grande. La taille des ardoises n'a pas d'importance, mais la plus grande doit être de trois ou quatre pouces plus grande dans chaque sens que les autres. La manière de présentation diffère quelque peu selon les artistes, mais en général, elle est la suivante.

Lorsque les assistants arrivent , les ardoises sont empilées près d'un coin de la table, la plus grande en bas et huit ou neuf plus petites au-dessus. Le médium se tient au bout de la table le plus proche des ardoises et après quelques remarques informelles, il ramasse l'ardoise du haut avec sa main gauche, la change avec sa droite et la passe au gardien pour qu'il l'examine et la nettoie s'il le souhaite. Lorsqu'il est tout à fait satisfait, le médium le reprend, regarde des deux côtés, puis le pose sur la table directement devant le modèle. Cela se répète avec les petites ardoises restantes, qui ne sont pas empilées uniformément mais laissées en tas au hasard. Tandis que la dernière petite ardoise est placée sur la pile avec la main droite du médium, celui-ci ramasse la grande ardoise avec sa gauche et la pose sur les autres, tout en passant un crayon au modèle et en lui demandant d'écrire quelques mots. des lignes dessus demandant aux Esprits de le favoriser avec un message et d'y signer son nom. Il est libre d'examiner également cette ardoise et d'écrire son message de part et d'autre.

La grande ardoise est ensuite placée à droite du modèle et il lui est demandé de poser sa main droite dessus. Les petites ardoises sont ensuite égalisées par le médium, fixées par un lourd élastique puis placées au centre de la table. Le médium prend alors place à la table en face du modèle et ils se donnent la main sur les côtés des ardoises. Après une pause suffisante, le modèle délie les ardoises et sur une ardoise près du centre de la pile, on trouve un message écrit à la craie ou au crayon d'ardoise et signé par un ami décédé.

Le secret de cet effet surprenant est extrêmement simple. Au début de la séance, cachée sous la grande ardoise se trouve une ardoise plus petite sur laquelle le message est déjà écrit. Celui-ci est récupéré avec le plus grand lorsque ce dernier est placé sur la pile pour que le gardien puisse écrire dessus et déposé sur les autres, côté écrit vers le bas. L'ardoise supplémentaire n'est jamais remarquée car la pile n'a pas été comptée et la tâche de passer l'ardoise au crayon occupe l'attention du modèle de sorte qu'il ne se rend pas compte que la grande ardoise repose sur les petites avant de l'examiner.

Le médium prend ensuite environ la moitié des petites ardoises, les égalise et les pose d'un côté et recommence avec les autres, en les posant uniformément sur les autres. C'est un mouvement tout à fait naturel car la pile entière forme plus d'une poignée et grâce à elle, l'ardoise avec le message est placée au milieu de la pile. La pile est ensuite dressée, l'élastique placé autour d'elle, et elle est alors prête à être placée au milieu de la table pour la conclusion de la séance.

Deux méthodes d'écriture entre des doubles ardoises verrouillées ou scellées alors qu'un ou deux mots seulement étaient nécessaires ont longtemps intrigué les enquêteurs. Le premier a été travaillé avec un aimant puissant. Le morceau de crayon d'ardoise qui était placé entre les ardoises était spécialement préparé avec soit de la poudre de stéatite mélangée à de la limaille de fer, de l'eau et de la colle, soit un petit morceau de fer recouvert d'une pâte de stéatite, d'eau et de mucilage. En tenant l'aimant sous les ardoises et en traçant les mots *à rebours*, les crayons préparés suivraient l'aimant et écriraient les mots. L'autre méthode consistait à utiliser un électro-aimant placé dans la table, les fils nécessaires passant le long d'un pied et entrant en contact avec une plaque de cuivre située dans le sol sous le tapis au moyen d'une pointe métallique pointue au bout du pied.

Depuis l'introduction des « raps » 71 par les Fox Sisters, diverses méthodes ont été conçues pour les produire. L'un des moyens les plus simples consiste pour le médium à humidifier légèrement ses doigts et à les faire glisser très doucement sur le dessus de la table. Un peu d'expérimentation montre bientôt la quantité de pression nécessaire pour produire la quantité de son souhaitée et bien sûr, le médium prend soin de laisser les doigts bouger uniquement sur la distance souhaitée et cela également lorsque personne ne regarde.

Une autre méthode simple consiste à rapprocher les pouces de manière à ce que l'ongle de l'un chevauche un peu l'autre. Puis, tandis que les pouces sont appuyés fortement sur la table, si un ongle glisse vers le haut ou vers le bas, des coups distincts se produisent qui semblent venir du haut de la table.

Certains médiums produisent des raps en glissant un genou de haut en bas contre un pied de table. D'autres sont connus pour attacher des blocs de bois au genou sous la jupe et frapper sur le pied de la table avec un mouvement latéral du genou. D'autres encore frappent le pied de table avec le talon de la chaussure ou pressent le côté du talon contre le pied de table et en déplaçant le talon de haut en bas, le frottement du cuir contre le bois produit des coups.

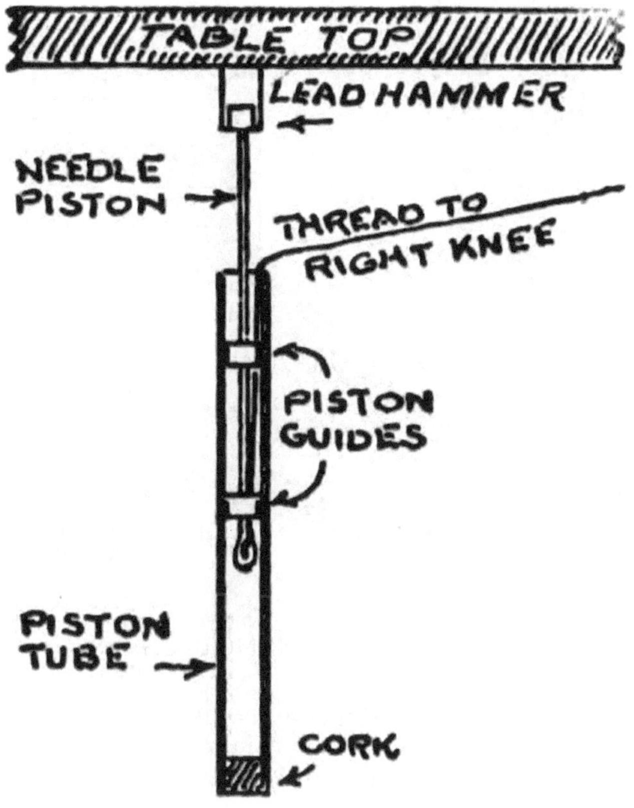


ARRANGEMENT DE TUBES ET PISTONS POUR FAIRE DES RAPS.

De nombreux médiums ne dépendent pas de ces méthodes mais en utilisent des plus compliquées qui produisent les coups au moyen de dispositifs mécaniques qu'ils dissimulent sur leur personne. L'un d'eux consiste en un petit tube métallique creux dans lequel une longue et lourde aiguille en toile de jute est disposée pour se déplacer de haut en bas comme un piston, et qui y est attaché pour la faire fonctionner par un gros fil noir. Le tube est fixé sur le côté intérieur d'une jambe de pantalon. L'extrémité libre du fil est ressortie par une couture et un petit crochet discret est attaché. Après s'être assis à la table de la séance, le médium attache le petit crochet à la jambe opposée du pantalon et tire dessus jusqu'à ce que la pointe de l'aiguille traverse le tissu. Il guette alors l'occasion d'appuyer sur la pointe de l'aiguille un bouchon auquel est attaché un morceau de plomb. Ceci accompli, il lui suffit de placer le genou dans la bonne relation avec la table et, en déplaçant l'autre d'avant en arrière, le piston se met à fonctionner de haut en bas, ce qui fait que le bouchon en plomb émet toutes sortes de messages.

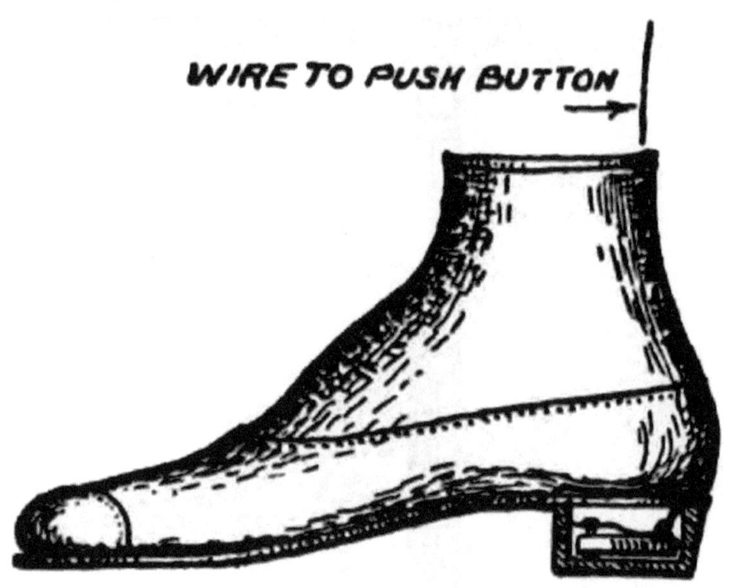



MÉCANISME DE RAPPEL DANS LE TALON DE LA
CHAUSSURE DE MOYEN.

Un autre dispositif mécanique ingénieux est intégré au talon de la chaussure du médium et actionné électriquement en faisant passer un fil à travers la semelle de la chaussure et en le passant entre l'arrière de la chaussure et le pied et ainsi de suite le long de la jambe jusqu'à des piles dissimulées. dans une poche. En plaçant ce talon contre un pied de table, les coups peuvent être donnés comme s'ils venaient du milieu de la table et avec une quantité appropriée de « suggestion », les participants peuvent être amenés à croire que les coups mystérieux sont produits tour à tour sous chacun. paire de mains sur la table.

La lévitation d'une table est facilement réalisée dans l'obscurité, grâce à l'aide d'un complice, par plusieurs méthodes différentes. Si le médium et son assistant sont assis en face, en levant les genoux au signal, ils peuvent soulever la table du sol sans difficulté. En basculant légèrement ou en inclinant la table, le médium et l'assistant peuvent simultanément glisser un pied sous les pieds de la table en diagonale opposée, soulever la table et la maintenir en équilibre par la pression des mains sur son dessus. Ces méthodes et bien d'autres similaires sont parfaitement pratiques dans les séances sombres, mais pour les manifestations où il existe un risque que les participants puissent voir des dispositifs mécaniques, on a recours à des dispositifs mécaniques. La forme la plus ancienne est simplement une longueur d'acier bleu, légère mais puissamment solide, rivetée à un solide bracelet en cuir. Lorsqu'il n'est pas utilisé, le tout est caché dans la pochette du médium. Parfois, le médium et l'assistant sont ainsi équipés.

Celui-ci a été quelque peu remplacé par un crochet en acier plat recouvert de peau de chamois, dissimulé sous le gilet et riveté à une ceinture de cuir bien ajustée encerclant le corps du médium. Avec ce crochet placé sous le bord de la table, une grande puissance peut être exercée sur la table avec très peu de contrainte pour l'opérateur. La force de levage d'un cheveu humain n'est généralement pas connue, mais au moyen d'un cheveu fraîchement prélevé sur la tête, suffisamment long pour enjamber une petite table lumineuse, la table peut être soulevée. L'un des dispositifs les plus modernes est une ceinture en acier que porte l'opérateur et à l'avant de laquelle est fixé un court bras métallique qui peut être engagé sous le plateau de la table de telle manière que l'opérateur puisse retirer ses mains de la table et toujours soutenez-le dans les airs. Lors du relâchement de la table , le bras métallique est glissé vers l'arrière et la ceinture d'acier est déplacée vers une autre position sur le corps, le manteau du médium dissimulant les deux.

Tout comme des progrès sont réalisés dans d'autres domaines de travail, les médiums progressent également dans leurs méthodes pour tromper leurs sujets. Rares sont ceux qui auraient recours aux anciennes méthodes consistant à libérer un pied de dessous le pied d'un enquêteur. Ils ont mis au point une méthode nouvelle et déroutante. Les chaussures du médium sont spécialement faites pour elle, de telle manière que par une certaine pression sur la semelle, il est possible de retirer la plus grande partie de la chaussure avec le pied d'un faux devant. Cette façade est en métal et rembourrée. Lorsque la médium demande au comité de poser ses pieds sur les siens , elle s'assure qu'ils ne dépassent pas la portion dont elle peut se retirer. En pleine lumière, l'enquêteur croit sentir le pied du médium solidement maintenu sous le sien et, comme il ne peut pas voir sous la table, le médium utilise pleinement son pied pour produire des manifestations.

Une fois, j'ai donné une séance lors d'une tournée en Angleterre. C'était une séance sombre et juste au moment psychologique, un Esprit est entré par la fenêtre et s'est promené sur le mur et le plafond de la pièce puis est sorti par une autre fenêtre. L'explication est simple. À l'affiche, avec moi, il y avait deux acrobates, équilibristes au corps à corps. L'un d'eux ôta ses chaussures et ses bas et l'autre se faufila vers lui. Il a baissé la fenêtre, puis a fait un équilibre corps à corps avec son partenaire et s'est promené dans la pièce. Il est ensuite retourné à sa place, a enfilé ses chaussures et a semblé aussi innocent et doux que possible dans les circonstances où les lumières étaient allumées. J'ai dit à toutes les personnes présentes que ce n'était qu'un truc, mais comme d'habitude, ils ont insisté sur le fait que j'étais un médium.

Un tour de corde qui provoque toujours l'étonnement et contribue à créer une croyance en une aide surnaturelle est réalisé par une femme médium qui entre dans une armoire avec une corde attachée autour du cou. Les extrémités libres de la corde sont forcées à travers les côtés opposés du cabinet et maintenues fermement par deux membres du comité. Néanmoins les manifestations ont lieu quand même, et lorsqu'on ouvre ensuite le cabinet, la médium se retrouve liée comme elle l'était avant la séance. En effet, lorsque les rideaux ont été fermés et que le comité a saisi les extrémités de la corde, la médium coupe la boucle spécialement nouée autour de son cou. Lorsqu'elle est prête à sortir, elle noue simplement une autre boucle, en utilisant un double morceau de corde qu'elle avait caché sur elle. Lorsque le comité libère les extrémités de la corde , elle glisse le morceau mutilé dans son bloomer et apparaît avec le double, qui ressemble à l'original.

Il existe différentes méthodes pour produire des photographies Spirit. La première consiste à préparer une table de manière à ce qu'un plateau de développement soit placé à l'endroit où un rayon X pénètre jusqu'au négatif. Cela produit une « lumière spirituelle ». Une autre consiste à fixer le côté de la plaque avec une substance, une forme ou un éclair lumineux, et il est étonnant de voir à quoi ressemblent ces choses. Vous obtenez des formulaires et reconnaissez fréquemment des visages dans les taches. Le père de Heredia a tenu un chiffre dans sa main et, tandis que l'enquêteur signait le négatif, il a déclaré : « Autant le signer moi-même ». Ce faisant, il a posé la main gauche sur la plaque tout en signant avec la droite et la figure de phosphore dans sa main a été photographiée sur le négatif. Une méthode simple consiste à avoir quelque chose de caché dans la main et à le tenir au-dessus de l'objectif au lieu d'un capuchon, et une autre encore consiste à défocaliser l'appareil photo et à le prendre secrètement, puis lorsque l'exposition régulière est effectuée, il y a un flou supplémentaire. quelque chose dans l'assiette.

L'une des escroqueries les plus surprenantes que j'ai jamais entendues concernant un médium s'appelait « l' empreinte digitale d'un Esprit ». Dans ce test, le médium montre les empreintes digitales de l'âme du défunt. J'ai d'abord hésité à inclure ce faux, craignant d'enrichir le stock de médiums peu scrupuleux mais j'ai finalement conclu que le public devait en être informé. Le schéma a été découvert pour la première fois par un sculpteur qui s'est intéressé au spiritualisme. Un jour, il y a plusieurs années, un ouvrier tomba du haut de l'immeuble où cet homme avait son atelier et fut tué. Le corps fut transporté dans l'atelier et, seul avec lui, le sculpteur eut l'idée de tromper certains invités qui devaient faire une séance ce soir-là. Il a fabriqué à la hâte un plâtre de Paris avec les doigts du mort et l'a ensuite rempli d'une substance semblable à du caoutchouc utilisée dans son travail. Une fois durci et le plâtre retiré, il ressemblait, jusque dans les moindres détails, à la main morte.

Au cours de la séance de cette nuit-là, il en a fait des empreintes digitales sur une trompette qu'il avait noircie et après enquête, il a été constaté que ces empreintes digitales correspondaient exactement à celles de l'homme à la morgue. Personne n'a pu expliquer le mystère et il a gardé le secret pendant un certain temps, mais plus tard un autre médium l'a appris et a obtenu un poste dans une entreprise où il a trouvé après un certain temps l'occasion d'obtenir les empreintes digitales de plusieurs des morts qui appartenaient à l'entreprise. à la classe riche. Le moment venu, il organisa des séances avec les proches et les convainquit de son authenticité. Il existe deux cas connus où des fortunes étaient en jeu à cause de ce type de fraude. Dans un cas, cinq cent mille dollars ont changé de mains après la reconnaissance des empreintes digitales d'un homme décédé deux ans auparavant. Sa main avait été mutilée lors d'un accident et toutes les cicatrices étaient visibles sur l'empreinte de l'ardoise Spirit. Heureusement, des aveux ont été arrachés au médium et l'argent est allé aux héritiers légitimes.

Une « manifestation » qui paraît mystérieuse mais qui est en réalité ridiculement simple s'articule ainsi. Un verre est rempli d'eau et posé sur la table dans un meuble. Des rubans ou des bandes de ruban adhésif sont ensuite tirés dessus à angle droit et les extrémités fixées à la table avec des clous. Ainsi fixé, le verre ne peut pas être soulevé et le dessus est entièrement recouvert à l'exception de quelques petites ouvertures. Le médium est ensuite enfermé dans le cabinet pendant quelques minutes, pendant lesquelles il bat continuellement des mains, mais lorsque le cabinet est déverrouillé, le verre est vide d'eau et l'impression générale est que les Esprits l'ont vidé. En fait, le médium avait remonté ses mains près de son visage et était passé de la gifle aux mains à la gifle avec une seule main. Cela lui laissait une main libre et il n'eut aucune difficulté à sortir une paille de sa poche et à aspirer l'eau du verre.

Bien sûr, ces exemples ne sont que quelques-uns des nombreux moyens employés par les médiums pour produire leurs « manifestations » et profiter de la crédulité du modèle moyen, mais ils suffisent à montrer au lecteur le type de méthodes pratiquées et jusqu'où elles vont. ils iront dans leurs tromperies.

# CHAPITRE VIII
## PHOTOGRAPHIE ESPRIT

AVEC une fierté peut-être pardonné ont déséquilibré tant de belles intelligences à travers le monde. La photographie spirituelle, le plus important des phénomènes médiumniques, a fait ses débuts à Boston, « plaque tournante » du développement intellectuel, son arrivée étant annoncée par le Dr Gardner, un fervent spiritualiste, qui a découvert un photographe qui « en prenant une photo de lui-même, a obtenu sur la même assiette, l'image d'un cousin mort douze ans auparavant.

C'était en 1862, mais un peu plus d'une décennie après la première démonstration de la soi-disant puissance spirituelle à Hydesville . Heureusement pour le succès du nouvel art, le photographe choisi par les habitants du « Summerland » 72 pour démontrer les nouveaux phénomènes était un médium et de tous les hôtes du ciel, l'esprit choisi pour être photographié était (singulière coïncidence) un son cousin qui avait passé la frontière quelques années auparavant.

A peine la découverte avait-elle été annoncée que des enthousiastes spirituels commençaient à affluer en grand nombre vers le studio du médium, M. William H. Mumler , et cela a continué jusqu'à ce que les mauvais esprits (?) commencent à créer une atmosphère de doute et de scepticisme, après quoi il s'emmena brusquement avec sa nouvelle entreprise à New York, une chute précipitée vraisemblablement provoquée par ses guides spirituels.

Le changement s'est avéré être d'un grand bénéfice financier pour Mumler jusqu'à ce que la colère des mauvais esprits soit à nouveau suscitée et qu'il soit arrêté pour transactions frauduleuses. Un procès des plus intéressants et sensationnels s'ensuivit avec la comparution de nombreuses personnalités comme témoins, parmi lesquelles le prince des forains, Phineas Taylor Barnum, qui a témoigné pour l'accusation, et le juge John W. Edmonds, de la Cour suprême, pour la défense. 73

M. Barnum a témoigné avoir consacré beaucoup de temps et d'études à la détection des humbugs et a récemment écrit un livre intitulé « Les humbugs du monde ». Il ne connaissait Mumler que de réputation mais avait eu une certaine correspondance avec lui au sujet de ses images, souhaitant connaître son procédé et l'exposer dans son livre, et certaines images que Mumler lui envoyait. Barnum paya dix dollars pièce et les plaça dans son musée étiqueté comme des « fumistes spiritualistes ».

Le témoignage de Barnum a été attaqué par l'avocat de Mumler qui l'a qualifié de « très jolie illustration de fumisterie » et a ajouté que même si c'était vrai, Barnum a violé le « grand précepte relatif à l'honneur parmi les voleurs

», mais je tiens à déclarer officiellement que je crois que M. Barnum a dit la vérité dans l' affaire Mumler .

Le juge Edmonds a déclaré à la barre qu'il avait vu des Esprits alors que de nombreux spiritualistes ne le pouvaient pas et a rappelé un cas où il était sur le banc pour juger une affaire dans laquelle le paiement d'une police d'assurance accident était en cause. Il a déclaré au tribunal que tout l'aspect de l'affaire avait changé après avoir vu l'esprit du suicide et que plusieurs questions que cet Esprit avait suggérées ont été posées au témoin, la décision étant annulée sur la base du témoignage ainsi apporté. Il a également témoigné de sa conviction que les images de Mumler étaient de véritables photographies d'Esprits.

Au cours du procès, de nombreuses méthodes 74 de production des « extras » Spirit ont été présentées au tribunal par des photographes experts et les possibilités de production de l'effet par des moyens naturels ont été prouvées. Les enquêteurs n'avaient cependant pas un dossier en bon état. Il y avait de solides motifs de suspicion, mais ils n'ont pas été en mesure de présenter des preuves positives et, bien que le tribunal soit moralement convaincu que des méthodes frauduleuses avaient été utilisées, il manquait suffisamment de preuves pour condamner Mumler .

Bien qu'acquitté, il est significatif que Mumler ait refusé une offre de cinq cents dollars pour reproduire ses images dans un autre studio dans des conditions de test et tout en étant libre de reprendre son activité aux yeux du tribunal, avec une pleine moisson de dupes attendant d'être escroqués. , il fut néanmoins rapidement perdu de vue et semble avoir entièrement disparu après la publication de son livre en 1875.

La médiumnité spiritualiste n'est pas à l'abri de la flatterie de l'imitation, car même un examen occasionnel de l'histoire et du développement spiritualistes montre que dès qu'un médium forme une nouvelle alliance avec le dispensateur de pouvoir psychique et produit des phénomènes inconnus auparavant, d'autres médiums commencent immédiatement à le produire. aussi et la nouvelle manifestation devient bientôt épidémique. C'était le cas de la photographie Spirit. Personne n'avait pensé à une telle possibilité avant que Mumler n'invente le mystère, mais des médiums talentueux du monde entier, lorsqu'ils entendirent parler de ses images, commencèrent également à les produire. Les histoires de son succès ont traversé la mer et l'Europe y a découvert un talent égal.

Au cours de l'été 1874, un photographe parisien du nom de Buguet se rend à Londres et attire une attention considérable avec ses photos Spirit. Ils étaient d'une qualité artistique bien supérieure à tous les précédents et Podmore dans son « Spiritualisme moderne » nous dit que :

"Les visages des Esprits étaient dans la plupart des cas clairement définis et étaient, en fait, fréquemment reconnus par les modèles, et même W. H. Harrison n'a détecté aucune supercherie dans l'opération."

Après un court séjour au cours duquel ses démonstrations satisfaisèrent pleinement des hommes tels que le révérend Stainton Moses, qui était libéral dans ses approbations, Buguet retourna à Paris, où l'année suivante il fut placé en état d'arrestation « accusé de fabrication frauduleuse de photographies Spirit ». Contrairement à Mumler , sa conscience n'a pas été à l'épreuve du tribunal, ou peut-être que les preuves contre lui étaient telles qu'un Esprit amical lui a conseillé de se confesser. En tout cas, il a déclaré au tribunal que toutes ses photographies de l'Esprit étaient le résultat d'une double exposition. Sur la base de ces aveux, Buguet fut reconnu coupable et condamné à un an de prison et à cinq cents francs d'amende. Pareille sentence fut prononcée contre M. Leymaire , rédacteur en chef de la *Revue Esprits* , qui reconnut avoir suggéré à Buguet de se lancer dans le domaine de la photographie spirituelle.

La police a saisi tout l'attirail de l'atelier de Buguet et l'a porté devant la justice. Parmi eux se trouvaient un personnage laïc et un grand stock de têtes. Ceux-ci, avec les poupées et les assistants du studio, se sont relayés comme source d'inspiration pour les extras de Spirit. Mais le véritable intérêt du procès ne résidait pas dans ces révélations, nous dit Podmore , car après tout Buguet n'a guère amélioré les méthodes inaugurées par ses prédécesseurs. C'est l'effet produit sur ses dupes par l'aveu de Buguet et la démonstration de ses artifices qui est vraiment digne d'attention. Des témoins après témoins, journalistes, photographes, musiciens, commerçants, hommes de lettres, opticiens, anciens professeurs d'histoire, colonel d'artillerie, etc., etc., se sont présentés pour témoigner en faveur des accusés. Certains avaient observé le processus tout au long et étaient convaincus qu'il n'y avait pas eu de supercherie. Beaucoup avaient obtenu sur l'assiette des portraits indubitables de ceux qui leur étaient chers et se trouvaient dans l'impossibilité d'abandonner leur foi. L'un après l'autre, ces témoins furent confrontés à Buguet et l'entendirent expliquer comment le tour avait été fait. L'un après l'autre, ils quittèrent la barre des témoins, protestant qu'ils ne pouvaient douter du témoignage de leurs propres yeux. Voici, choisi presque au hasard parmi de nombreux témoignages semblables, le témoignage de M. Dessenon , vendeur de tableaux, âgé de cinquante-cinq ans. Après avoir décrit comment il avait obtenu dans un premier temps divers chiffres qu'il ne pouvait reconnaître, il continue :

« Le portrait de ma femme, que j'avais spécialement demandé, lui ressemble tellement que lorsque je le montrai à un de mes parents, il s'écria : « C'est ma cousine ! »

» *La Cour* : 'Est-ce que c'était un hasard, Buguet ?'

» *Buguet* : 'Oui, pur hasard. Je n'avais aucune photo de Mme. Dessenon .

» *Le Témoin* : 'Mes enfants, comme moi, trouvaient la ressemblance parfaite. Quand je leur ai montré la photo, ils ont crié : « C'est maman ». Une chance bien heureuse !... Je suis convaincu que c'était ma femme.

» *La Cour* : 'Vous voyez cette poupée et tout le reste ?'

« *Le témoin* : 'Il n'y a là rien qui ressemble du tout à la photographie que j'ai obtenue.' »

Il y avait d'ailleurs deux ou trois éléments de preuve curieux sur la valeur de la reconnaissance en tant que test. *Un policier a déclaré que Buguet lui avait montré un portrait qui avait fait office de sœur d'un modèle, de mère d'un deuxième et d'amie d'un troisième.* Encore une fois, il est ressorti du témoignage qu'une tête très clairement définie (reproduite comme illustration des articles de Stainton Moses dans *Human Nature* ) qui avait été revendiquée par M. Leymaire comme le portrait de son ami de presque toute la vie , M. Poiret, fut reconnu par un autre témoin comme une excellente ressemblance avec son beau-père, *vivant toujours* à Breux et très ennuyé de son introduction prématurée dans le monde des Esprits.

Depuis les premières images de Mumler jusqu'à nos jours, la photographie spirituelle a joué un grand rôle dans le domaine de la dévotion spiritualiste, et d'innombrables médiums ont découvert qu'elles possédaient le même pouvoir phénoménal pour produire la ressemblance convoitée sous forme de « figurants » sur les sujets sensibilisés. plaque. L'art a maintenant atteint un tel stade qu'il n'est plus nécessaire de s'asseoir, mais tout ce qu'il faut, c'est une relique du défunt, quelque chose qui lui appartenait ou qui présentait un intérêt particulier. Cette relique est photographiée et lorsque la planche est développée, apparaît à côté d'elle, en « figurant », le visage du défunt ; c'est-à-dire, devrais-je dire, si votre imagination est assez forte pour voir une ressemblance avec la personne censée être représentée.

Un appareil photo n'est pas non plus nécessaire de nos jours, selon les spiritualistes. En fait, on me dit qu'il n'est même pas nécessaire d'ouvrir une boîte de planches, mais qu'on peut les « magnétiser » telles qu'elles proviennent du fabricant, à condition que *la* boîte soit en possession du médium quelques jours avant. la séance. Cette seule condition est remplie et la démonstration suivra si les participants, y compris le parent le plus proche, mettent leurs mains sur celles du médium. Ensuite, pour créer une atmosphère solennelle, il est généralement demandé aux participants de se joindre à une forme de dévotion religieuse, comme chanter « Plus près de toi, mon Dieu », ou une prière fervente.

C'est le type de performance menée par ce que l'on appelle les « Crewe Photographers » et soutenue et défendue par les leaders actuels du spiritualisme. Cette combinaison de photographes de Crewe est sous la direction de spiritualistes professionnels et constitue un effort organisé pour promulguer cette phase particulière des phénomènes spiritualistes. Le groupe se compose de M. William Hope et Mme Buxton, Crewe ; Mme Deane de Londres ; et M. Vearncombe de Bridgewater.

Mon ami, Harry Price, a assisté à une séance donnée par Hope et raconte les exercices religieux comme suit :

"Mme. Buxton a chanté plusieurs couplets de « Plus près, mon Dieu, de toi », après quoi M. Hope a fait une longue prière impromptue dans laquelle il a remercié Dieu pour toutes nos nombreuses miséricordes et espéré qu'il continuerait ses bénédictions au moment présent. Il implorait également la bénédiction de nos semblables et amis de l'autre côté et demandait de l'aide pour tenter de se connecter avec eux, etc. Ensuite, Mme Buxton a chanté un autre hymne, après quoi M. Hope a ramassé le paquet d'assiettes sèches, l'a mis les entre les mains de Mme Buxton, a posé ses mains sur les siennes , et d'autres membres du groupe ont empilé leurs mains dessus. Ensuite, nous avons eu une autre prière impromptue de Mme Buxton. Ensuite, le Notre Père a été chanté et un court hymne a conclu le service.

Peut-on imaginer un sacrilège plus révoltant que de chanter des hymnes, de dire des prières et d'appeler le Tout-Puissant à l'aide dans une œuvre aussi frauduleuse ?

La combinaison échappa à toute détection et faisait des affaires très fructueuses lorsqu'au printemps 1921, M. Edward Bush, de la Society of Psychical Research, tendit un piège dans lequel Hope marcha les yeux grands ouverts. M. Bush a demandé un rendez-vous sous le nom d'emprunt de « D. Wood », joignant une photo d'un gendre vivant. Au dos de la photographie était écrit :

« Dites à papa, si quelque chose m'arrive, j'essaierai de lui donner une photo spirituelle. Dis-lui de crier pour me dire où il va.

"Jack Ackroyd."

Hope a fixé un rendez-vous pour une séance mais a rendu la photo, disant qu'il regrettait qu'elle ait été envoyée car cela l'expose à des soupçons. Lorsque l'heure de la séance est arrivée , Hope a été sous contrôle et M. Bush a manipulé les assiettes comme il l'avait demandé, mais aucun « figurant » n'est apparu. Le lendemain, cependant, lorsque l'assiette fut développée après une autre séance, il y avait un « figurant » qui se révéla être l'image du gendre. M. Bush a publié les détails de cette révélation dans une brochure et le London *Truth* a déclaré dans son éditorial :

« Mais non seulement William Hope et sa sœur médium, Mme Buxton, se sont indignés de la révélation de M. Bush, mais Sir Arthur Conan Doyle, 75 Lady Glenconner , le révérend Walter Wynn et bien d'autres personnalités du mouvement ont également réagi. a présenté ces produits de foi et d'espérance comme preuve concluante de la continuation de l'existence et de la possibilité de communication avec le monde à venir.

Plus tard dans la même année, M. C. R. Mitchell, ancien dirigeant de la Hackney Spiritualistic Society et bien connu dans les cercles médiumniques de Londres, fut choisi pour « entreprendre certains tests de nature scientifique dans le but de vérifier la valeur de ces phénomènes spirituels ». .» M. Mitchell était photographe et souhaitait utiliser ses propres plaques dans l'expérience, mais Mme Deane, qui devait la réaliser, a refusé de le laisser à moins qu'il ne les *laisse d'abord avec elle pendant quelques jours pour qu'elles soient magnétisées* . Il s'y opposa et il fut finalement convenu qu'il pourrait utiliser ses propres plaques à condition de les magnétiser lui-même, mais les résultats ne furent pas satisfaisants. Il a ensuite acheté à Mme Deane un paquet d'assiettes neuves qui, prétendait-on, n'avaient pas été ouvertes depuis qu'il avait quitté le fabricant. L'image d'un soldat figurait sur l'une d'elles que M. Mitchell avait lui-même développée et il en concluait que non seulement les plaques avaient été « magnétisées », mais qu'elles avaient également été exposées dans un appareil photo.

Le numéro de *Truth* du 28 juin 1922 rend compte de l'expérience d'un ancien missionnaire indien qui, avec trois autres, rendit visite aux photographes de Crewe et s'assit pour les photos de Spirit. Quatre clichés ont été réalisés et des « extras » spirituels sont apparus sur deux des assiettes, mais les hommes ne pouvaient pas se rappeler si les assiettes avaient été hors de leur contrôle à un moment donné. Le missionnaire a donc organisé une autre séance en prenant la précaution de faire marquer ses assiettes dans le coin. avec un diamant de vitrier. A cette seconde séance, un Spirit extra a été produit mais il n'y avait *aucune marque de diamant* sur la plaque, preuve positive qu'un échange avait été effectué .

Au cours de l'année 1922, le Comité Occulte du Cercle Magique entreprit une enquête sur la photographie spirituelle, en s'intéressant d'abord à M. Vearncombe qui produisait des figurants spirituels en relation avec un objet autrefois en possession du défunt. Sir Arthur Conan Doyle a mis ce comité en contact avec le secrétaire honoraire de la Société pour l'étude des images supranormales, M. Barlow, et, sur la suggestion de ce dernier, lui a envoyé un paquet d'assiettes non ouvert pour M. Vearncombe . Bien que Barlow s'y soit opposé, « pour la satisfaction de Vearncombe , bien que ce ne soit pas essentiel », le colis était enfermé dans un coffret type. Également à la suggestion de Barlow, des frais accompagnaient le colis. Après un mois d'attente, le comité a reçu une photo du colis et sur la photo se trouvait un message spirituel qui disait : « Barré de votre côté. »

Afin de supprimer la barrière, un nouveau paquet de plaques a été expédié à Vearncombe , cette fois dans un emballage ordinaire. Quelques mois plus tard, après que les plaques eurent été traitées spirituellement par Vearncombe , elles furent renvoyées au comité. Une fois développés, des « extras psychiques » ont été trouvés sur deux plaques. Il y avait des preuves que le colis avait été altéré et le même esprit était visible sur d'autres photographies.

Le comité a envoyé à Vearncombe un paquet d'assiettes sous un nom d'emprunt, mais a reçu de sa part qu'il n'était pas nécessaire d'envoyer des assiettes. Que de petits objets ayant appartenu au défunt feraient l'affaire et que, si l'on joignait le prix approprié, des tirages photographiques montrant les « extras psychiques » obtenus seraient fournis. Comme le plein respect de cette suggestion aurait été inutile comme test, une boîte d'assiettes, un petit objet censé avoir appartenu au défunt, et la redevance furent envoyés.


Encore Vearncombe a protesté qu'il ne traitait pas les boîtes de plaques non ouvertes en raison de nombreux échecs, mais a proposé d'exposer les plaques sur l'objet qui avait été fourni. Il fut informé qu'une telle exposition ne serait pas satisfaisante et, plutôt que de décevoir son correspondant, il consentit et envoya le colis avec la déclaration qu'il avait traité les plaques comme il le souhaitait et qu'il espérait réussir. Au développement, une « image psychique » est apparue sur l'une des assiettes mais le comité a constaté que les emballages du colis avaient été descellés et les assiettes perturbées dans leur disposition.

Afin de valider les résultats de leur piégeage, Vearncombe fut informé que l'expérience avait été un « succès », mais afin « d'éviter les critiques », il lui fut demandé de s'assurer que le colis n'avait pas été falsifié. Bientôt, il reçut une déclaration écrite indiquant que le colis avait été traité par lui et renvoyé à l'expéditeur tel que scellé à l'origine lors de sa réception.

Le comité a organisé quatorze tests, dont douze avaient été violés, et comme deux ou trois violations auraient été une preuve suffisante de fraude, il n'a pas jugé plus nécessaire mais a signalé qu'il avait été établi par la preuve que les colis anti-fraude ne produisaient aucun résultat. résultats alors qu'elle a trouvé des « extras Spirit » dans des paquets qui avaient été falsifiés et que « collectivement, le résultat est accablant ».

Le comité a ensuite attiré son attention sur Mme Deane qui, en raison de « complications dues à des gardiens ennuyeux », avait abandonné la pratique privée à sa résidence et travaillait sous contrat avec le British College of

Psychic Science. Le directeur du Collège, M. McKenzie, s'était porté garant d'elle comme étant absolument consciencieuse et directe dans son travail et pleinement qualifiée pour produire des « figurants psychiques sans recourir à la supercherie ». M. Harry Price et M. Seymour ont négocié une séance privée avec elle. Elle exigeait que les plaques scellées soient envoyées plusieurs jours à l'avance pour « magnétisation ». Six assiettes ont été exposées lors de la séance et sur la plupart d'entre elles figuraient des « extras », mais il a été prouvé que l'emballage avait été ouvert avant la séance et que les assiettes avaient été *traitées* mais qu'il n'y avait eu aucune substitution d'assiettes.

Des efforts furent déployés pour obtenir des preuves plus convaincantes et, après des difficultés considérables, une seconde audience fut organisée. Cette fois, le comité s'est adressé à un fabricant dont les plaques avaient été mentionnées par les gens du collège comme étant préférables et a fait confectionner et sceller un emballage spécial. Dans cet emballage, chaque plaque était marquée de telle sorte qu'une substitution ou une manipulation était sûre d'être révélée. C'était tout simplement anti-fraude.

Lors de la séance, la prière régulière et le chant des hymnes ont eu lieu comme d'habitude, après quoi les plaques ont été exposées et développées. Il a été constaté que l'emballage avait été ouvert précédemment, la plaque supérieure retirée et une autre remplacée et sur cette plaque substituée, seulement, il y avait un « Spirit extra ». Lors d'une troisième séance, une nouvelle boîte d'assiettes secrètement marquées fut ouverte en présence de Mme Deane. Quatre plaques ont été chargées dans autant de diapositives distinctes et Mme Deane les a transportées dans le studio attenant. Sur une table du studio se trouvait un sac à main et à côté un livre de cantiques. La main dans laquelle elle tenait les quatre diapositives disparut momentanément à l'intérieur du sac tandis qu'en même temps elle ramassait le livre de cantiques avec son autre main. Avec le livre de cantiques, elle avait ramassé une diapositive en double qui, d'un mouvement parfaitement naturel, avait ajouté aux trois de son autre main une des quatre plaques marquées ayant été déposée dans le sac où elle fut retrouvée plus tard par l'un des enquêteurs. qui a examiné le sac alors que Mme Deane était absente un moment.

Après le service religieux habituel , les quatre plaques ont été exposées puis développées. Trois plaques qui portaient les marques d'identification n'avaient pas d'extra Esprit, mais la quatrième plaque qui n'avait pas de marque d'identification avait une forme Esprit.

À la suite de cette enquête, le comité a constaté que chaque fois que l'occasion se présentait, les emballages étaient ouverts et traités, les plaques remplacées et, lors des tests qui suivirent, des « extras Spirit » étaient sécurisés, mais lorsque les conditions étaient absolument à l'épreuve de la fraude, il n'y avait pas « extras », et dans la mesure où il a pu découvrir, toutes les photographies dites spirituelles reposaient sur de fragiles fondations de fraude.

En décembre 1921, j'essayai de rendre visite à M. Hope et de faire prendre quelques photographies de l'Esprit, mais on m'informa que ses engagements l'occuperaient pendant des mois et que je devrais attendre mon tour. J'ai ensuite contacté un de mes amis du nom de DeVega 76 qui vit à Glasgow et lui ai demandé s'il ne verrait pas Hope et ne s'arrangerait pas pour prendre une photo. Après une correspondance considérable entre DeVega et Hope, ce dernier a accepté de prendre les photographies à condition que DeVega se rende à Crewe. DeVega a donné son accord, un rendez-vous a été pris et la séance a eu lieu. Le récit suivant de l'expérience de DeVega est tiré d'un rapport complet qu'il m'a envoyé.

"Déc. 16, 1921.—Arrivé au n° 144 Market Street, la porte fut ouverte par une dame âgée. J'ai demandé si M. Hope était là et il est immédiatement descendu. Je lui ai dit qu'un membre bien connu de la Société Spiritualiste et un homme connu pour être un collectionneur de photographies de l'Esprit m'avaient envoyé et que cela semblait suffire à M. Hope.

« J'avais apporté mon propre appareil photo et je lui ai demandé si les photos pouvaient être prises avec. Cependant, il a dit qu'il utilisait son propre appareil photo mais qu'il me laisserait enquêter autant que je le voulais. Il m'a dit qu'il ne pouvait pas me photographier ce matin-là car un autre monsieur venait mais il s'était arrangé pour quatorze heures.

«J'ai observé Market Street, de loin, toute la matinée, mais je n'ai vu personne entrer. Je suis arrivé là-bas rapidement mais il était 14h30 avant l'arrivée de M. Hope. Une Mme Buxton nous a rejoint. Elle, Hope et moi étions assis autour d'une petite table. Ils chantèrent des hymnes, récitèrent une prière et demandèrent à la table si tout était favorable.

« À sa demande, j'ai posé mes paquets d'assiettes sur la table. Ils placèrent leurs mains au-dessus d'eux et chantèrent à nouveau. Hope frémit soudain et dit : « Maintenant, nous allons essayer. » Il m'a montré la pièce sombre, qui est un petit arrangement d'environ six pieds de haut, trois pieds de large et cinq pieds de long. Il y avait deux étagères et sur celles-ci se trouvaient des plumeaux, des chiffons, des bouteilles de produits chimiques, une lampe, etc. La lampe est une vieille affaire éclairée par une bougie. La pièce est si petite que lorsque deux personnes s'y trouvent, il n'y a pas de place pour bouger.

« Il m'a ensuite montré l'appareil photo et m'a demandé de l'examiner. J'y jetai un coup d'œil et lui dis que je ne doutais pas de sa parole, ce qui parut lui plaire beaucoup. Je pensais que si c'était un faux , il ne me permettrait pas de l'examiner d'aussi près qu'il me l'avait demandé. Il s'agissait d'un appareil photo de studio de marque ancienne, à une quatrième plaque, sans obturateur,

mais fonctionnant avec un capuchon sur un objectif (le capuchon manquait).
Il m'a ensuite montré la diapositive sombre. Il s'agissait d'un toboggan à
l'ancienne, à double extrémité en bois. Je l'ai examiné de très près mais il n'était
pas préparé.

DIT « SPIRIT EXTRA » SUR LA PHOTOGRAPHIE DE HARRY
PRICE RÉALISÉE PAR WILLIAM HOPE DU CREWE CIRCLE


« Le studio lui-même est une petite serre en verre construite sur le côté
de la maison. Un rideau vert est suspendu à une extrémité à laquelle est assis
le gardien.

« Nous sommes retournés dans la pièce sombre pour charger les
assiettes. Il m'a donné sa diapositive et m'a dit de laisser deux de mes propres
diapositives sombres devant la lumière car il essaierait également mon appareil
photo. J'ai ouvert mes assiettes, j'en ai placé deux dans sa lame sombre et je
l'ai fermée. Il était placé sur l'étagère inférieure où je pouvais le voir à peine. Il

m'a ensuite demandé d'ouvrir légèrement mes deux diapositives et de signer mon nom dessus. (J'ai signé J. B. Gilchrist.) Pendant que je les signais , il a déplacé la lampe pour me permettre de mieux voir. Cela a jeté le quart de la plaque dans l'ombre. Après cela, il m'a tendu la diapositive d'une quatrième plaque pour signer les deux plaques de la même manière.

*« Je suis sûr, même si je ne l'ai pas vu, que la diapositive que j'ai chargée a été remplacée par une autre.* Il faisait trop sombre pour voir sous le niveau de l'étagère. J'ai, pendant un moment, envisagé de laisser mon crayon glisser, de gâcher la plaque et d'en charger un autre de mon paquet, mais j'ai pensé qu'il était conseillé de laisser les choses continuer car je verrais alors quelle était sa procédure habituelle. Je me suis demandé à l'époque *pourquoi on n'avait pas pu me dire de sortir les plaques de l'emballage, de les signer, puis de les placer dans la diapositive et de placer la diapositive dans ma poche jusqu'à ce qu'elles soient exposées. Pourquoi était-il nécessaire de signer mes propres plaques sur ma diapositive sombre ? En fait, je n'avais pas besoin de prendre ma diapositive dans la pièce sombre.*

« Nous sommes retournés en studio, on m'a encore demandé d'examiner la caméra. Cependant, j'ai pris position devant la caméra. Mme Buxton se tenait d'un côté et M. Hope de l'autre. Le tissu de mise au point sombre était bas au-dessus de l'objectif (le capuchon étant manquant) et la glissière était ouverte. Mme Buxton et Hope ont chanté un hymne et ont chacun pris un bout du tissu, découvrant ainsi l'objectif. Cela a également été répété avec d'autres assiettes.

«Maintenant, ma caméra était installée. On m'a demandé d'ouvrir la diapositive et de leur montrer comment fonctionnait l'obturateur. L'exposition a été faite. Il a placé sa main devant l'appareil photo, couvrant l'objectif et m'a demandé d'ouvrir moi-même la diapositive car il ne voulait pas la toucher. *Maintenant, pourquoi a-t-il fermé l'objectif de cette façon ?* Il aurait été plus simple d'abaisser le devant ouvert de la diapositive et de la fermer, mais je crois que sur sa main se trouvait une tache de sel radiant ou d'une substance similaire qui ferait apparaître une tache brillante sur le négatif, comme tel qu'il figurait sur cette plaque lors de son développement. Tenir sa main devant l'objectif pendant qu'une exposition était en cours est une action tellement peu naturelle que je crois que c'est la cause de ce qu'il a appelé « une Lumière Spirituelle », lors de son développement. Sur la photo suivante, je lui ai dit d'appuyer à nouveau sur le déclencheur pour fermer l'obturateur. Il l'a fait.

« Nous nous sommes ensuite rendus dans la chambre noire pour développer les plaques. Les deux assiettes un quart ont été placées par mes soins, côte à côte, dans un plat et les deux trois et demi par deux et demi dans un autre plat et développées. En versant le révélateur d'une assiette à l'autre, l'un des quarts d'assiette est devenu sombre. J'ai remarqué que l'un d'eux arrivait très rapidement et il m'a répondu que "quand ils arrivent comme ça, c'est bon signe car il est très probable qu'il y ait un "extra" sur eux". Je n'en ai pas dit plus mais d'après mon expérience et mes connaissances en photographie, un tel événement est impossible à moins que les plaques n'aient été préalablement exposées.

*« Les deux plaques ont été extraites du même paquet, chargées dans la lame sombre en même temps, avec la même lumière dans la pièce sombre et à la même distance de la lumière. Ils furent ensuite exposés sur le même sujet immédiatement l'un après l'autre ; la même durée d'exposition étant donnée (je les ai comptés mentalement) avec la même ouverture d'objectif. Les plaques ont ensuite été placées côte à côte dans la même boîte de révélateur et je soutiens que l'image doit apparaître à une vitesse uniforme sur les deux plaques et qu'il est impossible que l'une s'éclaire avant l'autre et s'assombrisse partout à moins qu'elle ne soit précédemment exposé, surtout lorsqu'il n'y avait aucune variation de lumière au moment de l'exposition, il était 15 heures, le 16 décembre, ciel clair, pas de soleil.*

« Un 'extra' figurait bien sur cette (une quatrième planche). C'est un visage rasé de près au-dessus du mien et des draperies qui y pendent. Moi-même, trois et demi sur deux et demi, une légère tache est sur mon visage. Mme Buxton m'a informé qu'il s'agissait d'une « lumière spirituelle », mais M. Hope croyait y voir les traits pâles d'un visage.

Alors que j'étais à Denver, Colorado, en mai 1923, j'ai rendu visite un matin à M. Alexander Martin, dont Sir Arthur Conan Doyle m'avait dit qu'il était un photographe psychique réputé et un homme très merveilleux dans son domaine particulier. Doyle lui-même avait rendu visite à Martin la veille, mais comme Martin ne se sentait pas d'humeur, il n'y avait pas eu de manifestation. En cela, Sir Arthur n'était pas plus malheureux que Hyslop , l'éminent enquêteur psychique, qui, selon Sir Arthur, avait fait un voyage spécial d'Angleterre à Denver pour avoir une séance avec Martin mais n'avait pas réussi.

Martin habitait à environ quinze minutes de la ville en taxi. J'ai emmené avec moi mon assistant en chef, James Collins, afin d'avoir un témoin si quelque chose de nature psychique se produisait. Collins avait mon appareil photo car je voulais au moins prendre une photo de Martin. Nous l'avons trouvé debout devant la porte d'un bâtiment arrière et après que je me sois présenté, il semblait cordial. Je lui ai montré quelques photographies de Spirit que j'avais avec moi et après quelques minutes de conversation, je lui ai demandé s'il acceptait que Collins prenne une photo de nous. Il a cru que je demandais une séance et m'a répondu qu'il ne se sentait pas bien et qu'en plus il avait été engagé pour prendre des photos des enfants de deux écoles. J'ai continué à parler de la manière la plus amusante et peu de temps après, il nous a invités dans la maison en nous disant qu'il nous photographierait tous les deux. Pendant ce temps, Collins avait réussi cinq clichés à bout portant sans que Martin le sache.

Quand nous sommes entrés dans la maison , je suis entré directement dans la pièce sombre mais Martin m'a appelé en me disant :

"Maintenant, n'entre pas là-dedans, attends juste une minute."

Pendant que nous attendions dehors, Martin a passé environ huit minutes dans la pièce sombre. Puis il est sorti et nous sommes entrés dans son atelier, une pièce simple avec un fond noir. Il m'a fait asseoir et a placé Collins derrière moi à ma droite. À titre de test, j'ai dit à Collins de passer de l'autre côté car cela pourrait paraître mieux. Puis, quand il eut fini, je me tournai vers Martin et lui demandai :

"Est-ce que ça va ou vaut-il mieux qu'il prenne la position d'origine ?"

"Je pense que ce serait mieux s'il se tenait là où il était en premier lieu", a répondu Martin.

Cela m'a amené à penser qu'il gardait ce côté de l'assiette propre pour que quelque chose apparaisse. Il y avait beaucoup de lumière dans la pièce et Martin a tiré un écran sombre sur notre droite expliquant qu'il n'avait pas besoin de beaucoup de lumière pour les trucs psychiques, puis mettant une ombre sur ses yeux, il s'est tourné vers nous et a dit :

"Maintenant, reste silencieux et je vais essayer de faire quelque chose."

Lorsqu'il a découvert l' objectif , j'ai compté le temps de pose qui était d'environ quinze secondes. En le recouvrant, il nous dit :

HOUDINI ET ALEXANDRE MARTIN

«C'est tout ce que je peux faire aujourd'hui. Maintenant, je dois me dépêcher.

Nous l'avons remercié et en sortant je lui ai demandé s'il avait des photos que nous pourrions voir. Il est entré dans une pièce voisine mais a fermé la porte afin que nous n'ayons pas eu la possibilité de regarder à l'intérieur. Lorsqu'il est ressorti, il avait quatre photographies qu'il m'a autorisé à conserver, mais il n'a pas voulu écrire dessus de qui il s'agissait.

Le lendemain, je suis retourné le voir et il m'a donné une autre séance. Cette fois, il m'a dit qu'il devrait couper une assiette et il m'a donné un livre à lire pendant que j'attendais. En cherchant un papier sur lequel écrire mon adresse, il a ramassé beaucoup de journaux et j'ai remarqué des publications scientifiques systématiquement insérées entre les feuillets, ce qui m'a fait penser qu'il essayait de cacher son savoir et souhaitait apparaître comme un simple un vieil homme plein d'esprit qui ne connaissait que peu de choses en photographie.

Je n'ai pas le moindre doute sur le fait que les photographies Spirit de M. Martin étaient simplement des doubles expositions. Je pense que sa méthode consistait à découper diverses images, à les placer sur un fond et à faire une prise de vue. Ses assiettes étaient alors prêtes pour son prochain gardien, qui dans le cas ci-dessus était moi-même. Étant un photographe expert, il aurait pu utiliser la méthode originale sur plaque humide pour réaliser une prise de vue, la développer, laver l'émulsion de la plaque et la retoucher avec une nouvelle émulsion, mais je suis convaincu que les deux photos Spirit qu'il a prises de moi étaient simplement doubles expositions.

La technique de la photographie ne dérange pas l'opérateur psychique. Il n'a aucun respect pour les lois de la lumière ou de la chimie. Le fait que dans tous ses tableaux les Esprits semblent parfaitement conscients de poser ne le déconcerte pas et ne le dérange pas non plus car ils apparaissent toujours tels qu'ils étaient dans la vie. Combien ce serait plus intéressant et combien de telles photographies ajouteraient à nos connaissances et contribueraient au progrès de la science si de temps en temps les Esprits se permettaient d'être photographiés pendant qu'ils sont engagés dans une occupation spirituelle.

D'un point de vue logique et rationnel, la photographie spirituelle est une imposition des plus flagrantes et témoigne de la crédulité de ceux qui sympathisent avec les superstitions de l'occultisme. Cela montre également à quel point les médiums deviennent sans scrupules et à quel point leur conscience est insensible.

Dans ce pays, il n'existe pas de groupe organisé de photographes Spirit tels que les photographes de Crewe en Angleterre. Depuis que Mumler a échappé de justesse à une punition méritée et depuis sa disparition, rares sont ceux qui ont eu le courage d'agir avec autant d'audace que lui. Le praticien le plus remarquable à l'heure actuelle est le Dr (?) W. M. Keeler, qui, selon les publications spiritualistes, a un courage et une conscience équivalents à toute entreprise psychique.

Avec la photographie spirituelle, comme avec toutes les autres merveilles dites psychiques, il n'y a jamais eu, et il n'y a aujourd'hui, aucune preuve d'authenticité au-delà de ce que prétend le médium. Dans chaque cas, c'est une simple question de véracité, et lorsque les croyants les plus sincères au spiritualisme admettent sans hésitation, comme ils le font, que tous les médiums recourent parfois à la fraude et au mensonge, quelle dépendance peut-on placer dans toute déclaration qu'ils font. ?

Il ne peut y avoir de meilleure preuve de la pourriture de l'ensemble de la structure que le fait que, depuis plus de quarante ans, des offres permanentes d'argent ont été faites pour des montants allant de cinq cents à cinq mille dollars pour un seul cas de soi-disant phénomènes qui pourraient être prouvé réellement psychique. Connaissant comme moi le caractère des médiums, j'affirme que si la preuve était possible, il n'existe pas un seul médium, y compris les photographes Spirit, qui n'aurait pas sauté sur l'occasion de remporter un tel prix. S'il y en a qui agissent honnêtement, qu'ils apportent des preuves et reçoivent la récompense.

PHOTOGRAPHIE DE HOUDINI RÉALISÉE PAR ALEXANDER MARTIN, À DENVER, COLORADO, LE 10 MAI 1923, MONTRANT LES soi-disant « EXTRAS D'ESPRIT »

# CHAPITRE IX
## SIR ARTHUR CONAN DOYLE

LE SPIRITUALISME compte parmi ses adeptes de nombreux esprits brillants : scientifiques, philosophes, professionnels et auteurs. Que ces grands esprits aient été mal orientés, qu'ils aient suivi le sujet parce qu'ils étaient pleinement convaincus de sa vérité, ou qu'ils aient été trompés avec succès par quelque médium frauduleux, c'est une question de conjectures et d'opinions ; néanmoins, ils ont été le moyen d'attirer dans les rangs du spiritualisme un grand nombre de ceux qui se laissent conduire par des esprits plus grands et plus puissants que le leur.

Tel est Sir Arthur Conan Doyle. Son nom vient automatiquement à l'esprit de l'être humain moyen aujourd'hui à la mention du spiritualisme. Aucun statisticien ne pourrait imaginer l'influence qu'il a exercée à travers ses conférences et ses écrits, ni numéroter la chaîne sans fin qu'il guide vers une croyance en la communication avec l'Au-delà. Sa foi, sa croyance et sa confiance dans le mouvement ont été l'un des plus grands atouts des croyants d'aujourd'hui et quelle que soit l'opinion de chacun sur le sujet, il est impossible de ne pas respecter la croyance de ce grand auteur qui a donné de tout son cœur et sans broncher sa vie et âme dans la conversion des incroyants. Sir Arthur *croit* . Dans son grand esprit, il n'y a *aucun* doute.

C'est un homme brillant, un penseur profond, compétent dans tous les domaines et issu d'une famille talentueuse. Son grand-père, John Doyle, est né à Dublin en 1797. Il a gagné en popularité et en renommée à Londres grâce à ses caricatures de personnalités. Beaucoup de ses dessins originaux sont aujourd'hui conservés au musée sous le titre « H. B. Caricatures. Il mourut en 1868. Un oncle de Sir Arthur était le célèbre « Dicky Doyle », le célèbre dessinateur de *Punch* et concepteur de la couverture familière de ce magazine. Au cours de ses dernières années, il devint un illustrateur de premier plan, réalisant des dessins pour *The Newcomes* en 1853 et devenant particulièrement réussi en illustrant des contes de fées tels que le « Pot de miel » de Hunt, le « Roi de la rivière d'or » de Ruskin et « Les fées » de Montelbas . Contes de toutes les nations. Le fait qu'il ait penché vers le spiritualisme n'est généralement pas connu. Le père de Sir Arthur, Charles A. Doyle, était également un artiste de grand talent, mais pas dans un sens commercial. Sa vie familiale est magnifique et Lady Doyle m'a dit à de nombreuses reprises qu'il ne se met jamais en colère et que sa nature est toujours ensoleillée et douce. Ses enfants sont à cent pour cent des enfants à tous points de vue et il est beau de constater l'affection entre le père, la mère et les enfants. C'est un grand lecteur qui absorbe ce qu'il lit mais il ne croit à ce qu'il voit imprimé *que* si cela est favorable au spiritualisme.

L'amitié entre Sir Arthur et moi remonte à l'époque où je jouais à l'hippodrome de Brighton, à Brighton, en Angleterre. Nous avions correspondu et discuté par courrier de questions concernant le spiritualisme. Il a invité Mme Houdini et moi-même chez les Doyle à Crowborough , en Angleterre, et c'est ainsi qu'une connaissance a commencé et s'est poursuivie depuis. L'amitié honnête est l'un des trésors les plus précieux de la vie et je suis fier de penser que nous avons considéré ce trésor comme sacré à tous égards. Au cours de toutes ces années, nous avons échangé des coupures de presse que nous pensions susceptibles d'être d'intérêt mutuel et avons eu à plusieurs reprises l'occasion d'en discuter en personne. Notre degré d'amitié peut être mieux jugé d'après la lettre suivante de Sir Arthur.


"15 Buckingham Palace Mansion,
S. W. 1", 8 mars 1923.

« Mon cher Houdini :…

Pour l'amour de Dieu, prenez soin de vos cascades dangereuses. Vous en avez fait assez. Je parle parce que je viens d'apprendre la mort de la « mouche humaine ». 77 Est-ce que ça vaut le coup ?

« Très sincèrement,
(Signé) A. CONAN DOYLE . »


Il serait difficile de déterminer à quel moment Sir Arthur et moi avons discuté pour la première fois du spiritualisme, mais depuis cette discussion jusqu'à aujourd'hui, nous ne sommes jamais tombés d'accord sur ce point. Nos points de vue diffèrent ; nous ne croyons pas la même chose. Je sais qu'il traite le spiritualisme comme une religion. Il croit que c'est possible et qu'il peut communiquer avec les morts. Selon son merveilleux cerveau analytique, il en a eu la preuve positive. Il ne fait aucun doute que Sir Arthur est sincère dans ses convictions et c'est cette sincérité qui a été l'un des fondements de notre amitié. J'ai respecté tout ce qu'il a dit et *j'ai toujours été impartial* , car à aucun moment je n'ai refusé de suivre le sujet avec un esprit ouvert. Je ne peux pas en dire autant de lui car il a refusé d'aborder la question d'une autre voix que celle du Spiritualisme et dans tous nos entretiens il n'a cité que ceux qui le favorisaient en tous points, et si on ne le suit pas comme un mouton pendant son enquêtes, il est effacé à jamais en ce qui concerne Sir Arthur. Malheureusement, il utilise le raisonnement si courant parmi les spiritualistes, selon lequel peu importe la fréquence à laquelle les médiums sont surpris en train de tricher, il croit que la seule raison en est qu'ils ont outrepassé leurs limites et ont eu recours à la ruse pour tenter de convaincre. Je me demande si un jour Sir Arthur oubliera qu'il est spiritualiste et argumentera une affaire de supercherie avec la solide logique d'un étranger. Je crois fermement que s'il le fait un jour , il verra et reconnaîtra certaines de ses erreurs. Je suis prêt à croire aux enseignements de Sir Arthur s'il parvient à me convaincre sans l'ombre d'un doute que ses démonstrations sont authentiques.

Il n'y a aucun doute dans mon esprit, Sir Arthur croit implicitement aux médiums avec lesquels il s'est entretenu et il sait positivement, dans son propre esprit, qu'ils sont tous authentiques. Même s'ils sont surpris en train de tricher , il a toujours une sorte d'alibi qui excuse le médium et l'acte. Il insiste sur le fait que les Fox Sisters étaient authentiques, même si Margaret et Katie ont avoué avoir fraudé et expliqué comment et pourquoi elles sont devenues médiums et les méthodes qu'elles ont utilisées pour produire les raps.

« Comme la femme de César – toujours au-dessus de tout soupçon », Hope et Mme Dean passent dans sa catégorie comme de véritables médiums. Il m'a souvent dit que Palladino 78 et Home seraient un jour canonisés pour le grand travail qu'ils ont accompli dans l'intérêt du spiritualisme, même s'ils ont été tous deux dénoncés à maintes reprises. En toute gravité, il me disait : « Regardez ce qu'ils ont fait à Jeanne d'Arc. » Pour Sir Arthur, il s'agit d'un moment des plus sacrés. C'est sa religion, et il me disait invariablement à quel point il était un observateur cool et combien il serait difficile de le tromper, ou de le tromper de quelque manière que ce soit. 79 Il m'a dit qu'il ne croyait pas qu'aucune des "gentilles vieilles médiums" puisse faire quoi que ce soit de mal et qu'il était tout aussi improbable qu'un vieux monsieur, innocent comme un enfant à naître, ait recours à la supercherie. Mais je pense à la célèbre Mme Catherine Nicol et à ses deux filles qui entraient et sortaient continuellement des filets de la loi, cassant généralement la tête de quelques détectives dans le processus. Parmi les « gentilles vieilles dames » médiums, on peut citer un médium éminent de Boston qui fut accusé d'avoir pris illégalement à l'un de ses croyants plus de huit mille dollars en espèces.

Un autre cas est celui d'un médium qui a reçu 1 000 $ d'un homme de Baltimore pour le privilège de discuter quelques minutes avec l'Esprit de sa défunte épouse. Il l'a ensuite poursuivie en justice pour fraude. Plus tard, elle a été exposée lors d'une séance à Paris, mais après quelques années, elle est apparue à New York.

À ce moment-là, Asst. Le procureur de district Krotel a demandé qu'elle soit traduite en justice pour répondre à une accusation de vente d'actions minières californiennes à ses partisans grâce aux conseils de certains esprits désincarnés. Le titre s'est révélé sans valeur.

Il y avait aussi une femme qui fut arrêtée et condamnée pour vagabondage à Seattle et dans de nombreux autres cas, comme celui de Katie King de Philadelphie en 1875 ; cependant, quel que soit le nombre de cas que j'ai cités, cela ne semble pas avoir fait aucune impression sur Sir Arthur.

Je savais depuis un certain temps qu'un certain nombre de personnes voulaient entraîner Doyle dans une controverse. Quand j'ai vu Sir Arthur , je lui ai dit de faire attention à ses déclarations et je lui ai expliqué un certain nombre d'écueils qu'il pouvait éviter. Néanmoins, malgré mes avertissements, il disait : « C'est bon, Houdini, ne t'inquiète pas pour moi, je suis bien capable de prendre soin de moi. Ils ne peuvent pas me tromper. A quoi je répondrais qu'il n'avait aucune idée de la subtilité de certains de ceux qui essayaient d'attirer son feu.

Lorsque j'ai attiré l'attention de Sir Arthur sur le nombre de personnes qui sont devenues folles sur le sujet à cause de la lecture persistante, de la participation continue aux séances et de l'essai d'écriture automatique, sa réponse serait : « Les gens deviennent fous depuis 80 ans, et vous deviendrez fous . Après enquête, je découvre que beaucoup deviennent fous sur d'autres sujets que le spiritualisme. Lorsqu'on lui a rappelé que la plupart de ces personnes entendent des voix et ont des visions, il a nié qu'il s'agisse d'hallucinations et a insisté sur le fait qu'il avait parlé à différents membres de sa famille. 81

Je me souviens de plusieurs cas flagrants dans lesquels la foi de Sir Arthur l'a, je pense, égaré. Un moment particulier, c'était lorsqu'il assistait à une séance publique d'une dame connue sous le nom de « le médium au masque ». Parmi les personnes présentes à l'époque se trouvaient Lady Glenconner , Sir Henry Lunn et M. Sidney A. Mosley, représentant spécial d'un journal.

Selon certaines informations, le médium portait un voile semblable à un « yashmak ». Elle semblait très nerveuse. Un certain nombre d'articles, y compris une bague ayant appartenu au fils décédé de Sir Arthur, furent mis dans une boîte et le médium donna correctement les initiales de la bague, bien que Sir Arthur ait déclaré qu'elles pouvaient difficilement être discernées, même sous un bon éclairage. , ils étaient tellement usés. 82

Plus tard, en décrivant un autre article, le médium a prononcé les mots « Murphy » et « bouton » et il a ensuite été expliqué que « le bouton de Murphy » était un terme d'opération chirurgicale. Elle a déclaré que la personne décrite mourrait des suites de l'opération. Malheureusement, pour le médium, personne présent n'était au courant d'un tel cas et pourtant, *Sir Arthur a qualifié cette séance de très intelligente* . 83

La « Dame masquée » était parrainée par un agent de théâtre et illusionniste et tous les déroulements des séances ont été mis en lumière dans une poursuite contre M. George Grossman et M. Edward Laurillard, producteurs de théâtre, pour recouvrer des dommages-intérêts pour rupture d'accord de placement d'un film. Théâtre du West End à sa disposition.

Les récits de médiums du nom de « Thompson » ont induit plusieurs personnes en erreur. Il y a un Thompson de New York et un Thomson de Chicago. Sir Arthur a eu une séance avec les Thompson de New York et, d'après toutes les coupures de presse que j'ai eues, ils prétendaient avoir ramené sa mère. En fait , il aurait demandé la permission de baiser la main de sa mère.

Les Thomson ont également eu des ennuis à Chicago et à la Nouvelle-Orléans. 84 En fait, j'étais à Chicago lorsque leur procès a eu lieu. J'avais assisté à deux de leurs séances. La première a eu lieu à New York, au Morosco Theatre, et j'ai fait tout ce que je pouvais pour empêcher J. F. Rinns d'interrompre la représentation. La seconde était à Chicago. C'était une séance spéciale donnée après ma représentation au Palace Theatre. J'étais accompagné de H. H. Windsor, éditeur et rédacteur en chef de *Popular Mechanics* ; Oliver R. Barrett, un membre éminent du barreau ; M. Husband Manning, auteur; et Leonard Hicks, un propriétaire d'hôtel bien connu. Parmi les autres personnes présentes à la séance figuraient Cyrus McCormick, Jr., Muriel McCormick et Mme McCormick McClintock. Nous avons été témoins d'un certain nombre de phénomènes insatisfaisants et nous nous sommes ensuite rendus au domicile de Cyrus McCormick et avons discuté de la séance, étant unanimement d'avis qu'il s'agissait d'une fraude flagrante, tout comme j'avais cru que celle de New York l'était.

Au Morosco Theatre de New York, les Thomson ont déclaré en termes généraux qu'ils avaient été testés par Stead et Sir Oliver Lodge et que lors d'une séance spéciale, il était sorti et avait publiquement approuvé Mme Thomson comme étant authentique. La lettre suivante non seulement réfute cette hypothèse, mais explique également les sentiments d'un spiritualiste actif à l'égard des Thomson .

" Normanton " ,
" Lac ",
" Salisbury.
« 7 janvier 1921.

« Cher M. Houdini : –

«C'est un plaisir d'avoir de vos nouvelles et je vous remercie d'avoir posé la question sur les Thomson . J'ai répondu à une ou deux autres questions du même genre, mais je vous serais reconnaissant de bien vouloir faire savoir que toute déclaration dont j'ai garanti l'authenticité est absolument fausse.

« Je ne les ai vus qu'une seule fois, à l'époque où ils s'appelaient Tomson. C'était chez M. Stead, à sa demande urgente. J'ai considéré la représentation comme frauduleuse, mais la preuve n'était pas absolument complète car la perquisition finale n'a pas été autorisée et l'assemblée s'est dispersée dans le désordre, ou du moins avec une certaine chaleur.

« Je me suis senti désolé de ce licenciement, et il est tout à fait possible que Thomson ait sincèrement pensé que j'avais été favorablement impressionné. C'est là un point de vue charitable, mais ce n'est pas le vrai point de vue, et M. Stead était en colère contre moi à cause de mon attitude sceptique. (Il m'a depuis admis, de l'autre côté, qu'il avait tort et que j'avais raison ; abordant le sujet spontanément. Cette dernière déclaration, cependant, ne constitue pas une preuve.)

« Ce dont je voudrais que le public soit assuré, c'est que je n'étais *pas* favorablement impressionné et ne s'est jamais porté garant d'eux de quelque manière que ce soit.

"Je crains de devoir supposer que Thomson en est conscient et n'agit donc pas de bonne foi, car une fois en Angleterre, le même genre de déclaration a été faite, soit à Leicester, soit à Nottingham, je pense, et j'ai écrit à un journal. pour le contredire.

« Avec tous mes vœux, croyez-moi,

« Fidèlement vôtre,
(Signé) « OLIVER LODGE ».


Sir Arthur m'a personnellement dit qu'il était convaincu de l'authenticité des mineurs gallois de Cardiff, ou Thomas Brothers. Stuart Cumberland, qui était infiniment mon supérieur en matière d'enquête (il avait vingt ans d'expérience), m'a dit qu'il n'y avait aucune chance que les frères Thomas soient authentiques et a raconté comment, en raison du grand intérêt que Sir Arthur leur portait, les *Le London Daily Express* les a finalement incités à tenir une séance devant un comité d'enquêteurs. Cumberland devait faire partie du comité , mais les médiums refusèrent de lui permettre d'être « parmi les personnes présentes ». Comme ils refusaient de poursuivre si Cumberland était admis, on a jugé opportun de l'éliminer. Avant de partir, Cumberland a rangé les instruments de musique utilisés et a expliqué au comité d'enquête comment détecter la fraude. Le trait caractéristique de la séance était le passage dans le cercle d'un bouton et d'une paire de bretelles, qui ont été jetés sur les genoux d'un rédacteur en chef présent. Je demande au lecteur sensé quel serait l'avantage de projeter un bouton clairement à travers la pièce et de trouver une paire de bretelles sur le genou d'une gardienne ? S'il y a une leçon de choses à cela, faites-le-moi savoir !

Lors de la séance, on a demandé à Lady Doyle si elle avait froid. En répondant par l'affirmative, une veste hollandaise qui avait été portée par le médium a été laissée tomber sur ses genoux. Les frères Thomas affirmaient que cela avait été fait par les Esprits. La séance terminée, le médium fut retrouvé attaché, mais sans son manteau.


Lorsque j'ai interrogé Sir Arthur sur la manière dont les frères Thomas de Cardiff étaient attachés lors d'une séance à laquelle il assistait, il m'a dit qu'ils étaient si étroitement attachés qu'il leur était impossible de bouger car ils étaient absolument impuissants. Je lui ai répondu que cela n'était pas authentique, car de nombreux médiums avaient été liés de la même manière et avaient réussi à se libérer. Il m'a répondu que je pourrais peut-être me libérer par des moyens naturels, mais que les médiums ne sont pas obligés de le faire, car ils reçoivent toujours une aide spirituelle. Peut -être, mais j'aimerais un jour les attacher moi-même et voir si les Esprits pourraient les relâcher dans des conditions de test. 85

J'ai rappelé à Sir Arthur les frères Davenport et j'ai attiré son attention sur le fait qu'ils avaient pu se libérer. Sir Arthur est très attaché à l'affaire des frères Davenport et bien que je lui ai dit et lui ai prouvé que j'étais un élève d'Ira Erastus Davenport 86 et qu'Ira m'a personnellement dit qu'ils ne prétendaient pas être spiritualistes et que leurs performances étaient non donné au nom du spiritualisme, Sir Arthur insiste sur le fait qu'ils *étaient* spiritualistes et a fermement déclaré que s'ils faisaient leurs performances sous un autre nom, alors Ira était « non seulement un menteur, mais un blasphémateur alors qu'il se promenait avec M. Ferguson »., un ecclésiastique, et il a tout mélangé avec la religion.

Je tiens à déclarer officiellement qu'à ma connaissance, je n'ai jamais déclaré que Sir Arthur approuvait la médiumnité des Thompson de New York. J'ai dit qu'il y avait des articles d'une pleine page 87 dans lesquels il était illustré comme acceptant l'authenticité de la matérialisation de sa mère. Je n'ai jamais prétendu que le fils ou le frère de Sir Arthur était passé par les médiums Thomas à Cardiff. J'ai déclaré que Sir Arthur avait dit qu'ils étaient authentiques et qu'eux, les médiums, étaient incapables de bouger parce qu'il les avait attachés et, à son avis, s'ils étaient attachés en ma présence, je serais convaincu de leur authenticité. Je souhaite attirer l'attention sur le fait que dans une lettre écrite par feu Stuart Cumberland, il a convenu avec moi qu'il n'y avait aucun vestige de vérité dans la médiumnité des frères Thomas, et concernant l'approbation de Sir Arthur de la « Dame masquée », Je n'ai pas dit qu'il la soutenait, même si je devrais juger d'après les articles des journaux qu'il semblait très impressionné.

Sir Arthur m'a rarement donné l'occasion de nier ou d'affirmer une quelconque déclaration. En fait, l'un de nos points sensibles de discussion a été la question d'être cité, ou mal cité, dans les journaux ou les périodiques et il semble que Sir Arthur croit toujours tout ce que j'ai dit comme ayant été cité. Quand j'étais à Oakland, en Californie, j'ai été interviewé par un certain M. Henderson de l' *Oakland Tribune* . Je lui ai donné du matériel sur lequel travailler, suffisamment pour un article à partir duquel, à ma grande surprise, il a écrit une série de huit articles élargissant et citant de manière erronée au « nième » degré. Sir Arthur s'est indigné d'un certain nombre de déclarations que j'étais censé avoir faites et il y a répondu de manière caustique par la presse et m'a ensuite envoyé la lettre d'explication suivante.

« L'AMBASSADEUR
» Los Angeles

« 23 mai 1923.

« Mon cher Houdini :…

« J'ai dû vous traiter un peu durement dans l' *Oakland Tribune* parce qu'ils m'ont envoyé un long article entre guillemets, donc c'est sûrement exact. C'est tellement plein d'erreurs que je ne sais pas par où commencer. Je ne peux pas imaginer pourquoi vous dites des choses aussi folles qui n'ont aucun fondement réel. Je considère les Thompson comme des imbéciles. Je n'ai jamais entendu parler de mon fils ou de mon frère par l'intermédiaire des frères Thomas. Ils n'ont jamais été exposés. Je n'ai jamais dit que Masked Medium était authentique. J'aimerais que vous vous référiez à moi avant de publier des propos aussi injurieux que je dois totalement contredire. Je vous raconterais toujours les faits exacts comme je l'ai fait avec les Zancig .

« Cordialement,
» A. Conan Doyle.

«Je déteste me disputer avec un ami en public, mais que puis-je faire quand vous dites des choses qui ne sont pas correctes et que je dois contredire, sinon elles passent par défaut. C'est la même chose avec tous ces trucs ridicules de Rinn . À moins que je ne le réfute, les gens imaginent que c'est vrai.

"UN. C.D. »

À l'invitation écrite de Sir Arthur et de Lady Doyle, Mme Houdini et moi leur avons rendu visite alors qu'ils s'arrêtaient à l'hôtel Ambassador à Atlantic City. Un jour, alors que Sir Arthur, Mme Houdini et moi étions assis sur le sable en train de jouer avec les enfants, Sir Arthur s'est excusé en disant qu'il allait faire sa sieste habituelle l'après-midi. Il nous a quittés mais est revenu peu de temps après et a dit : « Houdini, si vous êtes d'accord, Lady Doyle vous donnera une séance spéciale, car elle a le sentiment qu'elle pourrait faire passer un message. En tout cas, elle est prête à essayer, » et se tournant vers Mme Houdini, il dit : « nous aimerions être seuls. Cela ne vous dérange pas si nous faisons l'expérience sans vous. En souriant, ma bonne petite épouse dit : « Certainement pas, allez-y, Sir Arthur ; Je laisserai Houdini à votre charge et je sais qu'il sera prêt à assister à la séance. Doyle a déclaré: "Vous comprenez, Mme Houdini, que ce sera un test pour voir si nous pouvons faire passer un Esprit pour Houdini, et les conditions pourraient s'avérer meilleures si aucune autre force n'est présente."

Avant de partir avec Sir Arthur, Mme Houdini m'a fait signe. Nous avons fait une seconde vue ou une performance mentale il y a des années et utilisons toujours un système ou un code par lequel nous pouvons nous parler en présence des autres, même si, selon toutes les apparences extérieures, nous ne faisons que parler, montrer du doigt ou faire les choses les plus innocentes. mais qui ont pour nous des significations différentes.

De cette manière, Mme Houdini m'a dit que la nuit précédente, elle avait parlé en détail avec Lady Doyle du grand amour que je portais à ma mère . Elle lui a raconté un certain nombre de cas, comme mon retour à la maison après de longs voyages, parfois aussi loin que l'Australie, et le fait de passer des mois avec ma mère et de ne porter que les vêtements qu'elle m'avait donnés, parce que je pensais que cela lui plairait. et donne-lui du bonheur. Ma femme a également remarqué mon habitude de poser ma tête sur le sein de ma mère pour entendre son cœur battre. Juste de petites particularités qui comptent tellement pour une mère et son fils quand ils s'aiment comme nous.

J'ai accompagné Sir Arthur jusqu'à la suite des Doyle . Sir Arthur baissa les stores de manière à exclure la lumière vive. Nous trois, Lady Doyle, Sir Arthur et moi, étions assis autour de la table sur laquelle se trouvaient plusieurs crayons et un bloc-notes, posant nos mains sur la surface de la table.

Sir Arthur commença la séance par une prière pieuse. J'avais décidé que je serais aussi religieux que possible et à aucun moment je ne me suis moqué de la cérémonie. J'ai exclu toutes les pensées terrestres et j'ai consacré toute mon âme à la séance.


J'étais *prêt* à croire, je *voulais même* croire. Cela me faisait bizarre et, le cœur battant, j'attendais, espérant pouvoir ressentir à nouveau la présence de ma Mère bien-aimée. S'il y a jamais eu un fils qui idolâtrait et adorait sa mère , dont toutes les pensées étaient pour son bonheur et son confort, ce fils était moi-même. Ma mère représentait ma vie, son bonheur était synonyme de ma tranquillité d'esprit. C'est pour cette raison, au moins, que je voulais accorder ma plus grande attention à ce qui se passait. Cela signifiait pour moi un soulagement de toute la douleur que j'avais dans mon cœur. Je voulais surtout parler à ma Mère, car ce jour-là, *le 17 juin* 1922, c'était son anniversaire. 90 J'étais déterminé à embrasser le spiritualisme s'il existait des preuves suffisamment solides pour apaiser les doutes qui ont rempli mon esprit au cours des trente dernières années.

Actuellement, Lady Doyle fut « saisie par un Esprit ». Ses mains tremblaient et frappaient la table, sa voix tremblait et elle appelait les Esprits pour lui transmettre un message. Sir Arthur essaya de la calmer, lui demanda de se retenir, mais sa main cogna sur la table, tout son corps trembla et finalement, faisant une croix en tête de page, il se mit à écrire. Et tandis qu'elle terminait chaque page, Sir Arthur déchirait la feuille et me la tendait. Je suis resté serein pendant tout cela, espérant et souhaitant pouvoir ressentir la présence de ma mère. Il n'y en avait même pas un semblant. Quiconque a déjà eu une Mère adoratrice et a perdu le contact terrestre connaît le sentiment qui l'envahira à la pensée de sentir sa présence.

La lettre qui suit, censée provenir de ma Mère , je ne peux, autant que je le désire, l'accepter comme ayant été écrite ou inspirée par l'âme ou l'Esprit de ma douce Mère.

« Oh, ma chérie, Dieu merci, Dieu merci, j'ai enfin fini – j'ai essayé, oh, si souvent – maintenant je suis heureuse. Eh bien, bien sûr, je veux parler à mon garçon – mon propre garçon bien-aimé – Mes amis, merci, de tout mon cœur pour cela.

« Vous avez répondu au cri de mon cœur – et du sien – que Dieu le bénisse – mille fois pour toute sa vie pour moi – jamais une mère n'a eu un tel fils – dites-lui de ne pas s'affliger – il aura bientôt toutes les preuves dont il a besoin. a tellement hâte de... Oui, nous le savons... dites-lui que je veux qu'il essaie d'écrire dans sa propre maison. Ce sera bien mieux.

«Je travaillerai avec lui - il m'est tellement, si cher - je lui prépare une maison si douce dans laquelle un jour, au bon moment de Dieu, il y viendra, est une de mes grandes joies préparer notre avenir. »

« Je suis si heureuse dans cette vie – elle est si pleine et joyeuse – ma seule ombre est que mon bien-aimé ne sait pas combien de fois j'ai été avec lui tout ce temps, tout ce temps – ici, loin de la chérie de mon cœur. – combinant ainsi mon travail dans ma vie.

"C'est si différent ici, tellement plus grand et plus grand et plus beau - si élevé - toute douceur autour de soi - rien qui fasse mal et nous voyons nos bien-aimés sur terre - c'est une telle joie et un tel réconfort pour nous - Dis-lui que je je l'aime plus que jamais — les années ne font que l'augmenter — et sa bonté remplit mon âme de joie et de reconnaissance. Oh, juste ça, c'est *moi* . Je veux seulement qu'il sache que... que... j'ai comblé le gouffre... c'est ce que je voulais, oh, tellement… Maintenant je peux reposer en paix… dans combien de temps… »

« Je lis *toujours* dans l'esprit de mon fils bien-aimé – son cher esprit – il y a tant de choses que j'ai envie de lui dire – mais – je suis presque submergé par cette joie de lui parler une fois de plus – c'est presque trop de choses à dire – le joie - merci, merci, mon ami, de tout mon cœur pour ce que vous avez fait pour moi ce jour - que Dieu vous bénisse aussi, Sir Arthur, pour ce que vous faites pour nous - pour nous, ici - qui nous devons donc entrer en contact avec nos bien-aimés sur le plan terrestre… »

« Si seulement le monde savait cette grande vérité : à quel point la vie serait différente pour les hommes et les femmes. Continuez, que rien ne vous arrête. Grande sera votre récompense par la suite. Au revoir. Je vous ai réunis, Sir Arthur et mon fils. Je sentais que tu étais le seul homme qui pouvait nous aider à percer ce voile - et j'avais raison - Bénis-le, bénis-le, bénis-le, dis-je du plus profond de mon âme - il remplit mon cœur et plus tard nous serons ensemble —Oh, tellement heureux—un bonheur l'attend dont il n'a jamais rêvé—dis-lui que je suis avec lui—dis-lui juste que je lui ferai bientôt savoir à quel point je suis proche pendant tout ce temps—ses yeux vont bientôt s'ouvrir—Bien -à nouveau – la bénédiction de Dieu sur vous tous.

Dans le cas de ma séance, Sir Arthur pensait qu'en raison de la grande excitation, il s'agissait d'un lien direct.

J'hésite d'autant plus à croire et à accepter la lettre ci-dessus que, bien que ma sainte mère ait été en Amérique pendant près de cinquante ans, elle ne savait ni parler, ni lire ni écrire l'anglais, mais les spiritualistes prétendent que lorsqu'un médium est possédé par un Esprit qui ne parle pas la langue, elle écrit, parle ou chante automatiquement dans la langue du défunt ; cependant, Sir Arthur m'a dit qu'un Esprit devient plus instruit à mesure qu'il s'en va et que ma bienheureuse Mère avait pu maîtriser la langue anglaise au Ciel.

Après que la prétendue lettre de ma mère eut été écrite et que je l'eus relue très attentivement, Sir Arthur me conseilla de suivre le conseil donné par ma mère, d' essayer d'écrire une fois rentré à la maison.


J'ai pris un crayon au hasard et j'ai dit : « Y a-t-il une manière particulière dont je dois tenir ce crayon lorsque je veux écrire, ou est-ce qu'il écrit automatiquement ? *J'ai ensuite écrit le nom de « Powell » entièrement de ma propre volonté.* Sir Arthur se leva avec enthousiasme et lut ce que je venais d'écrire. Il vit le mot « Powell » et dit : « Les Esprits vous ont dirigé en écrivant le nom de mon cher partenaire de combat dans le spiritualisme, le Dr Ellis Powell, qui vient de mourir en Angleterre. Je suis la personne à qui il est le plus susceptible de faire signe, et voici son nom qui passe entre vos mains. En vérité, Saül est parmi les prophètes.

Je dois souligner avec insistance que ce nom a été écrit entièrement de ma propre volonté et en pleine conscience. J'avais en tête mon ami Frederick Eugene Powell, le magicien américain, avec qui, à l'époque, j'avais beaucoup de correspondance au sujet d'une proposition commerciale qui a depuis été consommée. Il n'y a pas le moindre doute qu'il s'agisse de plus qu'une mystification délibérée de ma part, ou disons un mot plus gentil concernant mes pensées et appelons cela une « coïncidence ».

Quelques jours plus tard, Sir Arthur m'a envoyé la lettre suivante en référence à mon explication de l'écriture du nom « Powell ».

« L'Ambassadeur,
New York,
20 juin 1922.

« Mon cher Houdini :…

« … Non, l'explication de Powell ne suffira pas. Non seulement c'est lui qui voudrait m'avoir, mais le soir, Mme M., la médium, a reçu : « il y a un homme ici. Il veut dire qu'il est désolé d'avoir dû parler si brusquement cet après-midi. Le message a ensuite été interrompu par votre mère message renouvelé et nous n'avons donc pas de nom. Mais cela me confirme dans la conviction que c'était Powell. Cependant, vous testerez sans aucun doute vos pouvoirs davantage.

(Signé) « A. Conan Doyle.

J'avais écrit un article pour le *New York Sun*, le 30 octobre 1922, qui donnait mon point de vue en référence au spiritualisme et répondait en même temps au défi lancé par l'Assemblée générale des spiritualistes de l'État de New York. Ce fait avait été porté à l'attention de Sir Arthur, qui écrivit ce qui suit :

«Windlesham,
Crowborough ,
Sussex.

19 novembre 1922.

« Mon cher Houdini :…

"Ils m'ont envoyé votre article au *New York Sun* et voulaient sans aucun doute que j'y réponde, mais je n'ai aucune envie de m'entraîner avec un ami en public, alors je n'y ai pas prêté attention.

« Mais néanmoins, cela me faisait plutôt mal. Vous avez tout à fait le droit d'avoir votre propre opinion, mais lorsque vous dites que vous n'avez aucune preuve de survie, vous dites ce que je ne peux pas concilier avec ce que j'ai vu de mes propres yeux. Je connais, par de nombreux exemples, la pureté de la médiumnité de ma femme, et j'ai vu ce que vous avez obtenu et quel effet a été sur vous à ce moment-là. Vous savez aussi que vous avez immédiatement écrit, de votre propre main, le nom de Powell, le seul homme dont on pouvait s'attendre à ce qu'il communique avec moi. À moins que vous ne plaisantiez en disant que vous n'étiez pas au courant de la mort de ce Powell, alors c'était sûrement une preuve, car l'idée que parmi tous vos amis vous aviez eu la chance d'écrire le nom de celui qui correspondait exactement, serait sûrement trop merveilleuse. une coïncidence.

« Cependant, je ne me propose plus d'aborder ce sujet avec vous, car je considère que vous avez eu vos preuves et que la responsabilité d'accepter ou de refuser vous incombe. Car il *s'agit* d'une responsabilité bien réelle et durable. Mais je l'ai enfin, car j'ai fait de mon mieux pour vous dire la vérité. Je vous enverrai cependant mon petit livre sur la fraude perpétrée contre Hope, mais ce sera mon dernier mot à ce sujet. En attendant, il existe bien d'autres sujets sur lesquels nous pouvons tous nous retrouver dans des conversations amicales.

« Très sincèrement,<br>
( Signé) « A. Conan Doyle.

Ce à quoi j'ai répondu : -

« 15 décembre 1922.

« Sir Arthur Conan Doyle,
Windlesham,
Crowborough ,
Sussex.

« Mon cher Sir Arthur :...

mon article dans le *New York Sun*. Vous écrivez que vous avez très mal. J'espère que ce n'est pas mon cas, car vous, ayant été honnête et viril toute votre vie, devez naturellement admirer les mêmes traits chez les autres êtres humains.

« Je sais que vous êtes honorable et sincère et je pense que je vous dois une explication concernant la lettre que j'ai reçue des mains de Lady Doyle.

«J'étais de tout cœur d'accord et de sympathie lors de cette séance, mais la lettre était entièrement écrite en anglais et ma sainte Mère ne savait pas lire, écrire ou parler la langue anglaise. Je n'ai pas voulu en discuter à ce moment-là à cause de mon émotion en essayant de sentir la présence de ma Mère , si cela était possible, pour me faire taire jusqu'à ce que le temps passe et que je puisse en tirer la déduction appropriée.

« Concernant le fait que j'ai écrit le nom « Powell ». Frederick Eugene Powell est un de mes très chers amis. Il venait de subir deux opérations graves. De plus, Mme Powell a eu un accident vasculaire cérébral paralysant à ce moment-là. J'avais avec lui des relations d'affaires qui nécessitaient une grande correspondance ; donc, naturellement, son nom était au premier plan dans mon esprit et je ne peux pas me forcer à croire que ma main ait été guidée par votre ami. C'était juste une coïncidence.

« J'espère que la résolution de la séance est satisfaisante à mon avis et que vous n'éprouvez aucun ressentiment, car je tiens Lady Doyle et vous-même dans la plus haute estime. Je sais que vous considérez cela comme une religion, mais personnellement, je ne peux pas le faire, car jusqu'à présent, je n'ai jamais vu ni entendu quoi que ce soit qui puisse me convertir.

« En espérant que vous accepterez ma lettre avec le même sentiment d'honnêteté et de bonne foi telle qu'elle a été écrite.

« Avec mes meilleurs vœux à Lady Doyle, à vous-même et à la famille à laquelle Mme Houdini se joint,

« Cordialement,<br>( Signé) « Houdini ».

En janvier 1923, le *Scientific American* lança un défi de 2 500 $. à la première personne à réaliser une photographie psychique dans des conditions de test. Un supplément de 2 500 $. a été proposé à la première personne qui, dans les conditions de test définies et à la satisfaction des juges nommés, a produit une manifestation psychique objective du caractère physique tel que défini, et de telle sorte qu'un enregistrement instrumental permanent puisse être établi de son apparition.

Les comités nommés étaient les suivants : Dr William McDougall, D.Sc., professeur de psychologie à Harvard ; Daniel Frisk Comstock, Ph.D., ancien membre de la faculté du Massachusetts Institute of Technology ; Walter Franklin Prince, Ph.D., agent de recherche principal pour le S.P.R. ; Hereward Carrington, Ph.D., enquêteur psychique ; J. Malcolm Bird, membre du personnel de Scientific American ; et moi-même. 91

La lettre de Sir Arthur est explicite.


«Windlesham,
Crowborough ,
Sussex.» 1er janvier 1923.

« Mon cher Houdini :

« … Je vois que vous faites partie du comité Scientific American, mais comment peut-on le qualifier de comité impartial alors que vous vous êtes engagé à faire des déclarations telles que que certains spiritualistes décèdent avant de réaliser à quel point ils ont été trompés, etc. ? Vous avez tout à fait le droit d'avoir une telle opinion, mais vous ne pouvez pas siéger ensuite à un comité impartial. Cela devient immédiatement biaisé. Ce que je voulais, c'était cinq hommes bons et lucides, capables d'y parvenir sans aucun préjugé, comme la Dialectical Society 92 de Londres, qui a unanimement approuvé le phénomène.

« Encore une fois toutes mes salutations,

( Signé) « A. CONAN DOYLE ».


Les 21, 22 et 24 mai, le *Scientific American* a organisé ses premières séances d'essai. Les assistants permanents étaient M. Walker, M. Lescurboura , M. J. Malcolm Bird de la rédaction du *Scientific American* , M. Owen du *Times* , M. Granville Lehrmann de l'American Telephone and Telegraph et Richard I. Worrell, *un ami* du médium. Drs. Carrington et Prince du Comité des juges ont siégé lundi. Le Dr Prince et moi-même jeudi. Mardi, le Comité était représenté par M. Frederick Keating, prestidigitateur.

Le médium, un homme du nom de George Valentine de Wilkes-Barre, Pennsylvanie, a affirmé être authentique. Il a été piégé en étant assis sur une chaise disposée de telle sorte que, lorsqu'il s'est levé, un dispositif d'éclairage électrique a été fixé dans la pièce voisine, ainsi que des dictographes et un bouton au phosphore. De l'avis du Comité, M. Valentine n'était qu'un simple escroc ordinaire.

Lady Doyle, Miss Juliet Karcher , Mme Houdini, Sir Arthur et moi déjeunions au Royal Automobile Club de Londres, le 11 mai 1920, et Sir Arthur a attiré l'attention sur le fait que quelques jours auparavant, ils étaient assis au même table avec un médium puissant, et il me dit d'un ton très sérieux, ce qui fut corroboré par Lady Doyle, que la table commençait à bouger dans tous les sens au grand étonnement du serveur, qui n'était pas conscient de la proximité de la table. moyen.

Pendant tout le temps qu'il racontait cela, je l'ai observé attentivement et j'ai vu que lui et Lady Doyle étaient très sincères et croyaient que ce qu'ils m'avaient dit était un fait réel.

Il y a des moments où je doute presque de la sincérité de certaines *déclarations de Sir Arthur* , même si je ne doute pas de la sincérité de ses convictions.

J'ai parcouru un certain nombre de lettres que j'ai reçues de Sir Arthur au cours des dernières années et j'ai sélectionné les extraits suivants qui montrent son point de vue sur bon nombre des questions dont nous avons discuté.

« Je ne suis pas surpris qu'ils vous traitent d'occultiste. En lisant les comptes , je ne vois pas comment vous faites. Vous devez être un homme courageux et exceptionnellement adroit.

"La façon dont vous sortez des combinaisons de plongée me bat, mais tout cela me bat complètement."

«J'ai parlé des frères Davenport. Votre parole à ce sujet, connaissant, comme vous le savez, l'homme et les possibilités de son art, serait définitive.

« Tu es pour moi un mystère perpétuel. Sans aucun doute, vous l'êtes pour tout le monde.

« Sous un bon jour, j'ai vu ma mère décédée aussi clairement que je ne l'ai jamais vue de mon vivant. Je suis un observateur cool et je ne fais pas d'erreurs. C'était merveilleux, mais cela ne m'a rien appris que je ne savais auparavant.

«Nos meilleurs souvenirs à votre femme et à vous-même. Pour l'amour de Dieu, soyez prudent dans vos exploits effrayants. Vous devriez pouvoir prendre votre retraite maintenant.

« Ces clairvoyants dont je vous ai donné les noms sont des agents passifs en eux-mêmes et impuissants. S'ils sont laissés à eux-mêmes, ils devinent et confondent – comme ils le font parfois, lorsque le véritable lien est établi, tout est clair. Cette connexion dépend des forces extérieures, qui sont repoussées par la frivolité ou la curiosité mais agissent sous l'impulsion de la sympathie.

"Je vois que vous en savez beaucoup sur le côté négatif du spiritualisme."

« Si vous pensez à un ami perdu avant d'aller à une séance et que vous faites une prière pour pouvoir le contacter, vous aurez une chance, sinon aucune. Cela dépend vraiment des vibrations et des harmonies psychiques ou mentales.

« Je crains qu'il y ait beaucoup de fraudes parmi les médiums américains où le spiritualisme semble être tombé en discrédit à juste titre. Même lorsqu'il est authentique, il est utilisé à des fins boursières et à d'autres fins mondaines. Pas étonnant qu'il ait sombré dans le pays même qui a été honoré par les premières manifestations spirituelles de la série.

"Vous possédez certainement des pouvoirs très merveilleux, qu'ils soient innés ou acquis."

"Je vous envie le privilège d'avoir rencontré Ira Davenport."

« La plupart de nos grands médiums sont actuellement des amateurs non rémunérés, inaccessibles à quiconque sauf aux spiritualistes. »

"Quelque chose *doit* arriver à vous si vous persévérez vraiment et si vous ne pensez plus que vous devez le suivre comme un terrier suit un rat."

« L'harmonie mentale n'abroge en rien le bon sens. »

« J'ai entendu parler de votre exploit remarquable à Bristol. Mon cher, pourquoi parcourez-vous le monde pour chercher une démonstration de l'occulte alors que vous en donnez une tout le temps ?

"Je *sais que* Hope est un vrai médium et je vous donnerai mes raisons lorsque je le traiterai, mais vous ne pouvez donner à personne un chèque en blanc pour son honnêteté à chaque occasion particulière, s'il y a une tentation de se protéger lorsque le pouvoir psychique est faible est une question question à considérer. Je suis pour une honnêteté sans compromis, mais aussi pour un examen approfondi basé sur de vraies connaissances.

«Je suis amusé par votre enquête avec la Society for Psychical Research. N'ont-ils jamais pensé à enquêter sur vous ?

"C'était bien de votre part de donner un spectacle à ces pauvres invalides et vous vous retrouverez bien dans la troisième sphère avec votre chère épouse, un monde sans fin, quoi que vous croyiez."

"L'incrédulité me semble être une sorte de folie dans les circonstances." C'était en référence à certaines photographies d'ectoplasme que j'avais interrogées.

"Ce discours sur le "faux" est dans la plupart des cas absurde et montre notre propre connaissance imparfaite des conditions et des méthodes des contrôles, qui prennent souvent des raccourcis pour arriver à leurs fins, sans aucun égard pour notre idée critique."

«Nos adversaires parlent d'un échec et omettent une grande série de succès. Cependant, la vérité l'emporte et il reste beaucoup de temps.

"Je ne laisse jamais un journaliste s'en tirer en toute impunité si je peux l'aider." 93


« Nos relations sont certainement curieuses et risquent de le devenir davantage, car aussi longtemps que vous attaquerez ce que *je sais* par expérience comme étant vrai, je n'ai d'autre choix que de vous attaquer à mon tour. Combien de temps une amitié privée peut-elle survivre à une telle épreuve, je ne le sais pas, mais au moins je n'ai pas créé cette situation.

« Parmi les spiritualistes, vous avez la réputation d'être un ennemi aux préjugés amers qui créerait des ennuis si cela était possible – je sais que ce n'est pas le cas. »

À la page 150 du livre de Sir Arthur « Our American Adventure », il dit :

« Houdini ne fait pas partie de ces hommes superficiels qui s'imaginent pouvoir expliquer les phénomènes spirituels comme des astuces de salon, mais il conserve un esprit ouvert – et toujours, je pense, plus réceptif – envers les mystères qui dépassent son art. Il comprend, je l'espère, que pour obtenir la vérité en la matière, vous n'avez pas besoin de siéger comme un sanhédrin de jugement, comme le Cercle des Conjurateurs à Londres, puisque la vérité spirituelle ne se présente pas comme un coupable devant un barreau, mais vous devez vous soumettre en toute connaissance de cause. ayez un esprit humble face aux conditions psychiques et continuez ainsi, faisant le plus de progrès à genoux.

Sir Arthur m'a répété à maintes reprises que toute sa vie est basée sur le sujet du spiritualisme et qu'il a sacrifié certaines des meilleures années de sa vie à l'amélioration et à la propagation de cette cause qui, en raison de sa sincérité, est une belle foi. 94 Mais à mon avis, convaincre les personnes récemment endeuillées de la possibilité et de la réalité de communiquer avec leurs proches n'est pas un « sacrifice ». Pour moi, les pauvres adeptes qui souffrent et cherchent ardemment un soulagement à la douleur cardiaque qui suit le décès d'un être cher sont le « sacrifice ».

Sir Arthur pense que je possède de grands pouvoirs médiumniques et que certains de mes exploits sont accomplis avec l'aide d'esprits. Tout ce que je fais est accompli par des moyens matériels, humainement possibles, aussi déroutants que cela puisse paraître au profane. Il dit que je n'entre pas dans une séance dans le bon état d'esprit, que je devrais être plus soumis, mais dans toutes les séances auxquelles j'ai assisté, je n'ai jamais ressenti de sentiment d'antagonisme. Je n'ai aucune envie de discréditer le spiritualisme ; Je n'ai pas de guerre avec Sir Arthur ; Je n'ai pas de combat avec les Spirites ; mais je crois qu'il est de mon devoir, pour le bien de l'humanité, de présenter franchement au public les résultats de ma longue enquête sur le spiritualisme. Je suis prêt à être convaincu ; mon esprit est ouvert, mais la preuve doit être telle qu'elle ne laisse aucun doute sur le fait que ce qui est prétendu être fait n'est accompli que par ou par un pouvoir surnaturel. Jusqu'à présent , je n'ai jamais, à aucune occasion, dans toutes les séances auxquelles j'ai assisté, rien vu qui puisse m'amener à attribuer à une performance médiumnique une aide surnaturelle, ni rien vu qui m'ait convaincu qu'il est possible de communiquer avec ces personnes. qui sont sortis de cette vie. Je ne suis donc pas d'accord avec Sir Arthur.

---

# CHAPITRE X
## POURQUOI L'ECTOPLASME ?

DES ANNÉES se sont écoulées depuis ma première rencontre avec l'hon. Everard Feilding! Plusieurs fois au cours de ces années, j'ai discuté du spiritualisme avec lui et personne n'a jamais été plus intéressé que lui par les résultats de mes recherches et de mon étude et c'est grâce à son aide que j'ai pu enquêter personnellement sur la célèbre Eva Carrière, mieux connue peut-être sous le nom de Mlle. Éva.

Un soir du printemps 1920, lors d'un dîner tranquille chez lui à Londres, la conversation dériva vers Ectoplasm. J'ai dit à M. et Mme 95 Feilding qu'ils avaient assisté à une réunion dominicale du London Psychical College grâce à la courtoisie de Hewat McKenzie. Lors de cette réunion Mme. Bisson et Mlle. Eva a été présentée par Fornieur d'Albé et Mme. Bisson, tout en prononçant un discours impromptu, a saisi l'occasion pour exprimer son ressentiment face à l'attaque d'un magicien français et pour expliquer sur un ton sans équivoque son antagonisme envers les prestidigitateurs.

M. Feilding m'a assuré que j'avais raison quant à son antipathie envers les magiciens et a suggéré que la seule façon pour moi d'espérer assister à l'une de ses séances était de convaincre le médium que je n'appartenais pas à la classe des prestidigitateurs biaisés, et a proposé comme moyen pour atteindre ce but, une soirée théâtrale pour voir ma représentation et ainsi permettre à Mme. Bisson et Mlle. Eva juge par elle-même. Cela a été arrangé et le soir où ils sont venus me voir au théâtre, j'ai fait le mystère de la cellule de torture, dans lequel je suis complètement immergé, la tête en avant, dans un réservoir d'eau, et il est physiquement impossible d'obtenir de l'air en étant enfermé dans le appareil. Ils étaient tellement intrigués qu'ils ont exprimé le désir d'assister à une autre de mes représentations dans un avenir proche. Je venais de relever le défi de m'échapper d'une caisse qui devait être construite sur scène par des menuisiers expérimentés et pensant que ce serait une performance intéressante pour Mme. Bisson à témoin. Je lui ai adressé une invitation et j'ai reçu la lettre suivante en réponse.

« 19 mai 1920.

« Cher M. Houdini :

« Nous, Mademoiselle. Eva et moi serons ravis de vous voir à la représentation dont vous m'avez parlé, mercredi prochain. Puisque vous avez eu la grande gentillesse de nous offrir plusieurs billets, cela me fait grand plaisir de les accepter, et si vous le souhaitez, vous pouvez nous en envoyer quatre, car nous espérons nous joindre aux applaudissements avec M. et Mme Feilding.

« Je souhaite aussi vous dire autre chose !

« Vous savez que nous donnons ici des séances montrant les phénomènes de matérialisation. Ce ne sont pas des études spirituelles. Ils sont scientifiques.

« Cela intéresserait M. Feilding et nous-mêmes d'avoir à nos séances un maître dans l'art de la prestidigitation, mais j'ai toujours refusé d'admettre chez moi un prestidigitateur ordinaire, ou même de plus haut rang. Notre travail est sérieux et réel, et le don de Mlle. Eva pourrait disparaître à jamais si un individu maladroit persiste à penser qu'il s'agit d'une fraude, au lieu de faits réels et intéressants, qui intéressent particulièrement les scientifiques.

« Pour vous cela ne tient pas ! Vous êtes au-dessus de tout cela. Vous êtes un acteur magnifique, qui ne peut se qualifier de prestidigitateur, titre au-dessous d'un homme de votre talent.

«Je serai donc (plutôt nous serons) fiers de vous voir assister à nos séances et de vous entendre nous dire à tous, après avoir été vous-même pleinement convaincu, que leur mérite est bien inférieur au vôtre, car ces manifestations dépendent simplement de la permission du les forces de la nature à agir et se situent simplement dans la vérité des faits. Alors que chez vous, c'est votre mérite, votre talent et votre valeur personnelle qui vous ont permis d'accéder à la place de Roi dans votre art.

« Avec mes sincères et distinguées salutations à Mme. Houdini et vous-même,

( Signé) Juliette Bisson.

(Traduit.)


Lorsque j'ai montré cette lettre à M. Feilding, il a été à la fois surpris et heureux car cela lui a donné l'occasion de m'inviter à faire partie du comité chargé d'enquêter sur Mme. Bisson et Mlle. Les séances d'Eva devaient être organisées par la Société pour la Recherche Psychique, et ainsi, à l'invitation combinée des médiums et de M. Feilding, j'y ai assisté huit. Chacun d'eux a duré trois heures et je crois fermement qu'une description d'eux et de leurs résultats est important.

Lors de ces séances, ma parole s'engageait à donner des pensées pleines et sacrées et j'essayais de contrôler mes pensées afin que toute mon attention puisse être portée sur le médium. Il n'y avait pas de moquerie et il y avait la volonté de croire. Je sentais que si quelque chose était manifesté par les

Esprits, ma conscience serait claire. Cependant, je restais assis les yeux ouverts, observant même les détails les plus infimes et me méfiant de toute supercherie. Plusieurs fois, j'ai occupé une chaise de « contrôle » à la gauche de la médium, son membre gauche entre les miens et mes deux mains tenant sa main et son poignet gauches, tandis qu'Eric Dingwall occupait le siège du Comité à sa droite. Eva était accompagnée à toutes les séances par Mme. Bisson et la méthode de procédure étaient toujours les mêmes. Après qu'Eva ait été déshabillée et fouillée dans une pièce voisine par les dames membres du Comité, elle revint vêtue de collants et Mme. Bisson la plongeait alors dans un sommeil hypnotique. Il ne fait aucun doute dans mon esprit que la jeune fille a vraiment été endormie. Il nous a été demandé de nous joindre tous pour lui demander à l'unisson pendant environ quinze minutes à chaque crise de « donner » – « donner » – puis, après environ trois heures, elle produirait ce prétendu ectoplasme.

Lors d'une des séances, l'hon. Feilding a insisté pour qu'Eva mange des crackers et boive du café, de sorte que si elle avait quelque chose de caché dans son estomac, qu'elle pourrait expulser par régurgitation, le café le décolorerait.

La séance du 22 juin 1920 a eu lieu au 20 Hanover Square, à Londres. Mme. Bisson et Eva se retirèrent dans une autre pièce et Eric Dingwall cousit un voile de dentelle noire aux collants que portait Eva. Ce voile l'enveloppait complètement et ressemblait à une sorte de sac ou de filet. Le but était de l'empêcher de mettre quoi que ce soit dans sa bouche ou de porter quoi que ce soit de ses collants jusqu'au cou – en fait, c'était une double sécurité contre la fraude. Nous nous sommes assis et avons attendu et finalement elle a expulsé beaucoup de mousse de sa bouche.

Feilding et Baggley ont déclaré que cela semblait provenir de son nez. J'ai vu distinctement que c'était une mousse épaisse qui adhérait à son voile à l'intérieur. Dingwall, qui était assise à côté du médium, était d'accord avec moi que cela provenait de sa bouche, mais lorsqu'elle se penchait en avant, il semblait que cela venait de son nez. Elle a sorti un pansement blanc et a finalement réussi à jongler avec son œil. Il y avait un visage dedans qui me ressemblait à un dessin animé en couleur et qui semblait déroulé.

La dernière chose qu'elle a produite ce soir-là était une substance qu'elle a dit avoir sentie dans sa bouche et a demandé la permission d'utiliser ses mains pour la montrer. Cela fut accordé et elle sortit une charge de sa bouche derrière le voile qui était mouillé et paraissait trempé. Il semblait s'agir de caoutchouc gonflé. Personne n'a vu un visage peint dessus. Actuellement, cela semblait disparaître. Ils ont tous dit que cela « avait disparu soudainement », mais mes années d'expérience dans la présentation du tour de l'aiguille hindoue 97 m'ont convaincu qu'elle l'avait « fait un tour de passe-passe » dans sa bouche tout en faisant semblant de l'avoir entre ses doigts. Je sais avec certitude que le geste qu'elle a fait est presque identique à la manière dont je manipule mon expérience. Dingwall était très confiant et a dit à Mme. Bisson qu'il était *presque* satisfait des expériences d'Eva. Elle montra si clairement sa mauvaise humeur à Feilding que je pouvais à peine cacher mes sourires.

Au cours d'une conversation après la séance, Mme. Bisson a déclaré au Comité qu'à un moment donné, Eva avait matérialisé sur le dessus de ses genoux la tête d'un soldat américain avec une épaisse moustache et des yeux bleus. Cela a provoqué une certaine gaieté lorsque Dingwall lui a demandé comment elle pouvait distinguer la couleur des yeux d'un homme dans le noir. Mme. Bisson, perplexe et attristé, demanda s'ils étaient méfiants ou s'ils ne la croyaient tout simplement pas. Ils ont essayé de la calmer, mais en vain.

MME. BISSON, Mme. FEILDING (TOMCHICK) ET MLLE. EVA

A la séance du 24 juin, tenue au même endroit, je suis arrivée un peu en retard mais le Comité m'a permis d'entrer. Ce soir-là, j'ai senti qu'il y avait quelque chose qui n'allait pas dans l'air et au bout de deux heures Mme. Bisson nous a dit qu'elle était en deuil et très découragée tant de soupçons étaient dirigés contre elle. Elle était particulièrement en colère contre Dingwall, qui lui avait dit qu'il n'était que « presque » convaincu. À aucun moment je n'ai été hostile mais, au contraire, disposé à apporter mon aide.

Actuellement, Feilding, d'humeur plutôt joviale, quitta la pièce pour prendre une bouffée d'air frais. À son retour , il était très sérieux et a demandé qu'ils continuent. Mme. Bisson crut qu'il essayait de la taquiner et se mit très en colère. Elle avait tort, à mon avis, mais ils se disputèrent et polémiquent pendant une demi-heure, puis la séance fut interrompue. Au cours de la dispute, Eva, qui se trouvait dans un cabinet en « état de transe », a parlé comme si elle n'était pas en transe. J'ai ensuite demandé à M. Feilding si cela n'était pas suspect, mais il m'a répondu qu'il était possible pour un être humain en transe ou dans un état hypnotique de poursuivre consciemment une conversation. Quand Mme. Bisson nous a quittés . M. Feilding m'a dit qu'il était vraiment désolé du désagrément et qu'il lui ferait tout son possible pour se racheter.

Après plusieurs séances avec Eva au cours desquelles rien d'extraordinaire ne s'est produit , j'ai décidé d'être indulgent avec le médium et de l'aider. Je lui ai donc tenu les mains pendant un certain temps et j'ai progressivement retiré les miennes, lui laissant toute la latitude dont elle avait besoin pour agir. Dans ce cas, elle avait envie d'utiliser la main que je devais tenir, mais elle ne faisait aucun mouvement.


Je n'ai en aucun cas été convaincu par les manifestations auxquelles j'ai assisté. Je crois que les exploits d'Eva s'accomplissent par régurgitation. Dans le cas contraire, le travail qu'elle est réputée accomplir est un « travail intérieur ». 98 Je regrette de ne pas croire Mme. Bisson a droit à un bon état de santé. Durant les séances auxquelles j'assistais, elle entretenait un travail quasi hypnotique , plein de gestes et de suggestions sur ce qu'on pouvait voir, mettant dans l'esprit des personnes présentes « des formes et des visages d'ombre ». À mon avis, elle est une assistante subtile et douée pour Eva que je ne crois pas honnête. Au contraire, je n'hésite pas à dire que je pense que les deux hommes ont simplement profité de la crédulité et de la bonhomie des différents hommes avec lesquels ils ont eu affaire.

Dans cette conclusion, je ne suis pas seul, car en passant en revue les séances de Villa Carmine de Mlle. Eva, M. Heuze déclare dans le *London Telegraph* du 4 septembre 1922 :

« La blancheur censée provenir du « monde de l'au-delà » n'était rien d'autre qu'un voile de communiant enroulé dans la poche du médium. »

Il cite également Mlle. Eva dit :

"Monsieur, je n'ai jamais fait d'aveux."

« Dans ce cas, commente-t-il, tout ce que je peux dire, c'est que M. Carbornel , M. Coulom , maître Marsault , maître Jourman , le docteur Demis , Mlle. Mare, M. Verdier , Cochet M. Portal, Mme. Portal et d'autres ont dû tous mentir en bloc pour persécuter Mlle. Éva. »

Aussi les scientifiques de la Sorbonne à Paris, selon un rapport du *New York Times* , ont déclaré officiellement qu'au cours de quinze séances avec Mlle. Eva il n'y avait rien d'autre qu'un simple acte de régurgitation. Dans deux cas, aucun ectoplasme n'a été observé malgré le fait que Mme. Bisson a suggéré que deux petits disques réalisés par Mlle. Eva prenait des formes et des visages. Cependant, aucun des professeurs n'a pu voir quoi que ce soit de tel, mais ont au contraire déclaré que :

« La substance était absolument inerte, ne bougeant que lorsque le mouvement lui était donné par la bouche du médium. La substance ayant été réabsorbée, le milieu a semblé mâcher pendant quelques secondes puis l'a apparemment avalé. 99

W. J. Crawford, docteur en sciences et maître de conférences en génie mécanique, de Belfast, en Irlande, s'est beaucoup intéressé à une famille de médiums composée d'un père, de quatre filles, d'un fils et d'un gendre et connue sous le nom de Cercle Goligher . Parmi les sept, la plus réussie était Miss Kathleen Goligher. 100

Alors que j'étais chez M. Feilding à Londres, j'ai eu le plaisir de rencontrer ce Dr Crawford et de discuter avec lui pendant plusieurs heures. Au cours de la conférence, il m'a montré des photos de ce qu'il prétendait être de l'ectoplasme exsudant de différentes parties du corps de Kathleen Goligher et m'a dit qu'il allait les utiliser dans un prochain livre.

« Croyez-vous honnêtement que tout ce que vous avez vécu à travers vos contacts et vos expériences avec la fille est absolument authentique ? » Je lui ai demandé.

"Je suis positif dans mes convictions", a-t-il répondu.

Après son départ, M. Feilding s'est tourné vers moi et m'a demandé :

« Que pensez-vous du Dr Crawford ?

«Il me semble fou», répondis-je.

"Houdini, vous vous trompez", a-t-il répondu.

Néanmoins , je ne pense pas que le Dr Crawford était la bonne personne ou qu'il avait le bon esprit pour une enquête. Sa crédulité me paraissait sans limites. Le rapport d'E. E. Fournier d'Albe sur la séance du Dr Crawford avec le cercle Goligher coïncide avec mon jugement. Dans une communication adressée à « Lumière » en août 1922, d'Albe , se référant à sa dixième séance, dit :

"J'ai découvert à ma grande surprise que je pouvais moi-même, avec un peu de gestion, produire les phénomènes avec mes pieds exactement comme je les avais observés."

Le Dr Von Schrenk-Notzing101 a accusé d'Albe d'avoir lancé son enquête avec « des préjugés contre l'authenticité du phénomène Goligher ». Ce que d'Albé nia en disant :

«J'étais parti à Belfast après la séance d'Eva C avec une forte conviction de la réalité et une foi ferme dans la fiabilité et l'exactitude du Dr Crawford. Je m'attendais à une médium douée entourée de ses honnêtes gens, mais ensuite sont venus les coups : d'abord les photographies de contact, puis les preuves de supercherie. La vue du « médium » soulevant un tabouret avec son pied m'a rempli d'une amère déception. *Les gens simples et honnêtes se sont tous révélés être un groupe d'interprètes alertes, secrets et gênants, bien organisés.* »

Voici l'expérience d'un homme qui, avec un esprit *préjugé en faveur* , s'est lancé dans une série de tests en espérant une confirmation complète des impressions déjà acquises lors de ses expériences avec Eva C., mais bien que prêt à croire, sans biais contre les conclusions ou déduction rationnelle. Son résumé, bien que bref, mérite d'être noté :

« Le Cercle Goligher a été exhorté à plusieurs reprises, par moi-même et par d'autres, à se soumettre à des enquêtes plus approfondies menées par un nouvel enquêteur, mais jusqu'à présent sans succès. S'il consent, je peux prédire deux choses avec confiance :

I. Aucun véritable phénomène psychique ne sera observé.

II. Aucune preuve de fraude ne sera obtenue, car les membres du Cercle sont extrêmement méfiants, et les preuves de supercherie que j'ai obtenues ont été recueillies dans des conditions qu'ils n'avaient pas prévues, mais qu'ils éviteront sans doute à l'avenir.

«Je me sens également en sécurité en prédisant que si les pieds et les mains de Miss Goligher sont contrôlés *et que la coopération des autres personnes assises est éliminée* , il n'y aura aucune lévitation d'aucune sorte.

( Signé) E. E. Fournier d'Albe .
21, rue Gower,
WC1


Pauvre Dr Crawford ! Il s'est suicidé à Belfast en 1920 et a laissé une note disant que ses recherches sur le spiritualisme n'avaient rien à voir avec son suicide. Je suis vraiment désolé que cet enquêteur sincère soit devenu son propre juge parce que ce qu'il avait écrit avait été fait de bonne foi.

Peu de temps après la mort du Dr Crawford, son exécuteur littéraire demanda au Dr d'Albe , au début de 1921, d'entreprendre une nouvelle série de recherches avec le même médium et le même cercle afin, si possible, d'obtenir une confirmation indépendante de ses résultats et théories et de recueillir davantage de données sur la nature de ces manifestations. d'Albe raconte dans son livre comment il a surpris Katie Goligher en train de manipuler et comment il a vu sur le fond rouge et sombre du mur le tabouret tenu par le pied de Katie et une partie de sa jambe. Les personnes autour de la table ont participé à certaines de ces manipulations.

Lorsqu'il quitta Belfast, il écrivit une très belle lettre dans laquelle il laissait entendre que le résultat de ses trois mois d'expérience avec le Cercle Goligher ne fournissait aucune preuve définitive de l'origine psychique des nombreux phénomènes dont il avait été témoin, et comme ils étaient de aucune valeur scientifique, il avait décidé de ne plus tenir de séances. Il a été suggéré que Katie Goligher donne douze séances supplémentaires dans des conditions de test, mais elle a refusé au motif que sa santé ne lui permettrait pas d'envisager une telle proposition pendant au moins un an.

Je me suis assis avec d'Albé chez Mlle. Les séances d'Eva. J'ai aimé ses méthodes et je crois qu'il est un enquêteur sincère. J'ai la note suivante de sa part en réponse à une de mes lettres.


Kingston-on-Thames.
10 octobre 1922.

« Cher Houdini :

« Le vôtre du 26ème ultime. vient de recevoir. Oui, la légende Goligher a perdu de son glamour. Je dois dire que j'ai été très surpris par la cécité de Crawford...

« Cordialement,<br>« d'Albe ».

En 1920, le capitaine C. Marsh Beadnell , de Londres, publia une brochure dans laquelle il offrait vingt livres si les médiums du Dr Crawford produisaient une seule lévitation dans des conditions qui empêcheraient la supercherie. Je suis certain que n'importe quel magicien disposant d'un cercle de six personnes de son choix et avec un seul observateur du type Crawford pourrait, dans les mêmes conditions, produire des effets bien plus surprenants que n'importe lequel de ceux racontés par le médecin confiant.

Le livre auquel le Dr Crawford a fait référence lorsqu'il m'a montré les photographies qu'il avait l'intention d'y utiliser a, depuis sa mort, été publié par David Gow , rédacteur en chef du journal spiritualiste *Light* . Dans une note préliminaire, il écrit :

« Je pourrais en dire beaucoup sur le présent livre avec sa remarquable élucidation de nombreux problèmes liés aux phénomènes psychiques du spiritualisme, mais je me contente de faire référence à des expériences telles que celles avec l'argile molle et le bleu de méthylène, qui éclaircissent finalement certains soupçons qui ont toujours été attachés aux médiums psychiques en relation avec des phénomènes de matérialisation parmi les enquêteurs non instruits. Ce n'est pas la partie la moins précieuse d'un livre précieux.

La déclaration ci-dessus soulève la question de savoir quelle incidence chacune de ces expériences, en supposant que chaque détail revendiqué soit un fait, a sur un état futur. Quelles informations possibles des impressions dans l'argile ou des bas souillés par la teinture pourraient-elles fournir sur l'état futur d'une âme ?

Ejner Nielson, de Copenhague, était parrainé par le Dr Oscar Jaeger, professeur d'économie à l'Université de Christiania, en Norvège, et président de la Société norvégienne pour la recherche psychique. Le professeur Jaeger a été invité par le rédacteur en chef du *Politikon* , à Copenhague, à tenir une séance avec Neilson. Il accepta et cela eut lieu en janvier 1922, devant un comité spécialement sélectionné 102 nommé par le président de l'Université norvégienne, le professeur Frederick Stange . Quelques semaines plus tard, le comité rapporta que Nielson n'était pas capable de produire ce qu'on appelle le téléplasma ou les phénomènes de matérialisation. Par la suite, la Society for Psychical Research rapporta que le téléplasma avait été « artificiellement introduit dans le corps du médium ».

Paul Heuze , écrivant sur le média polonais, dans le *London Daily Telegraph* du 18 septembre 1922, dit :

« S. D. Stamislaski arrive à Paris le 7 avril. Le 10, il eut un entretien à la Sorbonne avec le professeur Piéron et le 11, je suis allé, à sa demande, participer à la première séance qui s'est tenue dans une chambre de son hôtel. Il ne s'agissait bien entendu que d'une séance préparatoire. Mon impression n'était pas du tout favorable.

En parlant des séances ultérieures de ce médium, il déclare :

« Tout cela peut se résumer en une seule phrase ; le résultat était pitoyable. Qu'il suffise de dire que, malgré un contrôle insuffisant, non seulement je n'ai jamais vu aucun des phénomènes lumineux des premières séances, mais que presque rien ne s'est produit et que, lorsque cela s'est produit, ce n'était qu'un de ces maladroits mensonges que l'on retrouve souvent. pratiqué dans les séances spiritualistes les plus ordinaires : objets déplacés, lancés en avant, attouchements , gifles, livres tombés sur la tête, etc. Le tout s'est déroulé de telle manière qu'il ne pouvait y avoir le moindre doute sur la grossière supercherie de lequel il a été exécuté.

J'ai personnellement assisté à des séances tenues par deux des médiums ectoplasmiques, Mlle. Eva et Mme Thompson, et je suis convaincu que ce n'est qu'une question de temps lorsque tous ces médiums, ainsi que ces deux-là, dont Stamislawa , P. Frank Kluski , S. G. Stamislaski , Jean Guzek, 103 Kathleen Goligher , Ejner Nielson , Frau Siebert et Willy Sch, seront authentiquement classés comme douteux.

Gardez à l'esprit que je ne suis pas sceptique. C'est ma volonté de croire et si des preuves convaincantes sont apportées , je serai le premier à reconnaître mon erreur, mais jusqu'à présent rien ne m'a traversé le chemin pour me faire penser que le Grand Tout-Puissant permettra que les émanations d'un corps humain de des substances aussi horribles, révoltantes et visqueuses que le Baron Von Schrenk Notzing revendique, des formes hideuses qui, comme les « génies de la bouteille de bronze », sonnent les cloches, déplacent les mouchoirs, vacillent les tables et font d'autres cascades de « flap-doodle ».

# CHAPITRE XI
## LES SOUS-PRODUITS DU SPIRITUALISME

IL m'est apparu en discutant avec de nombreux profanes que le grand public ne pense au spiritualisme qu'en termes de médiums et de séances et que l'homme moyen ne semble pas se rendre compte des souffrances, des pertes, des malheurs, des crimes et des atrocités dont il est victime. la cause sous-jacente et doit en porter la responsabilité principale. Au cours des plus de trente années pendant lesquelles j'ai étudié le spiritualisme, j'ai assidûment rassemblé toutes les données possibles sur le sujet et parmi les milliers de coupures de presse, datant de 1854 à nos jours, qui sont rangées dans ma bibliothèque, il y en a des centaines qui parler de crimes imputables au spiritualisme. Dans ma grande collection de livres, il y en a beaucoup écrits par des écrivains, des hommes de science, des médecins et des philosophes de renommée mondiale, chacun traitant de la malédiction du spiritualisme. Elle touche toutes les phases des affaires et des émotions humaines, laissant dans son sillage une foule de victimes dont le sort est souvent pathétique, parfois ridicule, souvent misérable et malheureux, et qui sont toujours trompées. C'est sur ces effets du spiritualisme, rarement considérés, que je souhaite attirer l'attention du lecteur dans ce chapitre.

Le *New York Herald* du 16 juin 1923 raconta sous une date de Syracuse l'incident suivant :

« William H. Burr de Rochester, s'exprimant aujourd'hui lors de la séance de travail de l'Assemblée des spiritualistes de l'État de New York, dont il est président, a déclaré qu'il pouvait prouver scientifiquement et de manière concluante le fait de communiquer avec le monde des esprits. M. Burr a appelé à l'abolition de la peine capitale. Il a expliqué qu'il avait communiqué avec les esprits des corps de meurtriers et qu'il avait pris conscience de leurs souffrances, comme ne le peuvent jamais ceux qui sont sceptiques à l'égard de la communication psychique.

Le *New York Evening World* du 8 mars 1922 rapporte que :

« Jeudi Bergen Vigelius , étudiant en chimie à Brooklyn, New York, convaincu qu'un « aperçu » spirituel de l'au-delà et le pouvoir d'en écrire un livre constitueraient une contribution distincte à la science et à la littérature s'il pouvait « se projeter dans un état comateux simulant la mort », se droguait fréquemment dans un sommeil expérimental, mais lors de sa dernière expérience, non seulement sa conscience l'abandonnait, mais le souffle et la vie l'accompagnaient. Il était considéré comme un étudiant exceptionnellement brillant, doté de toutes les perspectives d'une carrière prometteuse, s'il n'avait pas été sujet à une croyance fallacieuse.

L'un des cas les plus tristes des temps modernes est celui de la jeune étudiante du Barnard College, Miss Marie Bloomfield, qui s'est déclarée amoureuse d'un Esprit et a finalement été poussée au suicide pour le rejoindre. La jeune femme avait été une fervente étudiante du spiritualisme et très active dans sa cause. Tous les journaux du 9 février 1923 rapportèrent sa mort, qui attira tellement l'attention qu'une loi fut proposée à l'Assemblée de New York pour empêcher les séances, mais elle ne fut pas adoptée.

Le *Washington Times* (D.C.) du 14 janvier 1923 parle d'un comte L. Clark qui obtint le divorce au motif que sa femme affirmait qu'elle avait une « affinité spirituelle » nommée Alfred et que cet Alfred, par l'intermédiaire de la femme de Clark, avait fait sa vie. insupportable, prédisant même sa mort pour qu'elle puisse épouser un homme qui « accepterait la direction spirituelle d'Alfred ».

Selon un article paru dans le *New York World* , John Slater, médium en chef de la National Spiritualists Association, affirme qu'il y avait plus de cinq cents spiritualistes qui ont servi dans le corps expéditionnaire américain, dont aucun n'a été blessé ou atteint de « cooties ». Il attribuait l'absence de blessures à l'influence des Esprits.

Le *New York Times* du 27 avril 1922 parlait d'un certain John Cornyn, à San Francisco, qui avait abattu deux de ses garçons, l'un sept et l'autre huit, parce que, selon la police, il était en « communication ». avec sa femme décédée depuis un an et qui « lui avait demandé de lui envoyer leurs cinq enfants ».

L'article suivant du *New York Times* du 22 avril 1887 vient de Philadelphie :

«Le jury dans le cas de Mme Sarah Patterson, une médium présumée, accusée par la County Medical Society d' exercer la médecine et la chirurgie sans être enregistrée comme médecin, a rendu cet après-midi un verdict de culpabilité. La défense présentée par l'avocat du défendeur était que Mme Patterson était une médium et sous le contrôle des esprits, et qu'elle n'était donc pas responsable de ce qu'elle avait fait en transe. Les avocats de l'accusé sont tous deux spiritualistes et l'affaire a suscité un intérêt considérable, la salle d'audience étant bondée depuis le début du procès.»

C'est le genre de choses dont le spiritualisme est responsable et dont on parle fréquemment dans les journaux. A ces quelques exemples je pourrais en ajouter des centaines issus de mes fichiers et ils ne cessent de croître.

Une mystification qui fait généralement sensation, mais qui est susceptible, en fin de compte, d'avoir un effet décidément néfaste sur les nerfs des croyants, consiste à permettre à quelqu'un de toucher ou même de caresser un Esprit matérialisé. Une de ces manifestations a eu lieu dans une ville du Sud, où vivait une médium connue sous le nom de Mme M———. Ses séances étaient toujours très fréquentées et composées en grande partie de l'élite de la ville. Une nuit particulière, un Esprit surgit et appela André, disant sur le ton le plus austère :

« Je suis l'Esprit de 'Josie' et je veux revoir ma bien-aimée que j'ai quittée il y a vingt ans. Je sais qu'il est présent et qu'il veut avoir de mes nouvelles, et plus important encore, je sais qu'il m'aime toujours, car au cours de ces vingt années, il ne s'est jamais marié.

Les genoux tremblants et les mains tremblantes, l'homme monta sur scène et, au milieu des sanglots, reconnut et embrassa sa bien-aimée. C'était une scène très touchante et pathétique et les croyants furent grandement touchés, et à la suggestion de quelqu'un, un ancien ministre et rédacteur en chef d'un magazine spiritualiste, qui était présent, maria l'épouse spirituelle au marié vivant. C'était une preuve sensationnelle de médiumnité et Mme M... faisait la une de tous les journaux locaux. Malheureusement, pour la cause du spiritualisme, mon vieil ami, le professeur Harry Cook, se trouvait par hasard dans le quartier et, en entendant parler, a loué une salle, a défié le médium à un test et, avec une assistante, a réalisé et exposé le miracle. .

Je me souviens d'un autre cas où un de mes amis enquêtait sur une séance de matérialisation. On prétendit que l'Esprit de sa défunte épouse se manifestait et il demanda la permission de l'embrasser. Cela lui fut gracieusement accordé et il me dit plus tard qu'elle avait dû oublier de se raser car elle avait une barbe de trois jours. Soit dit en passant, je pourrais ajouter que pendant qu'il assistait à la séance, sa véritable épouse l'attendait dans un théâtre voisin.

Un scientifique aussi éminent que Sir William Crookes est évidemment tombé dans le piège de la matérialisation, à en juger par ce qu'il nous raconte de son expérience lors d'une séance où Florence Cook était la médium et Katie King le fantôme. Je citerai l'histoire dans ses propres mots telle qu'il la raconte dans son livre « Researches in Spiritualism ».

« Plusieurs fois, elle m'a pris le bras et l'impression que j'ai eue qu'il y avait une femme vivante à mes côtés et non un visiteur de l'autre monde était si forte que la tentation de répéter une expérience récente et curieuse est devenue presque irrésistible.

« Comprenant alors que s'il n'y avait pas un Esprit à mes côtés, c'était en tout cas une dame, je lui demandai la permission de la prendre dans mes bras afin de vérifier l'intéressante observation qu'un expérimentateur audacieux avait récemment fait connaître. Cette permission m'a été gracieusement accordée, et j'en ai profité avec respect, comme n'importe quel gentleman l'aurait fait dans les mêmes circonstances. Le « fantôme », qui ne résistait pas, était un être aussi matériel que Miss Cook elle-même.

» Katie a alors déclaré qu'à cette occasion elle se sentait capable de se montrer en même temps que Miss Cook. Je baissai le gaz et entra avec ma lampe au phosphore dans la pièce qui servait de meuble. Il faisait sombre et j'ai cherché Miss Cook à tâtons, la trouvant accroupie sur le sol. A genoux, je laissai entrer l'air dans ma lampe et à sa lumière j'aperçus la jeune femme vêtue de velours noir, comme elle l'était au début de la séance, et paraissant complètement insensible.

« Elle n'a pas bougé lorsque je lui ai pris la main et que j'ai tenu la lampe près de son visage, mais elle a continué à respirer doucement. En levant ma lampe, j'ai regardé autour de moi et j'ai vu Katie, qui se tenait juste derrière Miss Cook. Elle était vêtue de draperies blanches fluides, comme nous l'avions déjà vue lors de la séance. Tenant une des mains de Miss Cook dans la mienne, et toujours à genoux, j'ai levé et abaissé la lampe, autant pour éclairer toute la silhouette de Katie que pour me convaincre pleinement que je voyais réellement la vraie Katie, que j'avais tenue dans mes bras un moment. il y a quelques instants, et non le fantôme d'un cerveau en désordre.

« Elle n'a pas parlé mais a hoché la tête en signe de reconnaissance. A trois reprises, j'examinai soigneusement Miss Cook, accroupie devant moi, pour m'assurer que la main que je tenais était bien celle d'une femme vivante, et trois fois tournai ma lampe vers Katie pour la scruter avec une attention soutenue, jusqu'à ce que je n'aie plus le moindre doute. qu'elle était vraiment là avant moi.

Un autre exemple de ce genre est raconté par Florence Marryat dans son livre « Il n'y a pas de mort ».

«J'ai ouvert les rideaux du cabinet et là se tenait John Powles lui-même, fidèle et vivant. Il s'est avancé brusquement, m'a pris dans ses bras et m'a embrassé quatre ou cinq fois, comme aurait pu le faire un frère disparu depuis longtemps ; et c'est étrange à dire, je n'en fus pas du tout surprise, mais je m'accrochai à lui comme une sœur. John Powles ne m'avait jamais embrassé de son vivant. Même si nous vivions depuis quatre ans dans la plus grande intimité, souvent sous le même toit, nous ne nous étions jamais adonnés à aucune familiarité.

Malheureusement, la simple tromperie n'est pas le seul ni le pire mal présent dans ces matérialisations spiritualistes. Souvent, ils sont utilisés pour réaliser des desseins criminels. J'ai eu connaissance d'un cas d'une nature très particulière dans lequel une veuve s'est vue privée d'une grande fortune. Il semble qu'il y ait eu un vieux veuf riche, un spiritualiste dévoué, facilement influençable par certains médiums. Ces mêmes médiums comptaient aussi parmi leurs clients une veuve assez faible d'esprit. Lors d'une séance, ils demandèrent au vieil homme de proposer le mariage à cette veuve qui, à son tour, était conseillée par leur intermédiaire par l'Esprit de son mari d'épouser le vieil homme. Le vieil homme ne vécut pas très longtemps après le mariage et, sur son lit de mort , promit à la femme qu'il reviendrait pour l'aider et lui donner des conseils financiers. Il avait déjà rédigé un testament lui donnant le contrôle absolu de sa succession.

Le corps a été transporté dans un établissement d'entreprise pour y être soigné jusqu'aux funérailles et la veille du service, la veuve a assisté à une séance au cours de laquelle son mari lui a dit :

"Vous allez à mon cercueil demain matin avant la cérémonie et je vous parlerai, vous donnant mes dernières instructions depuis mon corps mortel."

Le lendemain matin, accompagnée d'une infirmière, la femme se rendit chez les pompes funèbres et fut conduite dans la pièce où gisait le corps dans son cercueil. Elle parla et, à son grand étonnement, le cadavre ouvrit les yeux et dit :

«Je veux que vous donniez la moitié de la fortune que je vous ai léguée à B——— et M———, les médiums. Ils m'ont aidé pendant des années et je voudrais leur montrer ma gratitude. Adieu, je vous parlerai lors des séances mais plus jamais depuis le corps.

La veuve stupéfaite se jeta sur le corps en criant :

"Je promets! Je vais! Je promets!"

"Promesse?" demanda le cadavre.

«Je le promets fidèlement», répondit-elle.

Fidèle à sa parole, la veuve a partagé la fortune avec les médiums, qui vivent désormais à l'étranger et mènent une vie paisible à moins que leur conscience ne soit troublée.

La tromperie s'opérait de la manière suivante : les médiums, profitant de la faiblesse du croque-mort, le maintenaient en état d'ébriété et étaient ainsi libres de faire ce qu'ils voulaient autour de son établissement. Le cercueil était doté d'un double fond qui rentrait et sortait sur des roulements à billes et dont une extrémité était ouverte. Juste avant la visite de la veuve à l'entreprise, ce faux-fond avec le corps du vieillard fut sorti du cercueil et caché dans une pièce voisine et l'un des médiums, maquillé pour représenter le mort, fut placé dans le cercueil. Dès que l'acte fut terminé, le cadavre fut remis à sa place.

Ce n'est en aucun cas le seul cas de ce genre. J'ai eu connaissance de deux autres cas dans lesquels des cadavres ont été utilisés à des fins frauduleuses. Dans l'un d'entre eux, un homme était en train de mourir. Un avocat a été appelé et l'infirmière s'est écartée sous une excuse plausible. Après la mort de l'homme, mais avant l'arrivée de l'avocat, son corps a été caché sous le lit. L'un des membres de la bande a pris place dans le lit et a dicté un testament à bout de souffle, puis a fait sa marque en présence d'un avocat et d'un témoin parfaitement honnêtes. Avant le retour de l'infirmière, le cadavre avait été déposé dans le lit et rien n'indiquait qu'une fraude ait été commise.

Pour montrer que de telles choses sont possibles et qu'il est possible d'échanger des corps dans un cercueil, je souhaite attirer l'attention sur l'acte de cercueil que j'ai réalisé pour la Boston Athletic Association. Un cercueil en chêne massif a été fourni par la National Casket Company et livré à l'Association. Des vis de six pouces ont été utilisées pour fixer le couvercle, mais j'ai néanmoins réussi à m'échapper sans laisser de traces.

On ne sait généralement pas que Charles J. Guiteau, l'assassin du président Garfield, était un spiritualiste déclaré. Il prétendit avoir été inspiré par les Esprits à quatre reprises. Une fois en relation avec son entrée dans la communauté Oneida. Une fois, avant sa tentative de créer un journal appelé « Le Théocrate ». Encore une fois lorsqu'il a écrit son livre « La vérité, un compagnon de la Bible », et encore une fois lorsqu'il a eu l'inspiration de tuer le président.

Un autre cas dans lequel des Esprits auraient été responsables du détournement de fonds est raconté dans « Les erreurs du spiritualisme ».

« En septembre 1920, une action fut intentée devant les tribunaux de New York contre une médium nommée Mme Mabelle Hirons , pour récupérer douze mille quatre cents dollars, prétendument avoir été obtenus par des moyens « spiritualistes » auprès du Dr J. B. Hubbell, de Rockville, Maryland. Le Dr Hubbell a déclaré qu'après la mort de Clara Barton, fondatrice de la Croix- Rouge américaine, dont il avait été secrétaire, il était prévu d'ériger un mémorial à cette dame, auquel il se proposait de contribuer douze mille quatre cents dollars de sa fortune. son propre argent, dont neuf cents dollars lui ont été légués par Clara Barton elle-même. En 1914, il rendit visite à Mme Hirons qui, dit-il, entra en transe et lui donna un « message » censé venir de Clara Barton et qui lui ordonnait de donner tout l'argent à Mme Hirons pour le mémorial. Le Dr Hubbell a cru que le « message » était authentique et lui a donné l'argent, mais le mémorial n'a jamais été érigé — d'où cette action.

y a quelques années , les journaux parlaient du cas d'une femme du Moyen-Ouest qui avait été trompée de façon sensationnelle et cruelle par un médium. Lorsqu'elle a perdu sa petite fille , on a craint qu'elle ne se remette pas du chagrin intense qui l'envahissait. Dans la ferme de la femme se trouvait un homme engagé dont la femme était médium. Il lui a parlé avec sympathie et lui a demandé de lui permettre de faire venir sa femme, qui était à Chicago. Elle a commencé à prêcher le spiritualisme dès son arrivée, trouvant en cette femme une auditrice disposée. Lorsqu'il apparut au médium que la femme croyait profondément à sa doctrine , elle commença à lui conseiller de prier tous les soirs pour le rétablissement de son enfant et finalement, une nuit, elle annonça à la femme crédule qu'à minuit, quatre jours plus tard, son enfant serait rétabli. son. Elle l'a avertie qu'elle devait jeûner ce jour-là, habiller sa chambre et son lit de blanc et dormir seule cette nuit-là. Les instructions ont été suivies à la lettre. A minuit, elle entendit les escaliers grincer. Puis soudain, sa porte s'ouvrit et elle vit quelque chose de lumineux s'approcher de son lit. Elle portait un paquet et une voix lui annonça que sa fille revenait vers elle. Après le départ de l'apparition, la femme a trouvé une petite fille dans le lit avec elle. Peu de temps après, le médium a persuadé la femme et son mari de disposer de leurs biens et de se rendre dans une colonie spirituelle en Californie. Après presque trois ans, ils sont revenus chez eux avec pratiquement aucun moyen mais en sachant que la petite fille venait d'une société d'enfants trouvés de Chicago.

La folie qu'il provoque n'est pas le moindre des maux du spiritualisme. Un spécialiste mental de haut rang de Birmingham, en Angleterre, a émis un avertissement en 1922 citant de nombreux cas qui relevaient de son observation et étaient le résultat de l'enseignement spiritualiste. Un médecin anglais a estimé le nombre de ces cas à un million. C'est un fait bien établi que la raison humaine cède sous la pression passionnante du spiritualisme. La liste ne se limite pas aux pays européens ; nous avons une bonne part de résultats funestes chez nous. Il n'y a pas si longtemps, le Dr Curry, directeur médical de l'asile d'aliénés de l'État du New Jersey, a émis un avertissement concernant la « planche Ouija » dans lequel il a déclaré :

"La planche Ouija est particulièrement sérieuse car elle est adoptée principalement par des personnes à tendance névrotique très tendue qui deviennent victimes de véritables illusions de la vue, de l'ouïe et du toucher lors des séances spiritualistes."

Il prédit que les asiles de fous seraient inondés de patients si le goût populaire ne se tournait pas vers des diversions plus saines.

En mars 1920, il fut rapporté dans les journaux que l'engouement pour les planches Ouija, avec lesquelles on pensait pouvoir recevoir des messages spirituels, avait atteint un tel degré dans le petit village de Carrito, de l'autre côté de la baie de San Francisco, que cinq les gens étaient devenus fous.

La quantité de preuves disponibles de ce type est presque incroyable, mais elles sont suffisantes pour montrer l'étendue du mal. Le média moyen ne travaille que pour l'argent qu'il peut soutirer au public ; argent obtenu en touchant les sentiments les plus profonds de l'âme humaine. Est-il juste de sanctionner légalement le médium, de lui permettre de s'attaquer au public — en lui permettant non seulement de s'emparer des biens terrestres de ses victimes, mais aussi de leur âme, et souvent aussi de leur esprit ? Le spiritualisme n'est ni plus ni moins qu'une ivresse mentale, l'ivresse des mots, des sentiments et des croyances suggérées. L'ivresse, quelle qu'elle soit, lorsqu'elle devient une habitude, est nuisible au corps, mais l'ivresse de l'esprit est toujours fatale à l'esprit. Nous avons l'interdiction de l'alcool, nous avons l'interdiction des drogues, mais nous n'avons aucune loi pour empêcher ces sangsues humaines d'aspirer toute la raison et le bon sens de leurs victimes. Il faut y mettre fin, il faut y mettre fin, et il semblerait que la multiplicité des dénonciations et la multitude de poursuites qui ont suivi une enquête rationnelle devraient être suffisantes pour justifier, oui, exiger une législation pour l'anéantissement complet d'une secte fondée sur de fausses les faux-semblants , les ouï-dire fragiles et l'absurdité d'accepter une *illusion d'optique* comme un fait.

# CHAPITRE XII
## ENQUÊTES — SAGES ET AUTRE

LE SPIRITUALISME a été la cause de nombreuses discussions entre les hommes de science, les hommes de magie et les croyants du « Monde des Esprits ». D'innombrables enquêtes, judicieuses ou non, ont été menées dans la plupart des pays du monde. Beaucoup d'entre eux ont été réalisés par des hommes impartiaux et impartiaux ; des hommes qui ont plongé profondément dans l'inconnu avec une conscience tranquille et qui, qu'ils aient réussi ou non, étaient prêts à donner au monde le résultat de leurs recherches . Des hommes qui n'avaient pas peur d'admettre que leur expérience n'était pas suffisante pour faire face aux compétences et aux années de formation du médium et qu'ils avaient été trompés. Mais il y a eu d'autres soi-disant enquêteurs qui ont assisté à des séances dans le but de se laisser tromper et comme « le souhait est le père de la pensée », ils ont été induits en erreur.

Ce que ces enquêteurs *voient* réalisé et ce qu'ils *pensent* voir réalisé sont en réalité deux choses entièrement différentes et au moment où ils commencent à écrire leurs expériences, des complications surviennent généralement. Je crois rarement à cent pour cent les explications que j'entends ou lis. Il faut reconnaître que les enquêteurs ne font pas délibérément d'erreurs, mais la nature du cerveau est telle qu'il est presque impossible d'éviter les mauvaises observations et ces mauvaises observations sont la malédiction de l'enquête.

Les enquêtes menées dans des conditions favorables au média ne peuvent pas être qualifiées d'« enquêtes ». Ils ne sont rien d'autre qu'une démonstration du pouvoir du médium à détourner l'attention, à la transporter à volonté là où il le souhaite et à engourdir le subconscient. Dans de telles conditions, ils sont capables non seulement de tromper les innocents et les simples d'esprit, mais aussi les hommes dont les réalisations ont prouvé que leur intelligence était supérieure à la moyenne.

Lorsqu'un médium est soumis à des conditions pour le moins déconcertantes et que les effets habituels ne sont pas obtenus, on prétend presque invariablement qu'il y a des ondes antagonistes et que les « auras » sont mauvaises, et si, comme souvent se produit, le résultat est un exposé sans réserve et la chute du pouvoir du médium. Les adeptes du spiritualisme font généralement une déclaration disant que le médium a outrepassé les limites en essayant de donner des résultats et a eu recours à la supercherie, mais que la majorité des séances précédentes étaient authentiques.

Peut-être que mes idées sur la manière de mener une enquête sont fausses ; Je suis cependant pleinement convaincu que la seule façon de mener une réunion réussie est de réunir le comité avant la séance, de discuter des manifestations attendues, de formuler un plan d'action concertée et, si possible, d'attribuer à chaque membre une partie spécifique, comme cela a été fait . dans le cas de la chute de Palladino. Ces parties devraient être répétées et, lorsque la séance aura lieu, il y aura beaucoup plus de chances que le comité soit en mesure de juger intelligemment. Mais lorsque les scientifiques signalent qu'un tour de passe-passe est anormal simplement parce qu'ils ne peuvent pas détecter la tromperie, je pense qu'il est temps d'ajouter à chaque comité d'enquête un mystificateur professionnel réputé et réputé , et je pourrais ajouter que tous les médiums détestent qu'un magicien soit présent. une séance.

Parmi les nombreuses enquêtes menées depuis le début du spiritualisme moderne, j'en ai sélectionné quelques-unes parmi les plus importantes et j'essaierai de montrer au lecteur la nécessité de placer dans les commissions d'enquête des hommes qui ne peuvent être prévenus ou influencés par des lumières tamisées ou des sons étranges et mystifiants. ; des hommes qui utilisent au mieux de leurs capacités le don de la raison que Dieu leur a donné ; des hommes dont l'attention ne peut être détournée par le médium ; des hommes dont les cellules cérébrales sont polyvalentes et ne sont pas surdéveloppées dans une direction particulière ; des hommes qui peuvent prêter une attention particulière à leur mission et ne pas se laisser égarer par les indications désinvoltes du médium. Nous aurons alors de véritables enquêtes et le monde entier en bénéficiera.

Peu de temps avant sa mort, Henry Seybert , un spiritualiste enthousiaste et désireux consciencieusement que le spiritualisme soit authentiquement établi, donna à l'Université de Pennsylvanie suffisamment d'argent pour créer une chaire de philosophie, à condition qu'une commission soit nommée pour enquêter sur « tous les systèmes de philosophie ». morale, religion ou philosophie qui prétend représenter la *vérité* et particulièrement le spiritualisme moderne. En conséquence, parmi les médecins et professeurs de l'Université, dix hommes furent choisis pour être connus sous le nom de « Commission Seybert ». Une commission plus juste et plus impartiale n'aurait pas pu être nommée. Chaque homme s'était déclaré ouvert d'esprit et prêt à accepter tout ce qu'il y avait de preuves à prouver, mais se rendant compte « que des hommes éminents en intelligence et en réalisations accordent au spiritualisme toute leur crédibilité », ils estimaient qu'on ne pouvait « manquer de se tenir à l'écart » une tendre révérence quand on voit des cœurs écrasés et saignants la chercher pour la consolation et l'espoir. Afin d'être pleinement préparés à accomplir leur travail d'une manière intelligente et compréhensive, ils se sont dotés de la meilleure littérature de l'époque sur le sujet et des documents d'enquêtes antérieures disponibles. Après un résumé minutieux de toutes ces informations, la Commission était prête à commencer ses travaux en mars

1884. *Les dix hommes* de la Commission *étaient prêts à croire* , et leur conseiller, M. Thomas R. Hazard, avait été un ami personnel. de M. Seybert et était connu dans tout le pays comme un *spiritualiste intransigeant* .

Le premier média auquel la Commission a porté son attention a été Mme S. E. Patterson, mystificatrice d'écriture sur ardoise et écrivaine automatique. Le résultat de cette première affaire fut *nul* . Après avoir attendu patiemment une heure et demie que les esprits se déplacent, la séance a été ajournée à la déception de tous. M. Hazard était particulièrement contrarié, car le média était considéré comme « l'un des meilleurs au monde ». Elle lui avait donné une séance privée la veille au soir au cours de laquelle « les messages de l'Esprit d'Henry Seybert arrivaient en masse et rapidement », mais ils ont refusé de se manifester devant la Commission.

Cette séance s'est avérée typique de tout ce qui incombait à la Commission Seybert d'enquêter. Elle poursuivit son travail pendant trois ans et enquêta sur tous les cas importants dont elle était saisie. L'une d'elles était Margaret Fox, avec laquelle la Commission a eu deux séances et a acquis la conviction que les coups venaient de sa personne. Lorsqu'elle fut informée de sa conclusion , elle reconnut que les séances n'étaient pas satisfaisantes mais refusa d'en organiser d'autres en raison de problèmes de santé et parce qu'elle doutait que des résultats plus satisfaisants suivraient et admettant qu'elles pourraient aboutir à une « confirmation » *de* la conviction de la Commission. quant à la cause des coups.

Bon nombre des médias les plus éminents de l'époque ont comparu devant la Commission au cours de ses trois années de travail. Certains d'entre eux ont subi toute une série de tests et les phénomènes ont couvert toute la gamme du simple rap à la photographie spirituelle, en passant par l'écriture automatique et sur ardoise, la matérialisation, etc. Dans tous les cas, à une exception près, le résultat a été soit une séance vide, soit un échec positif. , ou une triche délibérée. L'exception a été lorsque M. Harry Kellar a été appelé en tant que magicien pour démontrer son pouvoir en tant que rédacteur sur ardoise. La Commission a été déconcertée, aucun membre n'étant capable de comprendre sa méthode avant de l'avoir expliquée.

La Commission a soigneusement pesé toutes les preuves présentées devant elle et a formulé ses conclusions avec une telle délibération et minutie que les plus critiques des deux côtés n'ont trouvé aucune raison de s'opposer ou de dire qu'elle avait été influencée ou biaisée par une quelconque influence indue. Il a poursuivi ses travaux selon des principes purement rationnels et scientifiques, évitant énergiquement toutes les conditions qui pourraient être interprétées comme propices à des conclusions douteuses. Il recherchait des faits d'une manière concrète et comme il n'y avait aucune possibilité de filtrer les artifices, aucun phénomène occulte ou psychique n'était prouvé. Comme preuve de l'équité avec laquelle la Commission a été considérée comme ayant accompli son travail, je cite la lettre suivante adressée à la Commission par le Dr Henry Slade.

"Non. 11 E. 13th Street, N. Y., 4 février 1885.

« Cher M. Furness :— Je profite de cette occasion pour vous exprimer, ainsi qu'à travers vous aux autres membres de la Commission Seybert , ma chaleureuse approbation de la voie suivie par eux dans leur enquête sur les phénomènes se produisant en ma présence. Conscient pleinement que je ne suis que l'instrument ou le canal par lequel ces manifestations se produisent, ce serait présomptueux de ma part que d'entreprendre de tracer une ligne à suivre par l'intelligence invisible, dont je suis le serviteur. C'est pourquoi j'ai dit que leurs conditions devaient être respectées, sinon je retournerais à New York. Ce qu'ils ont fait, cela ressort clairement à mon avis des résultats obtenus, que je considère comme un préalable nécessaire à une continuation, lorsque d'autres expériences pourront être introduites avec de meilleures chances de succès. Il serait peut-être bon de ne pas insister pour suivre exactement la voie suivie par le professeur Zollner , mais de laisser la porte ouverte à des suggestions originales ou impromptues qui pourraient être adoptées sans examen préalable et qui, en cas de succès, auraient autant de valeur que de preuve de leur authenticité. en même temps donner une plus grande ampleur aux expériences. En conclusion, permettez-moi de dire que si le Comité souhaite poursuivre ces expériences au travers d'une autre série de séances avec moi, il me fera plaisir de conclure des arrangements à cet effet.

« Très sincèrement vôtre,
« Henry Slade ».

Si tous les enquêteurs adoptaient les méthodes rationnelles de la Commission Seybert , ils pourraient facilement découvrir la vérité et ne plus se soumettre aux impositions des charlatans ni les aider et les encourager en acceptant comme vraies les affirmations d'une classe dont ils reconnaissent qu'elle est de faible importance. type, malhonnête et autrement peu recommandable. S'ils étaient sincères, ils contribueraient à toutes les tentatives raisonnables pour détecter la fraude et n'accepteraient pas le prétexte irrationnel selon lequel la lumière et le toucher sont préjudiciables à la santé ou à la vie d'un médium.

Suivant les traces de la Commission Seybert , la Société pour la Recherche Psychique fut organisée en Amérique et en Angleterre dans le but d'enquêter sur tous les soi-disant phénomènes et événements anormaux difficilement imputables aux lois naturelles et en dépit du message suivant qui prétend a été envoyé par l'esprit de feu William Walker, président du Buxton Camera Club, au Crewe Circle, je crois qu'ils font du bon travail.

« Chers amis du Cercle, 105

"Je ne passerais pas un moment avec la Psychical Research Society, car ils ne sont rien de plus ou de moins que des chasseurs de fraude et je veux que vous veniez à Buxton pour une séance avec Mme Walker, 3, Palace Rd., vers le 8, le 9. , du mois d'août. Les amis spirituels pourront alors démontrer davantage les pouvoirs merveilleux qui sont aujourd'hui plus que jamais nécessaires. Que la paix soit avec toi.

« Cordialement,<br>» W. Marcheur."

Les membres de ces sociétés sont composés d'hommes et de femmes possédant une certaine formation scientifique, toutes les classes d'érudition et toutes les professions étant représentées. En conséquence , les enquêtes ont été très exhaustives et menées par des personnes particulièrement qualifiées pour ce travail, mais les résultats ont été très catégoriquement contre la croyance au retour d'une âme après la mort sous l'apparence d'un esprit ou à l'apparition de quelque chose de surnaturel. à la demande d'un médium.

Naturellement, on ne peut pas s'attendre à un accord général parmi un groupe de chercheurs scientifiques qui sont entrés dans le domaine de la recherche avec des points de vue différents, mais je crois pouvoir dire sans crainte de contradiction que tous ceux qui ont entrepris cette tâche ne portent pas préjudice aux La majorité est d'accord pour dire que tous les phénomènes attribués à la puissance spirituelle développée par l'intermédiaire d'un médium et présentés par lui sont sans fondement dans les faits et que le résultat de leurs investigations est parfaitement en accord avec les conclusions de la Commission Seybert .

En janvier 1869, la London Dialectical Society nomma un comité de trente-trois membres pour enquêter sur les phénomènes présumés être des manifestations spirituelles et rendre compte de ses conclusions. Le professeur Huxley, le professeur John Tyndall et M. George Henry Lewes ont été invités à coopérer avec le Comité. Le professeur Huxley a refusé d'avoir quoi que ce soit à voir avec l'enquête et dans la lettre suivante, écrite en réponse à l'invitation du Comité, il qualifie le spiritualisme de « grossière imposture ». 106

« Monsieur, — Je regrette de ne pouvoir accepter l'invitation du Conseil de la Société Dialectique à coopérer avec un Comité d'enquête sur le « Spiritualisme », et pour deux raisons. En premier lieu, je n'ai pas le temps de me lancer dans une telle enquête, qui entraînerait beaucoup de problèmes et (à moins qu'elle ne soit différente de toutes les enquêtes de ce genre que j'ai connues) beaucoup d'ennuis. En deuxième lieu, le sujet ne m'intéresse pas. Le seul cas de « spiritualisme » que j'ai eu l'occasion d'examiner par moi-même était l'imposture la plus grossière qui ait jamais été portée à mon attention. Mais à supposer que les phénomènes soient authentiques, ils ne m'intéressent pas. Si quelqu'un me donnait la faculté d'écouter les bavardages des vieilles femmes et des vicaires de la ville cathédrale la plus proche, je refuserais ce privilège, ayant mieux à faire.

« Et si les gens du monde spirituel ne parlent pas de manière plus sage et sensée que leurs amis ne le prétendent, je les mets dans la même catégorie.

« Le seul bien que je puisse voir dans une démonstration de la vérité du « spiritualisme » est de fournir un argument supplémentaire contre le suicide. Mieux vaut vivre comme balayeur que mourir et se faire faire bavarder par un « médium » engagé lors d'une *séance en Guinée* .

« Je le suis, Monsieur, etc.,<br>
« T. H. Huxley.

"29 janvier 1869."


Quelques jours plus tard, M. Lewes déclina l'invitation du Comité comme suit :


« Cher Monsieur, je ne pourrai pas assister à l'enquête sur le « Spiritualisme » ; et en référence à votre question sur les suggestions, je dirai seulement que le seul indice nécessaire est que toutes les personnes présentes doivent faire la distinction entre les faits et les déductions à partir des faits. Quand un homme dit que les phénomènes sont produits par *aucune* loi physique connue, il déclare connaître les lois par lesquelles ils sont produits.

« Le vôtre, etc.,<br>
« G. H.Lewes.

"Mardi 2 février 1869."


Le 22 décembre 1869, le professeur Tyndall a écrit ce qui suit en réponse à son invitation à aider le Comité.

« Monsieur, vous me mentionnez dans votre note trois messieurs, dont deux me sont personnellement connus et pour lesquels j'ai une sincère estime.

« J'ai déjà visité la maison de l'un d'eux, à savoir M. Wallace, et j'y ai fait la connaissance de la dame qui était réputée médium entre M. Wallace et le surnaturel.

« Et si M. Crookes, le rédacteur en chef du « Chemical News », est sérieusement invité à assister à des phénomènes qui, à son avis, « tendent à démontrer l'existence d'un pouvoir (magnétique ou autre) qui n'a pas encore été reconnu par les hommes de science ». ', je devrais rendre hommage à son invitation.

« Mais comprenez ma position : il y a plus d'un an, M. Cromwell Varley, qui est, je crois, l'un des plus grands spiritualistes modernes, m'a fait la faveur de me rendre visite, et il a alors employé une comparaison qui, bien que flatteuse pour ma force spirituelle, semble me désigner comme inapte à l'investigation spirituelle. Il a dit que ma présence à une *séance* ressemblait à celle d'un grand aimant parmi plusieurs petits. Je jette tout dans la confusion. Il exprima néanmoins l'espoir que des dispositions pourraient être prises pour me montrer les phénomènes, et j'exprimai ma volonté d'être témoin de choses que M. Varley pourrait juger dignes de me montrer. Depuis, je n'ai pas été favorisé par une visite de M. Varley.

«Je suis maintenant tout à fait disposé à accepter l'invitation personnelle de M. Crookes, s'il estime qu'il peut me montrer des phénomènes du caractère que vous décrivez.

« Je suis, monsieur, votre obéissant serviteur,<br>« John Tyndall ».

"G. W. Bennett, Esq.


Contrairement à la Commission Seybert , qui a fait un rapport officiel à l'Université de Pennsylvanie immédiatement après l'achèvement de ses travaux, le Comité de la Société Dialectique, nommé en 1869, n'a fait aucun rapport avant 1877 et seulement ce qui semble être un rapport tronqué. rapport des sous-commissions. Le *Spiritual Magazine* de 1870 commentait cette absence de rapport comme suit :

« Où est le rapport de la Société Dialectique ? C'est la question que beaucoup se posent, mais à laquelle personne ne semble disposé à donner une réponse satisfaisante. Ce rapport, qui devait régler la question du spiritualisme, n'a-t-il fait que déstabiliser la Société dialectique, provoquant, comme nous l'apprenons, certains de ses principaux dirigeants et membres à s'en séparer, après avoir constaté que les enquêtes du Comité indiquaient d'une manière différente ce qu'ils attendaient et à quoi ils s'étaient engagés ? Les gens demandent : le Comité est-il parvenu à une opinion sur le sujet ou a-t-il trop d'opinions ?

Les seules informations avec lesquelles j'ai été en contact concernant le Comité dialectique et ses travaux proviennent de publications spiritualistes, la plupart sous la paternité de M. James Burns, et je copie ce qui suit de « The Medium and Daybreak » du 16 novembre : 1877 :

"Des objections ont été soulevées dans certains milieux contre le fait que la Société elle-même n'a pas publié le rapport, mais a laissé la question de la publication comme une question ouverte à son comité ." Encore une fois : le 20 juillet 1870, le conseil adopta une résolution : « que la demande du Comité, que le rapport soit imprimé sous l'autorité de la Société, ne soit pas accédée. »

La nature exacte du travail effectué par le Comité de la Société Dialectique peut être résumée par un autre extrait du même numéro de « Le Médium et l'Aube » :

« En temps voulu, le Comité présenta au Conseil le rapport général et les sous-rapports, les complétant par une masse volumineuse de preuves tirées directement de la *bouche de spiritualistes pratiquement au courant du sujet, des personnes de la plus haute respectabilité et représentant presque tous les niveaux de pouvoir. société .* » (Les italiques sont de moi.)

Un autre élément de discorde dans l'enquête dialectique est démontré par ce qui suit :

« Bien entendu, on a tenté de sous-évaluer ces recherches révélatrices. Les comités qui n'ont pas réussi ont été joyeusement mis en avant, dans l'espoir que les résultats *positifs* obtenus par les comités qui ont réussi pourraient ainsi être discrédités.

Il semble que ce soit un fait publié que ce mouvement de la part de la Société dialectique a entraîné de nombreuses discordes équivalant à une scission au sein de la Société. M. Burns, dans sa chronique éditoriale du « Medium and Daybreak », déclare :

« Notre numéro actuel constitue un ajout important et précieux à la littérature bon marché sur le spiritualisme. Il est rempli de matières utiles pour les enquêteurs, *judicieusement extraites du rapport de la London Dialectical Society .* (C'est moi qui souligne.)

Les partisans du spiritualisme accordent une grande importance au fait que quelques-uns de leurs collaborateurs sont des hommes éminents dans les cercles scientifiques et littéraires, mais ils sont en très minorité, si on les compare aux hommes de la même époque qui ne partagent pas cette opinion. opèrent, que les spiritualistes, afin de donner force et dignité à leur argument,

« sonnent les changements » sur ces quelques noms et les maintiennent bien en évidence, même s'il a été prouvé sans aucun doute, à maintes reprises, que ces sages eux-mêmes ont ont été fréquemment victimes de médiums frauduleux, parfois sciemment.

Doyle dans son livre « La Nouvelle Révélation » dit :

formules creuses de « pourriture » ou de « bêtises nauséabondes ».

L'homme le plus éminent à cet égard et dont les conclusions, en particulier dans ses dernières années, ont été signalées par les spiritualistes comme étant incontestables, était peut-être l'éminent chimiste Sir William Crookes. Il s'intéressa intensément aux travaux de recherche spiritualistes dès 1870 et, pendant les quatre premières années, consacra l'essentiel de son attention à D. D. Home, qui semblait réussir à déconcerter les super-connaissances de Crookes en matière d'investigation scientifique. En 1874, il tourna son attention vers Florrie Cook, une médium de quinze ans qui retenait l'attention depuis environ trois ans. Elle semble l'avoir tellement captivé dès le premier mois qu'il a pris sa défense par écrit après qu'un « *événement honteux* » ait donné lieu à une « *controverse* », après quoi il l'a reçue chez lui. Le test le plus convaincant a cependant eu lieu chez elle à Hackney. En février 1874, il écrivait :

« Ces *séances* n'ont pas duré plusieurs semaines, mais il s'en est passé suffisamment pour me convaincre complètement de la parfaite vérité et de l'honnêteté de Miss Cook, et pour me donner toutes les raisons d'espérer que les promesses si librement faites par Katie seront tenues. . Tout ce que je demande maintenant, c'est que vos lecteurs ne supposent pas à la hâte que tout ce qui est suspect *à première vue* implique nécessairement une tromperie, et qu'ils suspendent leur jugement jusqu'à ce qu'ils aient à nouveau de mes nouvelles à ce sujet.

Il ne fallut évidemment pas longtemps avant que le scientifique ne se réveille de son rêve, car le 1er août 1874, il écrivit à une dame russe qu'après quatre années d'enquête, dont des mois d'expérience avec Home, Katie Fox et Florence Cook, il n'a trouvé « aucune preuve satisfaisante que les morts puissent revenir et communiquer ». Une copie de cette lettre a été envoyée par Aksakoff à *Light* et a été publiée dans ce journal le 12 mai 1900. « Sir W. Crookes n'a pas exprimé de désaccord. » 107 Vers 1875, quarante-quatre négatifs photographiques qu'il avait réalisés de Katie King et de son médium, Florrie Cook, ainsi que les tirages dont il disposait, furent, pour une raison non précisée, accidentellement détruits et il interdit à ses amis qui avaient des copies de les reproduire. eux. Il a dû faire une sorte de découverte car il « s'est enfoui dans un silence boudeur qu'il ne romprait pas » pendant quarante ans. « Personne ne savait s'il était spiritualiste ou non », sa seule déclaration étant que « dans toutes ses recherches spiritualistes, il était arrivé à un mur de briques » . question." Peut-être que son changement d'opinion s'est produit lorsqu'il a appris que Florence Cook (devenue Mme Corner) avait été exposée lors d'une tournée continentale et renvoyée en disgrâce. Mais en 1916, malgré sa déclaration de 1900 et d'autres déclarations antérieures, il déclara officiellement dans le numéro du 9 décembre de *Light* qu'il acceptait le spiritualisme.

Tout cela prouve que le professeur Crookes, même après avoir été fait chevalier, était d'un esprit vacillant et, pour une raison quelconque, semblait déficient en méthodes rationnelles pour découvrir la vérité, ou du moins peu enclin à les mettre en œuvre en dehors de son domaine particulier. ligne scientifique. Il est possible que l'une des preuves convaincantes pour lui ait été les « tours » que lui a joués Annie Eva Fay, car si je ne me trompe pas, son incapacité à détecter sa supercherie a été le tournant qui l'a amené à croire au spiritualisme. Elle m'a raconté que lorsque Maskelyne, la magicienne, a exposé son travail, elle a été obligée de recourir à une stratégie. En se rendant au domicile du professeur Crookes, elle s'est jetée à sa merci et lui a fait passer une série de tests spéciaux. Avec des yeux brillants , elle raconta qu'elle avait profité de lui. Il semble qu'elle n'avait qu'une seule chance au monde de s'en sortir avec le galvanomètre 110, mais par un coup de chance pour elle et un mauvais hasard pour le professeur Crookes, la lumière électrique s'est éteinte pendant une seconde dans le théâtre où elle se produisait. et elle profita de l'occasion pour le tromper. L'un des tests a été reproduit par le professeur Harry Cooke, un magicien.

Il n'y a pas le moindre doute dans mon esprit que cet homme intelligent a été trompé et que sa confiance a été trahie par les soi-disant médiums qu'il a testés. Ses pouvoirs d'observation étaient aveuglés et ses facultés de raisonnement tellement émoussées par ses préjugés en faveur de tout ce qui était psychique ou occulte qu'il ne pouvait pas, ou ne voulait pas, résister à cette influence. 111 Cela semble plus difficile à comprendre quand on se souvient qu'il n'a accepté pleinement le spiritualisme qu'à l'approche de la fin de sa carrière terrestre. La faiblesse et le manque de fiabilité du jugement de Sir William en tant qu'enquêteur sont encore prouvés par le fait qu'il a admis que bon nombre des tests qu'il proposait avaient été rejetés par les médiums sur lesquels il enquêtait. De telles conditions ont rendu le test impossible et il ne semble pas s'en rendre compte, mais malgré tout cela, il est l'une des autorités les plus citées dans les domaines spiritualistes, en particulier par Sir Arthur Conan Doyle.

Un autre homme qui a été induit en erreur par les chicanes des médiums sur lesquelles il a enquêté au cours de nombreuses années de recherche est Sir Oliver Lodge. Il n'a pas réussi à trouver suffisamment de preuves pour l'inciter à diffuser les enseignements du spiritualisme jusqu'en 1904, après quoi il a occasionnellement envoyé « une lueur à travers le monde spiritualiste par une audacieuse profession de croyance ». En 1905, il n'était pas tout à fait prêt à approuver mais il félicitait fortement les médiums. Mais dès 1916, il était devenu « le grand scientifique du mouvement, le lien entre la croyance populaire et la théorie scientifique ». Il est cependant extrêmement difficile de comprendre comment un scientifique de premier plan peut permettre à sa plume de présenter à un monde pensant des impossibilités aussi incohérentes que les suivantes :

"Une table peut faire preuve d'hésitation, elle peut rechercher des informations, elle peut accueillir un nouveau venu, elle peut indiquer de la joie ou du chagrin, du plaisir ou de la gravité, elle peut garder le rythme d'une chanson comme si elle se joignait au refrain et surtout, elle peut faire preuve d'affection d'une manière indubitable.

*Qu'est-ce que tout cela a à voir avec l'esprit du défunt ?* Comment est-il possible d'accepter de telles absurdités ? Penses-y! Une *table* avec de l'intelligence, des cerveaux – une *table* avec conscience – une *table* avec émotion. Pourtant, c'est le genre de raisonnement utilisé par Sir Oliver dans son livre « Raymond » et il est acceptable pour tous les défenseurs enthousiastes de l'enseignement occulte. Lorsque nous lisons qu'un esprit d'une si haute culture est accablé par un tel malheur , nous sommes émus de compassion plutôt que de censure et ne pouvons que conjecturer que la perte de son fils bien-aimé, Raymond, dans une guerre maudite en est la cause.

Margaret Deland a écrit :

« Quant à la valeur scientifique des preuves présentées par Sir Oliver, il ne faut pas perdre de vue que la plus grande partie de celles-ci proviennent de l'expérience d'autrui et sont acceptées par lui comme des faits établis, dans de nombreux cas avec peu ou pas de certitude. aucune enquête appliquée à la télépathie. En suivant sa carrière, quiconque est familier avec la psychologie de la tromperie verra qu'il a été une « cible facile » exceptionnelle.

En décrivant une performance privée de ce que les magiciens appellent « la seconde vue à longue distance », après avoir détaillé les tests dans leur intégralité, Sir Oliver écrit :


«En ce qui concerne la collusion et la supercherie, personne n'a été témoin de la manière absolument authentique et naïve dont les impressions sont décrites, mais n'a été parfaitement convaincu de l'honnêteté transparente de toutes les personnes concernées.

"Cependant, cela ne constitue pas une preuve pour ceux qui n'étaient pas présents, et je peux seulement leur dire qu'au meilleur de mes convictions scientifiques, aucune collusion ou supercherie n'était possible dans les diverses circonstances des expériences."

À partir de ce qui précède, le lecteur peut se forger sa propre opinion quant à la valeur de l'enquête de Sir Oliver Lodge, tout en gardant à l'esprit que sa soi-disant enquête est typique de toutes les enquêtes menées par des scientifiques et des sages qui ont accepté le spiritualisme. comme un fait ou une religion (?).

La figure restante de ce type qui se trouve le plus en évidence sur la scène spiritualiste à l'heure actuelle est mon estimé ami, Sir Arthur Conan Doyle. Tout comme Sir Oliver, son opinion a été en jeu pendant de nombreuses années d' *enquête* , entre trente et trente-cinq ans, et il est significatif qu'il n'ait manifesté sa profonde préoccupation pour la secte que lorsque lui aussi, comme Sir Oliver, avait perdu un fils à la fin de la guerre et son cœur avait été déchiré par un chagrin similaire.

Dans « La Nouvelle Révélation », écrite après la perte de son fils, il nous raconte que pendant trente ans il a étudié « *négligemment* » le sujet du spiritualisme, *puis soudain, dans une crise d'émotion* 112 , il voit un possible baume dans mais au lieu de se rendre compte que c'était, ou devrait être, le moment de mener une véritable enquête, il leva les mains en criant :

*« Le côté objectif n'intéressait plus, pour avoir décidé qu'il était vrai que l'affaire était terminée. »* 113

Il ressort clairement de sa propre confession qu'il a décidé d'accepter le spiritualisme indépendamment de toute révélation réelle qui pourrait se présenter dans le futur et le fait qu'il ait effectivement mis fin à ses recherches intelligentes est prouvé par ses propres déclarations publiées citées ci-dessous.

Dans une lettre parue dans le *New York Evening Mail* du 29 décembre 1921, il déclare :

*« Je n'ai pas besoin de preuves scientifiques de ce que j'entends de mes propres oreilles, de ce que je vois de mes propres yeux. Personne ne le fait. C'est l'une des belles choses du spiritualisme. Chacun peut le prouver par lui-même. Cela prouve l'immortalité et mieux vous vivez ici, plus vous irez loin, progressant enfin vers l'état parfait. »*

Dans le *New York World du* 22 juin 1922, il déclare :

*« Que les médiums que j'ai recommandés ont été reconnus coupables de fraude ; n'importe quel médium peut être condamné, parce que le simple fait d'être médium est illégal selon nos lois obscures, mais aucun médium que j'ai jamais recommandé ne s'est révélé frauduleux dans un sens qui serait accepté par n'importe quel véritable étudiant en médium. 114 Cela s'applique également, je crois, aux médiums recommandés par Sir Oliver Lodge. »* 115

En ce qui concerne sa corroboration de l'opinion de Sir Oliver sur les médiums, Sir Arthur aurait déclaré :

*"Sir Oliver est trop scientifique."*

Et le *New York World* du 3 juin 1922 le cite disant :

*« La plupart des médiums prennent leurs responsabilités très au sérieux et considèrent leur travail sous un jour religieux. Une tentation à laquelle ont succombé plusieurs grands médiums est celle de la boisson. Cela se produit d'une manière très naturelle, car le surmenage les laisse dans un état de prostration physique et le stimulus de l'alcool apporte un soulagement bienvenu et peut finir par devenir une habitude et finalement une malédiction. L' alcoolisme affaiblit toujours le sens moral, de sorte que ces médiums dégénérés se livrent plus facilement à la fraude. La consommation d'alcool et la dégénérescence morale ne sont en aucun cas réservées aux médiums.*

*« Loin d'être antagoniste à la religion, ce mouvement psychique est destiné à revivifier la religion. Nous rencontrons ce qui est sain, ce qui est modéré, ce qui est raisonnable, ce qui est conforme à l'évolution progressive et à la bienveillance de Dieu. Cette nouvelle vague d'inspiration a été envoyée dans le monde par Dieu. »*

Je ne vais pas, pour le moment, disséquer et analyser les déclarations ci-dessus, préférant laisser le lecteur décider par lui-même après les avoir lu attentivement et digéré leur sens littéral. Il suffit d'attirer l'attention sur les diverses déclarations contradictoires et les divergences dans les sujets du droit, de la moralité et de la religion, et sur leur application au sujet du spiritualisme.

Sir Arthur aurait déclaré que la médiumnité est comme une oreille musicale et pourrait exister chez « une personne vulgaire », mais que le médium n'est qu'un porteur de messages comparable au garçon qui délivre des télégrammes. D'après les extraits précédents des propres déclarations de Sir Arthur , on verra qu'il dépend uniquement de ses *sens* de *la vue* et *de l'ouïe* (les deux plus faibles et les plus faciles à tromper) pour son témoignage. Lorsqu'un médium a confiance , il croit implicitement à ce qu'il lui dit et accepte ses « ouï-dire » comme une vérité évangélique, même s'il admet qu'il appartient peut-être à une classe vulgaire et malhonnête, souvent dépendant de l'alcoolisme à un degré élevé. débauche. Il est extrêmement difficile d'harmoniser ces déclarations.

Quant au sens de la vue couplé au sens de l'ouïe : alors qu'à Washington, D.C., Sir Arthur avait une « séance » avec les Zancig et après avoir été témoin de phénomènes entre leurs mains et leur esprit experts, il leur remit une lettre dont la suivante est une transcription :

« J'ai testé le professeur et Mme Zancig aujourd'hui et je suis tout à fait assuré que leur performance remarquable, telle que je l'ai vue, était due à des causes psychiques (transfert de pensée) et non à une supercherie.

( Signé) « Arthur Conan Doyle ».

M. Jules Zancig est un magicien, membre de la Society of American Magicians dont je suis le président depuis sept ans. Je crois qu'il est l'un des plus grands artistes de seconde vue que l'histoire de la magie ait enregistré. Au cours de mes recherches menées au cours du dernier quart de siècle, je n'ai réussi à retrouver aucun supérieur hiérarchique. Son système semble être suprême. Il n'a jamais revendiqué la télépathie et comme il n'a pas, à ma connaissance, obtenu de l'argent en faisant semblant de télépathie ou de présentations spirituelles, il ne serait pas juste de divulguer ses méthodes malgré le fait que Sir Arthur Conan Doyle a apposé le cachet d'authenticité sur ses méthodes. travail. Sans aucun doute, cela *parut* insondable à Sir Arthur et il conclut donc que c'était psychique et qu'il ne pouvait y avoir d'autre solution.

La mauvaise observation est responsable de nombreux malentendus, par conséquent de fausses déclarations, et par conséquent de nombreuses enquêtes deviennent sans valeur. Une telle fausse déclaration n'a pas pour but de tromper mais constitue l'expression honnête d'une conviction fondée sur des faits supposés par des personnes ignorant qu'elles sont victimes d'illusion. L'un des cas de mauvaise observation les plus flagrants, sinon le plus flagrant, que j'ai jamais connu est relaté dans un livre de J. Hewat McKenzie, président du British College of Psychic Science, intitulé « Spirit Intercourse ». À la page 107, il dit :

« Houdini, appelé le « Roi des menottes », qui a si habilement démontré ses pouvoirs sur les estrades des salles publiques, est habilité par le pouvoir psychique (bien qu'il n'en fasse pas la publicité), à ouvrir la serrure, les menottes ou le verrou qui lui sont soumis. Il a été emprisonné dans des cellules fortement barrées, doublement et triplement verrouillées, et il s'est échappé de toutes avec facilité. Cette capacité à déverrouiller les portes verrouillées est sans aucun doute due à ses pouvoirs médiumniques, et non à une quelconque opération mécanique normale sur la serrure. La force nécessaire pour tirer un verrou dans une serrure est tirée du médium Houdini, mais il ne faut pas croire que c'est le seul moyen par lequel il peut s'échapper de sa prison, car parfois son corps a été dématérialisé et retiré, mais cela sera traité dans une autre partie de ce chapitre.

Comme je suis le plus profondément concerné par cette accusation , je suis également le mieux équipé pour nier de telles déclarations erronées. Je prétends me libérer des contraintes des entraves et de l'enfermement, mais je déclare positivement que j'accomplis mon objectif uniquement par des moyens physiques et non psychiques. La force nécessaire pour « tirer un verrou dans une serrure » provient de Houdini, l'être humain vivant, et non d'un médium. Mes méthodes sont parfaitement naturelles, reposant sur les lois naturelles de la physique. Je ne *dématérialise* ni ne *matérialise* rien ; Je contrôle et manipule simplement les choses matérielles d'une manière parfaitement comprise par moi-même, et parfaitement responsable et également compréhensible (sinon reproductible) par toute personne à qui je peux choisir de divulguer mes secrets. Mais j'espère emporter ces secrets dans la tombe car ils ne présentent aucun avantage matériel pour l'humanité, et s'ils devaient être utilisés par des personnes malhonnêtes , ils pourraient devenir un grave préjudice.

À la page 112 de son livre, M. McKenzie me fait encore référence en disant :

« Houdini, de renommée mondiale , mentionnée précédemment, a démontré pendant des années la dématérialisation et le passage de la matière à travers la matière sur la plate-forme publique, tandis que Mme Thompson d'Amérique a démontré la matérialisation. Mme Zancig a, avec son mari, exposé publiquement son don psychique, appelé « transfert de pensée », qui est une pure projection de l'âme, dans tous les principaux centres mondiaux . Miss Fay et plusieurs médiums japonais bien connus ont démontré pendant des années le passage de la matière à travers la matière, ainsi que la matérialisation. Ce ne sont là que quelques-uns des nombreux qui pourraient être mentionnés et qui font preuve de dons psychiques devant le public. De tels médiums publics ne se présentent évidemment pas comme accomplissant leurs prodiges par des pouvoirs occultes ou avec l'aide d'esprits, et le public reste donc dans l'ignorance de la manière dont ils accomplissent leurs merveilleux tours, comme on les appelle. L'auteur a testé chacun de ceux mentionnés, par une expérience personnelle sur scène, et plusieurs également en privé, et peut témoigner qu'ils sont des médiums, accomplissant la plupart, sinon la totalité, de leurs grandes merveilles par l'intermédiaire de l'esprit. Ils sont naturellement réticents à reconnaître ce fait, car le public du music-hall serait immédiatement mécontent de toute affirmation selon laquelle ils auraient accompli leurs prodiges grâce au pouvoir spirituel. Leur public considérerait de telles affirmations comme de la « niaiserie » et les soumettrait probablement à des insultes, voire à des mauvais traitements, car le grand public ignore totalement les possibilités de manipulation de la matière psychique racontées dans ce livre, qu'un médium peut se développer avec la coopération d'entités spirituelles. On peut laisser libre cours à l'imagination du lecteur pour imaginer le visage d'un directeur de music-hall si on lui demandait d'autoriser sur scène une démonstration de pouvoirs spirituels. Des horreurs ! Le pauvre homme ne pourrait pas dormir pendant des nuits s'il pensait que des fantômes travaillaient autour de ses bâtiments ou sur sa scène. Ainsi, connaissant l'attitude des hommes à l'égard de telles choses, ces merveilles parmi les merveilles sont produites sur la scène du music-hall comme des tours « mystérieux » astucieux. L'auteur ne souhaite pas que ses lecteurs supposent que les tours de passe-passe mécaniques effectués par Maskelyne et Devant et d'autres opérateurs similaires ont quelque chose à voir avec le don médiumnique, car ils sont une copie mécanique de la vraie magie. Ces tours sont réalisés avec des tonnes de machines, alors que le véritable médium peut réaliser ses merveilles, si nécessaire, nu et dans une salle vide.

« La dernière fois où l'auteur, dans des conditions de test strictes, a vu Houdini démontrer ses pouvoirs de dématérialisation, c'était devant des milliers de personnes, sur la scène publique du Grand Theatre d'Islington, à Londres. Ici, un petit réservoir de fer, rempli d'eau, fut déposé sur la scène, et Houdini y fut placé, l'eau recouvrant complètement son corps . Au-dessus était placé un couvercle en fer avec trois moraillons et agrafes, et ceux-ci étaient solidement verrouillés. Le corps a ensuite été complètement dématérialisé dans ce réservoir en une minute et demie, tandis que l'auteur se tenait immédiatement au-dessus. Sans déranger aucune des écluses, Houdini a été transféré du char directement au fond de la scène dans un état dématérialisé. Il s'y est matérialisé et est revenu sur le devant de la scène, dégoulinant d'eau, et vêtu du maillot bleu dans lequel il est entré dans le char. Entre le moment où il y est entré et son apparition sur scène, une minute et demie seulement s'était écoulée. Alors que l'auteur se tenait à côté du réservoir, pendant le processus de dématérialisation, il a ressenti une grande perte d'énergie physique, comme c'est généralement le cas des participants aux séances de matérialisation, qui disposent d'un bon stock d'énergie vitale, comme dans de tels phénomènes. une grande quantité d'énergie est nécessaire. La dématérialisation s'effectue par des méthodes similaires à celles par lesquelles l'essence psychoplastique est extraite du médium. Le corps du médium peut être réduit à la moitié de son poids ordinaire dans la salle de matérialisation, mais dans le cas de la dématérialisation, l'essence continue à être aspirée jusqu'à ce que tout le corps physique disparaisse et que la substance qui le compose soit maintenue en suspension dans l'atmosphère. de la même manière que l'humidité est retenue par évaporation. Dans cet état, Houdini a été transféré de la scène à la salle de retraite située derrière, et s'y est matérialisé presque instantanément. La rapidité avec laquelle cette dématérialisation a été réalisée est beaucoup plus rapide que ce qui est possible dans la salle de séance de matérialisation, où il faut du temps pour que l'essence se cristallise en matière psychoplastique. Non seulement le corps de Houdini a été dématérialisé, mais il a également été transporté à travers le réservoir en fer verrouillé, démontrant ainsi le passage de la matière à travers la matière. Cette manifestation surprenante de l'un des miracles les plus profonds de la nature a probablement été considérée par la plupart des spectateurs comme une astuce très astucieuse.

Avec l'indulgence du lecteur, je pourrai peut-être être pardonné si j'insiste sur le fait que c'est exactement ce que je prétends être : *simplement une astuce supérieure* . L'effet est original chez moi et a été inventé au cours de ma carrière professionnelle d'animateur public, dans le seul but de *divertir* le public en le mystifiant. Mon succès semble être attesté par M. McKenzie lorsqu'il reconnaît qu'il a été trompé en lui faisant croire à mes pouvoirs médiumniques ; que j'ai dématérialisé mon corps et ma substance matérielle, et matérialisé ces choses, les ramenant ainsi à un état normal.

Pour réfuter cette idée fausse, je peux seulement dire qu'il s'agit d'une démonstration de mauvaise observation ; il n'y avait rien de surnaturel dans ma performance. Si je possédais réellement des pouvoirs aussi anormaux que ceux dont M. McKenzie me attribue, je ne serais que trop prêt à le prouver pour l'illumination d'un monde en attente. Je ne suis pas d'accord avec M. McKenzie selon lequel une telle reconnaissance déplairait au « music-hall » ou aux directeurs de théâtre ; au contraire, je suis sûr qu'ils ouvriraient volontiers leurs scènes à la manifestation et considéreraient cela comme une bonne gestion et une bonne mise en scène. Quant à la performance de Mme Thompson d'Amérique et de Miss Fay, leur travail n'est pas plus psychique que le mien. Il s'agit simplement d'une autre phase de tromperie magique, et je suis prêt à reproduire de telles performances en cas d'urgence.

En ce qui concerne les tests effectués personnellement par M. McKenzie sur mon travail, il n'a fait ni plus ni moins que ce que tous mes comités ont le privilège de faire lorsqu'il était sur scène pendant mes actes. Comme tous les croyants spiritualistes, M. McKenzie s'est appuyé sur ce qu'il *pensait* voir et n'a donc pas réussi à affirmer ou à nier sa vision erronée et mal orientée par l'application rationnelle de son intelligence consciente. S'il avait fait appel à ses facultés de raisonnement, comme le devraient tous les enquêteurs sincères et impartiaux, il aurait découvert l'incohérence totale de ses déductions et n'aurait jamais déclaré officiellement qu'il était l'auteur d'une telle folie, sans la moindre parcelle de preuve réelle pour étayer. sa réclamation.

Le Dr Crawford, dont la vie a été consacrée à la poursuite et à la recherche scientifiques, a consacré les trois dernières années de sa vie à *enquêter sur* des phénomènes occultes ou psychiques, et a complètement échoué. Son esprit est devenu altéré et il a mis fin à ses jours par suicide, reconnaissant que son cerveau était surchargé de problèmes abstrus. Il était si complètement déconcerté et déconcerté par les ruses de la famille Goligher , qu'il leur fit de la publicité comme étant de véritables médiums ; et le malheureux mourut sans découvrir sa propre faiblesse et son erreur. S'il avait conservé son équilibre mental un an ou deux de plus, il aurait été désillusionné par son collègue scientifique, mon ami M. E. E. Fournier d'Albe , dont le résultat de l'enquête se trouve ailleurs dans ce volume.

Les enquêtes infructueuses de ceux dont j'ai parlé sont typiques de tout ce que j'ai rencontré ou dont j'ai appris, et l'obstacle à leur succès a été leur parfaite volonté de se laisser tromper. Ils acceptent et tolèrent les propositions les plus absurdes quant aux conditions dans lesquelles sont menées les soi-disant enquêtes ; tout comme ils sont *fixés* par les médiums eux-mêmes. Ils acceptent et aident le médium à produire des résultats, et acceptent ces résultats comme une preuve concluante du surnaturel.

Qu'est-ce que tout cela veut dire?

Quelle importance peut-on attacher à l'un quelconque de ces phénomènes supposés comme preuve du retour des esprits défunts ?

# CHAPITRE XIII
## COMMENT LES MÉDIAS OBTENENT L'INFORMATION

NOUS lisons dans les journaux des cas de bandits qui braquent le payeur d'une grande entreprise et volent des milliers de dollars, ou encore des cambrioleurs pénétrant dans des maisons et des magasins, ouvrant des coffres-forts et s'emparant d'un butin précieux, mais ces cas que nous lisons ne sont rien de comparable. comparaison avec certaines nouvelles qui ne parviennent jamais à nos oreilles, des nouvelles de médiums qui, parce qu'ils ont eu de l'ingéniosité pour obtenir des informations, ont gagné des millions de dollars ; l'argent du sang gagné au prix de la torture infligée aux âmes de leurs victimes.

Supposons qu'un médium vienne dans votre ville. Il annonce une séance privée. Comme la personne moyenne, vous êtes curieux et souhaitez qu'on vous dise des choses sur vous-même que, selon vous, personne au monde ne connaît, pas même votre ami le plus intime. Peut-être aimeriez-vous apprendre quelques faits sur une transaction commerciale, ou savoir quel sera le résultat d'une histoire d'amour, ou peut-être recherchez-vous le réconfort et la consolation dont on a faim après la mort d'un proche. Vous allez sur ce média et êtes étonné par ce qu'on vous dit sur vous-même.

Je ne prétends pas pouvoir expliquer toutes les méthodes utilisées par les médiums pour obtenir cette connaissance. Un lecteur pourrait assister à une séance au cours de laquelle le médium utiliserait des moyens tout à fait différents pour obtenir les faits, mais je connais un grand nombre de méthodes utilisées par ces vautours humains. Je pense cependant que c'est une insulte envers ce charognard de charognards que de lui comparer de tels êtres humains, mais il n'y a, à mon avis, aucune autre comparaison appropriée.

Le principal atout de ces fraudes réside dans la quantité de connaissances qu'elles peuvent obtenir. C'est inestimable et ils ne reculeront devant rien pour l'obtenir. Ils compileront les avis de décès dans les journaux ; indexer les naissances et suivre les avis de fiançailles et de mariage ; employer des jeunes hommes pour assister aux affaires sociales et se mêler intimement aux invités, en particulier aux femmes.

Il est rare qu'un de ces médiums voie une personne le jour même de sa visite, mais il retarde la séance d'un jour ou deux à une semaine ou plus. Lorsque la personne quitte le bâtiment, elle est suivie par l'un des complices du médium qui rassemble suffisamment d'informations sur elle pour rendre les pouvoirs du médium convaincants lors de la séance.

Il est courant que des médiums de cette trempe parcourent les archives judiciaires des biens et des hypothèques. On connaît des cas où ils ont employé des hommes pour lire des épreuves dans les salles de presse des journaux afin de trouver des éléments permettant de « prédire » les événements lors des séances. Ils exploitent fréquemment les fils téléphoniques. Il est d'usage que ces médiums fouillent les boîtes aux lettres, ouvrent les lettres à la vapeur et en fassent des copies pour une utilisation future. On les a vu acheter les vieilles lettres vendues aux papeteries par les grandes entreprises, une lettre utile, sur une tonne de détritus, suffisait à leur rapporter un gros profit. Il est également courant que les médiums « installent » des assistants comme serveurs dans les restaurants dans le but d'entendre les conversations, en particulier dans les restaurants de classe supérieure, les clubs d'affaires et les clubs de déjeuner, où des hommes de renom discutent librement de leurs projets et de leurs secrets. et dans les « palais du homard doré » de Broadway et dans de nombreux cabarets d'hôtels d'autres villes, il y a des hommes qui vérifient et comptabilisent les bons dépensiers et qui, d'une manière ou d'une autre, généralement lorsque les victimes sont sous l'influence de l'alcool, obtiennent leur confiance. et sécuriser les informations qui sont vendues contre de l'argent.

Mon attention a été attirée sur un cas où il a été dit qu'un médium « avait implanté » des employés dans un hôtel métropolitain qui ouvriraient, liraient et refermeraient les lettres des invités. Le médium a également réussi à faire venir des filles au standard qui interceptaient les messages et faisaient pour lui un enregistrement dactylographié des conversations téléphoniques.

Dans de nombreux immeubles d'habitation , les garçons d'ascenseur, les surintendants et les domestiques sont soudoyés pour qu'ils fassent un rapport quotidien sur les événements intérieurs de la maison. La plupart des médiums travaillent dans l'obscurité et beaucoup d'entre eux ont employé des pickpockets experts qui extraient astucieusement des poches des modèles des lettres, des noms, des mémorandums, etc., pendant qu'ils sont interviewés. Ceux-ci sont transmis au médium qui informe plus ou moins le sujet de leur contenu. Ayant atteint leur objectif, ils sont remis dans les poches du modèle qui, sans en être conscient, sort pour aider à diffuser des informations sur les merveilleuses capacités du médium. Les campagnes des médiums sont planifiées longtemps à l'avance. Ils voyagent sur des bateaux à vapeur pour rassembler, compiler et indexer pour référence future les informations entendues dans les histoires intimes et les bribes de scandales échangés dans les fumoirs, les salles de cartes et les salons de dames.

Dans un moment de confidentialité, un homme a confié quelques secrets très intimes de son entreprise à une connaissance voyageuse alors qu'ils étaient assis dans le compartiment fumeur d'une voiture Pullman. Malheureusement pour lui, cette connaissance appartenait à une bande de médiums sans scrupules qui utilisaient ces informations pour le faire chanter. Ces bandes de maîtres chanteurs clairvoyants ne reculent devant rien. Ils emménageront dans l'immeuble dans lequel vit leur victime et surveilleront ses habitudes. S'ils disposent de suffisamment de temps, ils entreront par effraction dans ses appartements, non pas pour voler des objets de valeur, mais des informations qui leur rapporteront bien plus que la petite quantité de diamants et d'argent qu'ils pourraient s'emparer. S'il est possible de voler les archives des grands partis politiques, combien plus facile de voler les papiers secrets d'une famille. Si vous doutez que des informations soient divulguées, recherchez certains des cas qui ont été portés à l'attention des tribunaux ; des cas où des documents provenant d'organisations secrètes manquaient ; où les documents les plus intimes ont été rendus publics. De telles informations sont bien plus difficiles à obtenir que les actes des morts. Le Barreau protège sa réputation en éliminant les avocats qui s'attaquent à ses clients, mais il ne parvient pas à découvrir si facilement un employé malhonnête dans un cabinet d'avocat qui exploite des informations qu'il sait sacrées et secrètes.

Les médiums sont particulièrement désireux de rester en contact avec des employés mécontents. Il n'y a aucune limite à ce qu'ils feront. Ils sont connus pour embaucher des complices comme domestiques et chauffeurs dans des familles où ils étaient particulièrement désireux d'obtenir des informations et ont fréquemment fait placer des dictagraphes dans les maisons par des serviteurs faux ou déloyaux et, après environ un mois de compilation de secrets et d'informations, ils ont été préparés pour une séance au cours de laquelle les participants ne pouvaient expliquer les choses étonnantes qui leur étaient racontées qu'en croyant que le médium disposait d'une aide occulte. Le résultat fut une confiance totale dans les pouvoirs médiumniques qui coûta finalement aux participants une somme exorbitante.

J'ai entendu parler d'un médium qui employait un couple discret dans le but exprès d'assister aux funérailles, de se mêler aux personnes en deuil et de recueillir des informations qui ont finalement été transformées en or, et ce qu'on appelle une méthode « infaillible » consiste à habiller un petit femme sagement et la place dans la salle de réception où elle accueille les visiteurs, leur raconte ses ennuis et reçoit naturellement leurs confidences en retour.

J'ai même connu deux cas dans lesquels ces loups humains, apparemment par bonté de cœur, envoyaient des filles dans un séminaire de jeunes filles où elles pouvaient arracher à leurs colocataires des secrets qui causaient la perte de plusieurs fortunes.

L'un des plus gros scoops et dont on parle à voix basse, même parmi la fraternité de la fraude, est celui d'un ancien greffeur de cirque qui, après avoir été vidé à Wall Street, était à bout de nerfs pour gagner sa vie. Un soir, fatigué et las d'une journée d'efforts infructueux pour trouver un emploi honnête, il entendit ses deux filles discuter d'un scandale qu'elles avaient entendu dans le salon de coiffure où elles travaillaient et qui compromettait le nom d'une femme du monde. Le vieil homme dressa l'oreille, reconnut les possibilités et, très peu de temps après, investit le peu de capital dont il disposait et tout ce qu'il pouvait emprunter dans un salon de beauté et, grâce aux informations qu'il lui fournissait grâce à l'aide de sa femme et de ses filles, il capable de s'imposer comme médium, l'entreprise rapportant largement la première année.

Une méthode très originale pour obtenir des informations a été imaginée par un homme qui a décidé, après avoir écouté la conversation dans un bain turc, d'en ouvrir un lui-même. La plupart de ses serviteurs étaient complices et pendant que les clients profitaient du bain, leurs vêtements étaient fouillés, les lettres ouvertes et les signatures tracées. À la fin de la première année, il profita d'une maison de campagne dans un quartier aristocratique.

Lors d'un de mes engagements à Berlin, en Allemagne, j'ai fait la connaissance du contremaître d'une usine de coffres-forts qui m'a dit qu'il fabriquait un double de la clé 117 pour chaque coffre-fort qui passait entre ses mains et qu'il vendait ces clés à des médiums mais avec le exprimer sa compréhension du fait que rien ne devrait être volé. Les médiums lui assurèrent que tout ce qu'ils voulaient, c'était avoir l'occasion de lire le courrier et les papiers privés que contenaient les coffres-forts.

J'ai connu un certain nombre de cas dans lesquels le médium utilisait un toxicomane pour obtenir des informations, donnant à la pauvre créature torturée la drogue nécessaire uniquement en échange des faits qu'il voulait, sachant que lorsque le toxicomane souffrait à cause du stimulus de la drogue, il s'arrêterait à rien pour le sécuriser.

Dans les petites villes, des « vendeurs de Bible » ont parfois été employés pour obtenir des dates exactes, des noms et des lieux de naissance qui ont finalement été utilisés sous une forme ou une autre. Les hommes employés par les médiums pour recueillir des informations sont souvent déguisés en agents. Je connais un particulier qui va de maison en maison pour essayer de vendre des machines à écrire et des machines à laver à tempérament. Même s'il ne réalise pas de vente , il peut au moins engager la conversation avec la maîtresse de maison, attirant sa sympathie en racontant les épreuves et les tribulations d'un solliciteur et en racontant la triste histoire de la façon dont il a été poussé à un tel travail et en retour. recevant généralement les détails d'un cas similaire parmi ses amis ou ses parents. Informations soigneusement enregistrées pour une utilisation future.

Le gouvernement des États-Unis a dû affecter des hommes spéciaux pour démanteler une bande de faux recenseurs qui, allant de quartier en quartier, récupèrent des histoires familiales complètes qui sont ensuite vendues à des médiums pour de grosses sommes d'argent.

L'un des cas les plus intéressants dont j'ai entendu parler ces derniers temps est celui d'un jeune homme lourdement endetté qui demandait l'avis d'un médium. Le médium a proposé de payer ses dettes s'il acceptait en échange une position qu'il lui garantirait au Bureau des archives et, en plus de son travail, lui fournissait des copies de certains documents. La crainte que ses dettes soient connues de ses parents l'a contraint à accepter l'offre et le médium a obtenu les données souhaitées, mais avant qu'un usage abusif puisse en être fait, la conscience du jeune homme l'a amené à faire part de toute l'affaire à la police. et une gigantesque fraude a été « étouffée dans l'œuf ».

Les méthodes les plus ignobles et les plus sans scrupules dont j'ai jamais entendu parler, des méthodes presque au-delà de toute croyance, étaient celles utilisées par un médium qui prenait des dispositions avec un groupe d'« esclavagistes blancs » par lequel il leur payait une certaine somme spécifiée pour toute information que les « filles » avaient reçue. » dans leurs « maisons » ont pu sécuriser. En outre , il créa également un certain nombre d'endroits où, sous la direction d'une femme, les jeunes filles révélaient de nombreux secrets qui n'auraient jamais été révélés dans d'autres circonstances.

Une chose qui facilite le travail de ces médiums est le fait que beaucoup de gens racontent des choses sur eux-mêmes sans s'en rendre compte. J'ai vu des gens nier catégoriquement avoir fait certaines déclarations ou mentionné certaines choses au cours d'une séance, alors que je les avais personnellement entendu dire ces mêmes choses pas plus de vingt minutes auparavant. Sous l'excitation du moment, leur esprit subconscient parle tandis que leur esprit conscient oublie. Cela n'échappe pas au médium qui profite de tout ce qui est possible.

Un incident qui m'a été raconté par feu Harry Kellar montre de manière frappante ce qu'on peut faire avec des informations dont la possession n'est pas soupçonnée et dont la source n'est pas expliquée par la victime. Il avait rencontré à Hong Kong une troupe de musiciens itinérants, connue sous le nom de « Loftus Troupe », qui mettait en vedette Jefferson De Angelus. Parmi ces joueurs, il y en avait un, Jim Mass, qui, lors d'une discussion sur le spiritualisme, se moquait de la croyance de quiconque en ce sujet. Kellar lui a dit de visiter son hôtel la nuit suivante et qu'il aurait une séance. La messe s'est produite et Kellar a fait semblant d'entrer dans une transe profonde en roulant les yeux et en imitant tous les autres effets. Pendant qu'il était en transe, il raconta à la messe son histoire depuis le moment où il s'était enfui de Newark, dans le New Jersey, racontant ses épreuves et ses tribulations et ses efforts pour réussir sur scène jusqu'au moment où une jeune femme se suicida à San Francisco à cause de sa jalousie. Alors Kellar se tourna vers lui et dit :

"Quel est ton nom?"

«Jim Mass», fut la réponse.

"Ce n'est pas votre vrai nom", rétorqua Kellar , "votre vrai nom est James Cropsey!"

"C'est un mensonge", a déclaré Mass.

« Non, ce n'est pas un mensonge, car je vois devant moi ton nom. Je vois que ton père vient de mourir le cœur brisé à cause de ton comportement . Je vois ta mère t'écrire une lettre dans ce sens, te suppliant de rentrer à la maison et d'être à nouveau son fils. Je vois la tombe de votre père et sur la pierre tombale est inscrit « James Cropsey ».

Kellar sortit de transe et Mass sursauta en s'exclamant :

« Mon Dieu, tu m'as dit des choses que seuls le Tout-Puissant et moi connaissons !

Kellar a affirmé à la messe qu'il ne savait rien de ce qui s'était passé pendant la transe. Le lendemain, une lettre arriva de la mère de Mass lui annonçant le décès de son père. Cela le convainquit pleinement que Kellar avait de puissants pouvoirs médiumniques, et à tel point que lorsqu'ils se rencontrèrent quelques jours plus tard et que Kellar lui dit que tout cela était faux, Mass refusa d'y croire.

KELLAR ET HOUDINI

Kellar m'a expliqué que, quelques semaines auparavant, à Manille, il avait rencontré un voyageur américain qui, alors qu'ils discutaient des différentes compagnies théâtrales d'Orient, lui avait raconté tous les incidents qu'il avait répétés à la messe dans la prétendue transe. Ce voyageur avait écrit à la mère de Mass pour lui dire où se trouvait son fils et Kellar se sentait donc assez en sécurité en disant qu'une lettre arriverait dans quelques jours, mais malgré les aveux de Kellar , Mass continuait de croire fermement qu'il était un véritable médium. .

Des médiums ont été connus, après avoir suffisamment gagné la confiance du modèle, pour conseiller, par l'intermédiaire d'un Esprit, l'achat de certaines actions, obligations ou « terres marécageuses », et un certain groupe que je connais a gagné plus d'un million de dollars grâce à ce système. L'un des hommes les plus passionnés et les plus sans scrupules de cette classe, qui attend actuellement à l'étranger que les choses se passent, avait une méthode qui lui a valu une immense fortune. Il gagnerait la confiance d'une veuve dont le mari n'est pas mort depuis longtemps et fouillerait pendant des mois ses affaires privées à son insu. Ensuite, il organisait une rencontre avec elle au cours de laquelle il mentionnait avec désinvolture qu'il était spiritualiste et qu'elle pouvait trouver du réconfort dans le spiritualisme. Lors d'une séance impromptue, il lui disait tant de choses des plus intimes qu'elle en était convaincue. Après une série de séances, il matérialisait et manifestait ce qui était censé être l'Esprit de son mari qui lui disait de remettre certains biens et certains actes à ce médium qui s'en occuperait de manière professionnelle . Invariablement, la pauvre veuve trompée se rendrait à ses machinations et ce serait la dernière fois qu'elle entendrait parler de médium ou d'argent.

À une époque où la société britannique était en vogue de se plonger dans les affaires de l'au-delà, une maison de voyance fut ouverte dans le quartier le plus exclusif de Londres, le quartier branché du West End. Il était superbement meublé et la décoration intérieure était l'œuvre d'une entreprise bien connue. Bien que connue sous le nom de « Madame... », la propriétaire était en réalité la fille d'un aristocrate anglais. Elle avait formé un partenariat avec un homme connu dans la société sous le nom de « Monsieur – » et considéré comme étant simplement un « homme de la ville », mais était en réalité le chef d'une bande désespérée de la pègre.

Une clientèle riche s'habitua bientôt à une règle qui exigeait que les séances soient fixées au moins une semaine à l'avance, ce qui laissait à Madame ——— tout le temps à ses complices d'enquêter sur les affaires du client. Après plusieurs séances, la Madame disait à son client qu'elle était épuisée mais pouvait en révéler davantage si elle était autorisée à entrer dans l'atmosphère de la maison et à entrer en contact personnel avec certains des effets intimes du client. Cette allusion garantissait invariablement l'invitation souhaitée. Une fois invitée chez le client, elle allait de pièce en pièce en sélectionnant diverses choses et finalement en suggérant, au moment psychologique, qu'on lui montre tous les bijoux du client. Pendant que cela était présenté, Madame —— — était censée être entrée en transe, mais en réalité, elle surveillait de près où étaient conservés les bijoux. De retour dans sa propre maison, elle prit immédiatement contact avec Sir —— lui donnant des informations si détaillées sur la maison du client qu'il lui était facile de planifier le vol réussi par ses hommes, tandis que les victimes ne soupçonnaient jamais comment leurs cachettes secrètes avait été découvert. Il n'a fallu que cinq ans au couple pour acquérir une fortune de trois millions de dollars par ces méthodes. Ensuite, Scotland Yard s'est méfié de leurs actions et, à la recherche d'un climat plus agréable, ils sont venus en Amérique et ont commencé à mettre en œuvre leur système à New York.

Monsieur —— a appris par les voies souterraines d'un riche excentrique qui n'aurait rien à voir avec les banques et les coffres-forts, mais gardait tout son argent et ses objets de valeur dans sa maison où il se vantait de tant d'alarmes antivol et d'autres dispositifs de protection qu'il mettait pratiquement les voleurs au défi de le faire. le voler. Après s'être assurée que cet homme avait de très fortes tendances spiritualistes, Madame —— lui écrivit une lettre dans laquelle elle lui disait que l'esprit de son frère décédé lui avait demandé d'entrer en communication avec lui. Un entretien a suivi, puis une séance au cours de laquelle l'esprit du frère aurait été matérialisé. L'homme était tellement convaincu qu'il avait reçu un message de son frère que les instructions visant à protéger son argent et ses objets de valeur en les plaçant dans une certaine banque étaient implicitement suivies, au point même de les apporter au président (?) de la banque à chez lui au lieu d'aller à la banque avec eux. Il va sans dire que le « président de la banque » n'était autre que Monsieur ——. Cet exploit leur a rapporté environ quatre cent mille dollars. Peu de temps après leur apparition à Paris. Madame —— a dupé un bijoutier avec une quantité de bijoux de valeur et avec Monsieur —— a réussi à s'enfuir en Allemagne où ils ont tenté de répéter le spectacle mais ont été arrêtés.

La majorité des personnes escroquées ne blâment pas le médium mais croient réellement que l'Esprit de leur défunt a prescrit la perte et que le médium a simplement agi comme un agent. Ce n'est que lorsque les médiums se disputent ; quand il n'y a plus « d'honneur parmi les voleurs », les cas sont portés à l'attention de la police. Même si je réalise que cela serait difficile à appliquer, il devrait y avoir une loi pour empêcher ces fraudes, car, grâce à une enquête, je sais que cette ligne particulière a permis de rapporter plusieurs millions de dollars à des personnes imprudentes, confiantes et croyantes. Il faudrait y mettre un terme.

# CHAPITRE XIV
## CE QUE VOUS DEVEZ CROIRE POUR ÊTRE SPIRITUALISTE

IL Y a un vieil adage selon lequel « la vérité est plus étrange que la fiction », mais certaines des choses miraculeuses attribuées aux Esprits ne seraient pas racontées, ne pourraient pas l'être, même par un écrivain aussi célèbre de fiction sauvage que le baron de Munchausen, mais sous la protection manteau du spiritualisme, ces récits saisissants sont crus par des millions de personnes. Les choses conglomérées qu'on vous demande d'accepter de bonne foi sont presque inconcevables. Si vous ne le faites pas, vous n'êtes pas un vrai spiritualiste. Il ne doit pas y avoir l'ombre d'un doute dans votre esprit quant à la véracité des exploits extravagants prétendument accomplis par les Esprits par l'intermédiaire de leurs messagers terrestres, les médiums.

Parmi les esprits qui sont revenus et ont écrit des histoires, selon les spiritualistes, il n'y a pas moins de personnages que Shakespeare, Bacon, Charles Dickens qui a achevé son « Mystère d'Edwin Drood », Jack London, Edgar Allan Poe, Mark Twain et dernièrement Oscar. Wilde. Des magazines ont été publiés par les « Esprits » 119 et il existe de nombreux cas où des livres entiers ont été déclarés comme étant leur œuvre. Je demande au lecteur s'il croit aux incidents suivants que j'ai sélectionnés dans diverses publications spiritualistes de ma bibliothèque. Si tel est le cas , il a le droit de rejoindre la secte.

Le "Medium and Daybreak" du 9 juin 1871 raconte un cas où "les esprits ont 'flotté' M. Herne chez Mme Guppy en plein jour, comme nous l'avons rapporté il y a deux semaines... Cela a été rapidement suivi. par d'autres cas dont certains sont extrêmement bien étayés. Samedi soir, alors qu'un cercle composé d'environ neuf personnes était assis dans des portes verrouillées, avec MM. Herne et Williams, dans le logement de ces médiums, 61 Lambs' Conduit Street, après un temps considérable, on sentit un objet venir sur la table. , et lorsqu'une lumière a été allumée, leur visiteuse s'est avérée être Mme Guppy. Elle n'était en aucun cas habillée pour une excursion, car elle était sans chaussures et avait un carnet de notes dans une main et un stylo dans l'autre.

« Le dernier mot inscrit dans le livre était « oignons ». L'écriture n'était pas encore sèche et il y avait de l'encre sur la plume. Lorsque Mme Guppy a repris connaissance, elle a déclaré qu'elle avait fait quelques notes de dépenses, qu'elle est devenue insensible et ne savait rien jusqu'à ce qu'elle se retrouve dans le cercle. Un groupe de messieurs a accompagné Mme Guppy chez elle ; une députation entra en premier et interrogea Miss Neyland pour savoir comment et quand Mme Guppy avait disparu. Elle a dit qu'elle était assise dans la même pièce ; Mme Guppy faisait des inscriptions dans son livre et

Miss Neyland lui rappelait les éléments à noter. Miss Neyland lisait un journal pendant les intervalles d'une conversation, et lorsqu'elle relevait la tête après avoir lu, on ne voyait pas Mme Guppy. On laissa entendre, à travers des coups sur la table, que les Esprits l'avaient enlevée, et comme Mme Guppy avait toute confiance dans la bienfaisance de ces agents, l'enlèvement de Mme Guppy ne suscitait aucune inquiétude. M. Herne et M. Williams ont été « lancés » le même soir. M. Williams s'est retrouvé en haut des escaliers, les portes étant toujours fermées.

«Lors de la séance à l'Institution Spirituelle, une jeune femme sceptique a été lévitée. Lors de la séance de MM. Herne et Williams, au même endroit, un géranium en pot a été introduit dans la pièce par la fenêtre de l'escalier au-dessus, tandis que les portes et les fenêtres étaient fermées. Mme Burns s'est fait retirer un couteau de la main, que « Katie » (l'Esprit) a dit qu'elle déposerait chez Lizzie, c'est-à-dire Mme Guppy. Un homme avait deux photographies spirituelles prises dans sa main. Un coussin était transporté de la pièce de devant à la pièce du fond, où se tenait la séance, la porte étant fermée. Le manteau de M. Williams a été enlevé alors qu'on lui tenait les mains. M. Herne a été lancé. M. Andrews, un gentleman qui n'a pas l'usage de ses membres, a eu une conversation très intéressante avec « Katie » qui a promis d'essayer de lui en faire du bien. La sympathie généreuse de ces bons Esprits se manifestait bien dans leur empressement à secourir les affligés. Une lettre de Northampton laisse entendre que des phénomènes similaires se produisent dans cette ville. Ces exploits accomplissent un travail considérable pour convaincre des centaines de personnes au pouvoir.

« Lors d'une séance donnée par Mme Guppy (« Medium and Daybreak », 18 novembre 1870), les Esprits, sachant que c'était l'heure du thé, firent d'abord passer les plats à travers le mur solide et les posèrent sur la table, puis transportèrent le gâteau et du thé chaud, et au centre de la table étaient placées des violettes, de la réséda, des feuilles de géranium et des feuilles de fougères, toutes mouillées de pluie, qui avaient été cueillies par les Esprits.

« Herne, avec qui Williams était associé, se faisait un devoir de faire apporter par ses Esprits les ardoises du couloir par la porte fermée. Il a fait couler des livres à travers les sols solides, depuis la bibliothèque au-dessus, et les a laissés tomber sur la table de séance. Williams serait fasciné dans le cabinet et les Esprits le déshabilleraient à son grand embarras « fasciné ».

D'après le témoignage d'Orville Pitcher, John King, lors d'une séance, resta debout en plein jour pendant vingt minutes. Il se retira ensuite et fut suivi par non moins un personnage comme Oliver Cromwell, qui se promena, embrassa son médium et tous les modèles. Il contrôla ensuite le médium et exprima des pensées d'une nature des plus élevées.

"Mme. Catherine Berry déclare officiellement (« Medium and Daybreak », 9 juillet 1876) que grâce à la médiumnité de Mme Guppy, elle avait vu le sultan de Zanzibar la veille. "Il avait un beau visage cuivré et une grande barbe noire, sur la tête il avait un turban blanc tel que celui porté par l'Esprit de John King."

« Dr. Monck, ancien prédicateur, a disparu une nuit du lit dans lequel il dormait avec un autre homme à Bristol et, à sa grande surprise, à son réveil, il s'est retrouvé à Swindon. ( *Spiritualisme* , par Joseph McCabe.)

"M. Harris, sa femme et un ami, qui se trouvait être médium, étaient sur le point de s'asseoir pour un repas de midi lorsque le médium, un homme nommé Wilkinson, fut soudainement « contrôlé ». Il s'est battu durement contre ce comportement inattendu de son contrôle spirituel, mais en vain. Dans son état d'inconscience, il fit tinter de l'argent dans sa poche, puis désigna un paquet de cigarettes posé sur une étagère dans le coin opposé. Il semblait que dans cette boîte se trouvait la somme de 17s, 6d. M. et Mme Harris se demandaient ce que tout cela signifiait, quand soudain la boîte s'est envolée de l'étagère, a traversé la porte fermée et a disparu. Mme Harris a immédiatement quitté la pièce et a tenté de retrouver la trace de la boîte. Elle l'a trouvé à l'étage, sous l'oreiller du lit. L'argent était intact. ( *Une séance étonnante et une exposition* , *par* Sidney A. Mosley, page 21.)

Lors d'une séance tenue le 15 février 1919, au domicile de M. Wallace Penylan à Cardiff, par M. Thomas, étaient présents Sir Arthur, Lady Doyle et d'autres, au nombre d'une vingtaine en tout. « Thomas, parlant depuis sa chaise (apparemment toujours sous contrôle), a alors demandé : « Lady Doyle a-t-elle froid ? Puis Lady Doyle a dit qu'elle se sentait « un peu frissonnante » et Thomas a dit : « Oh, tu auras bientôt chaud », et au bout d'une seconde ou deux, quelque chose est tombé sur ses genoux. À la fin de la séance, il s'est avéré qu'il s'agissait de la veste Holland qui, d'une manière ou d'une autre, avait été retirée du médium. ( *Une séance incroyable* , page 51.)

La plupart des médiums d'aujourd'hui ont perfectionné l'art de faire léviter des tables, des chaises et d'autres meubles, même si je doute que l'un d'entre eux ait jamais atteint le niveau de perfection atteint par Palladino avec ses années d'expérience, son visage impénétrable et son étrange savoir quand le faire. saisissez les occasions de tromper ses enquêteurs, mais il vous est également demandé de croire que Daniel Dunglas Home a flotté par une fenêtre, au-dessus de la rue, et s'est précipité à travers une autre dans une autre pièce.

Le colonel Olcott demande dans « Communication » Quelle est cette performance par rapport à l'expérience de Webster Eddy (un frère cadet des Eddy Brothers) lorsqu'un homme adulte, en présence de trois témoins dignes de confiance, a été transporté hors d'une fenêtre et par-dessus la en haut d'une maison et a atterri dans un fossé à 400 mètres de là ?

« William Eddy a été transporté physiquement dans un bois éloigné et y a été gardé sous contrôle pendant trois jours et a été ramené à nouveau.

«Horatio Eddy a été emmené physiquement à trois milles jusqu'au sommet d'une montagne et a été obligé de rentrer seul chez lui le lendemain matin.

« Au Lyceum Hall de Buffalo, Horatio a été en lévitation pendant vingt-six soirées consécutives, alors qu'il était attaché à une chaise et lui et la chaise étaient suspendus à un crochet de lustre au plafond. Il a ensuite été abaissé en toute sécurité à son ancienne position.

«Mary Eddy a été élevée jusqu'au plafond de Hope Chapel, à New York, et pendant qu'elle y était, elle a écrit son nom. Son petit garçon, Warren, flottait plusieurs soirs dans des cernes et criait vigoureusement tout le temps pour être déçu.

"Depuis 1347, des rapports authentifiés prouvent que des expériences similaires ont eu lieu avec Edward Irving, Margaret Rule, saint Philippe de Néri , sainte Catherine de Colombine, Loyola, Savonarola, Jennie Lord, Madame Hauffe et bien d'autres."

Le colonel Olcott a omis de me mentionner. Je suis prêt à témoigner du fait que j'ai personnellement flotté dans les airs et *lévité* plusieurs fois et que j'ai été émerveillé par la facilité avec laquelle je l'ai fait, mais je me suis réveillé plus tard dans la nuit.

Horatio Eddy, dans une lettre personnelle datée du 6 juillet 1920, m'écrivait :

« Un livre de six pouces d'épaisseur ne contiendrait pas mon histoire. Je ne peux donner aucune version de notre flottement dans les airs, mais c'est exactement comme indiqué dans « Communication ». Webster Eddy est mon plus jeune frère. Mon père a mis des charbons ardents sur la tête de William et lui a versé de l'eau chaude dans le dos. Il nous fouettait tous pour prouver que le diable était en nous. 120

Dans une autre lettre datée du 3 juillet 1922, il écrit que lui et sa sœur avaient organisé une exposition commune avec Ira Erastus Davenport, à qui les autorités de Syracuse avaient ordonné de prendre un permis de jongleur, mais qui ne l'avaient pas fait.

« Le résultat : alors que nous tenions une séance privée, nous avons été menottés et emmenés en prison ; en chemin, les menottes ont été enlevées. Nous ne sommes pas allés en prison mais avons été traînés dans la neige sur plus d'un kilomètre. Ils ne nous ont pas mis en cellule, car je leur ai dit que s'ils le faisaient , j'ouvrirais toutes les portes des prisonniers avant le jour, alors deux policiers sont restés à nos côtés toute la nuit. Dans la matinée, un M. McDonald du 7 Beach Street nous a demandé quinze mille dollars.

« Notre procès devait avoir lieu à Schenectady en mars. Nous sommes arrivés là-bas et avons dû attendre trois semaines, puis ils l'ont transféré à Albany trois mois plus tard et notre caution a été renouvelée. Nous sommes restés à Albany jusqu'à la fin du procès. Le jour où notre procès devait avoir lieu, le juge a déclaré que nous affirmions qu'il s'agissait d'une phase de religion et l'a jugé à l'amiable.

Si vous êtes spiritualiste, vous devez croire que quinze personnes, dont plusieurs journalistes, se sont rencontrées dans les salons de Mme Young , sur la 27e rue, à New York, et qu'à la demande de l'Esprit, plusieurs noix anglaises ont été placées près du piano, et que le piano montait et descendait sur les noix sans les écraser. Le colonel Olcott écrit qu'il a été demandé à sept des personnes les plus lourdes de la pièce de s'asseoir sur l'instrument. L'invitation étant acceptée, Mme Young joua une marche et l'instrument et les personnes qui le surmontaient furent soulevés de plusieurs pieds.

« Un portfolio contenant la note de Katie King d'Eliza White et la copie de John se trouvait à ce moment dans la poche de mon manteau, où il se trouvait constamment depuis la soirée précédente. John a interrompu nos expressions de surprise en rappant : « Voulez-vous que je commette un faux pour vous ? » Je peux vous apporter ici le chèque en blanc de n'importe quelle banque nationale et y signer le nom de n'importe quel président, caissier ou autre fonctionnaire. J'ai remercié Son Altesse Invisible et décliné la faveur au motif suffisant que la police ne croyait pas au spiritualisme et que je ne voulais pas risquer la chance de les convaincre au cas où les faux papiers seraient trouvés en ma possession. ( *Les gens de l'autre monde* , Henry S. Olcott, page 458.)

« Dans une maison de Ferretstonc Road, à Hornsey , à Londres, des explosions semblables à des bombes ont été entendues, des morceaux de charbon ont été propulsés par une agence inconnue dans toutes les directions. Des balais ont été projetés violemment depuis un palier dans la cuisine. Du verre et de la porcelaine avaient été brisés et des fenêtres brisées et pour couronner le tout, un garçon assis sur une chaise avait été soulevé du sol avec la chaise. (The *London Evening News* , 15 février 1921.)

Vincenzo Gullots , violoniste sicilien à Batavia, Illinois, bien connu pour ses concerts à Chautauqua, a décidé de prendre une épouse choisie pour lui après sa mort « par la compagne de mes heures les plus passionnantes, ma défunte épouse. Elle est décédée en août et j'étais presque frénétique de chagrin, mais dans la nuit, je pouvais sentir sa présence et j'ai implicitement suivi ses conseils. Mon nouveau compagnon la réconfortera. (The *New York World*, 17 mai 1922.)

Sir Arthur Conan Doyle, dans une interview à l'hôtel Ambassador de New York, rapportée par le *New York World*, le 11 avril 1922, a déclaré que « dans le « Summerland », le mariage se situe sur un plan plus élevé et plus spirituel qu'ici et n'est qu'un simple mariage. l'accouplement d'affinités toujours heureuses. Aucun bébé ne naît cependant. Les esprits, dans leurs tâches quotidiennes, gardent un œil vigilant sur les choses terrestres et sont extrêmement intéressés par les naissances ici.

Il a déclaré qu'il existe un plan appelé « Paradis » où se rendent les personnes « normalement respectables » après la mort et que ce « plan » n'est que légèrement éloigné de cette sphère terrestre. Les mauvaises personnes, lorsqu'elles meurent, sont transportées vers un plan considérablement plus bas que celui occupé par les personnes respectables et elles continuent de sombrer de plus en plus bas à moins qu'elles ne se repentent. Après une période probatoire considérable , ils peuvent accéder au « Paradis ». La durée moyenne de leur séjour au « Paradis » est d'environ quarante ans, après quoi ils flottent vers des plans de plus en plus élevés. Tous les médiums ont des anges gardiens auxquels ils sont particulièrement soumis, mais ils peuvent communiquer avec d'autres Esprits, « l'ange gardien » agissant alors comme une sorte de maître de cérémonie.

Sir Arthur a proclamé qu'il avait vu un jour le visage de sa mère décédée dans l'ectoplasme d'un médium. C'était quelques mois après sa mort et il ajoutait : « Il n'y avait pas la moindre question à ce sujet. C'était pendant que j'étais en Australie. Le visage semblait aussi solide que dans la vie. Ma mère m'a écrit une lettre par l'intermédiaire du médium en signant un petit nom 121 qui ne pouvait pas être connu du médium. Il ne fait aucun doute non plus que j'ai été en communication avec mon fils.

Un article paru dans le *New York American* du 5 avril 1923 raconte que Sir Arthur Conan Doyle a déclaré aux journalistes qu'il s'était récemment blessé aux ligaments de sa jambe droite, du tibia à la cuisse, et que son fils Kingsley, décédé au cours de l'accident, La guerre avait massé le membre avec des résultats bénéfiques : « J'étais assis avec Evan Powell, un médium très inhabituel et puissant », a-t-il déclaré, « lorsque mon fils Kingsley est apparu, disant : « Tout ira bien, papa ; Je vais bien te soigner,' et j'ai commencé à me masser la jambe.

Dans un article paru dans le *London Magazine* d'août 1920, M. C. W. Leadbeater, un membre éminent de la Société Théosophique et une autorité en matière de théories occultes, parlant de l'apport des Esprits, dit : « vivant astralement comme eux, la Quatrième Dimension est c'est un fait banal de leur nature, et cela leur permet d'accomplir très simplement bien des petits tours qui nous paraissent merveilleux, comme sortir des objets d'une boîte fermée à clé ou apporter des fleurs dans une pièce fermée.

Sir Arthur Conan Doyle, dans son livre « Les errances d'un spiritualiste », consacre sept pages à Charles Bailey, connu comme un « médium d'apport ». Sir Arthur défend Bailey, même s'il a été dénoncé à plusieurs reprises. 122 Parmi les choses que Bailey prétend avoir apportées figurent des oiseaux, des plantes orientales, des petits animaux et un jeune requin de dix-huit pouces de long qu'il prétendait que les guides spirituels avaient ramené d'Inde et passé à travers les murs jusqu'à la salle de séance.

Mme Johnson de Newcastle-on-Tyne, en Angleterre, m'a dit personnellement que l'Esprit de son fils décédé était parfois très malicieux et lui causait beaucoup d'embarras. L'une de ses blagues préférées lorsqu'elle était en voyage était d'ouvrir son sac de voyage et de laisser toutes ses affaires éparpillées. Elle m'a également dit que l'Esprit du garçon allumerait le feu pour qu'elle puisse prendre son petit-déjeuner.

Une veuve de Brooklyn, New York, est devenue mère et a affirmé que l'Esprit de son mari était le père de l'enfant.

Le célèbre professeur Hare, professeur de chimie à l'Université de Pennsylvanie, diplômé de Yale et Harvard et associé au Smithsonian Institute de Washington, raconte que lorsqu'il voyageait avec un garçon et dans sa chambre, après avoir enfermé le fer à repasser Spiritscope en boule , étui à raser, etc., dans son sac en moquette, d'une manière impénétrable, tout le contenu a été retiré du sac et est tombé autour de lui dans une douche.

Anna Stuart, une médium de Terre Haute, pourrait produire des esprits qui pèseraient pratiquement rien jusqu'à plus de cent livres, et les spiritualistes sont censés croire qu'un être humain peut entrer en transe et donner naissance à trois ou quatre êtres avec son propre corps. Forme spirituelle. W. T. Stead, l'un des spiritualistes les plus brillants, aujourd'hui décédé, affirmait avoir vu l'Esprit d'un Égyptien qui quitta la « vie terrestre » à l'époque de Semir -Amide, il y a trois mille ans. « Pendant plusieurs minutes, l'Esprit nous était distinctement visible en train de mâcher une pomme, mais je me sentais tellement épuisé par la perte de magnétisme et nerveux en même temps que je l'ai supplié de nous quitter. Je n'oublierai jamais son expression émouvante.

Florence Marryat, la fille du capitaine Marryat, célèbre écrivain d'histoires marines, a écrit de nombreux livres sur le spiritualisme. Elle a écrit l'une des meilleures introductions en faveur du spiritualisme que j'ai jamais lu, néanmoins certaines des choses dont elle prétend avoir été témoin et vécue sont d'une telle nature que je n'en donnerai qu'une brève mention sans commentaire, laissant le lecteur se forger sa propre opinion. Ils sont tirés de son livre « Il n'y a pas de mort ».

Elle raconte que son beau-frère est entré dans la pièce après un entraînement au tir et qu'en montrant son fusil, il a été « accidentellement déchargé, la balle traversant le mur à moins de deux pouces de la tête de ma fille aînée ». Elle affirme avoir prévu l'événement la nuit précédente.

Elle écrit avoir rejoint la compagnie « Patience » de M. d-Oyley Carte pour jouer le rôle de Lady Jane, et raconte que les différents membres de la compagnie ont mentionné à différentes occasions le fait que même si elle était debout sur la scène, elle semblait être assis dans les stalles. Cela se passait toujours au même moment, juste avant la fin du deuxième acte.

Dans un autre endroit, elle dit : « Nous avons unanimement demandé des fleurs. Nous étions en décembre et il y avait une forte gelée, et en même temps nous sentîmes l'odeur de la terre fraîche, et on nous dit d'allumer à nouveau le gaz, lorsque le spectacle extraordinaire suivant apparut à nos yeux. Au milieu des assistants, se tenant toujours par la main, était entassé sur le tapis une immense quantité de moisissure, apparemment arrachée avec les racines qui l'accompagnaient. Il y avait des lauriers , des lauriers, du houx et plusieurs autres, tels qu'ils avaient été arrachés de terre et jetés au milieu de nous. Mme Guppy avait l'air tout sauf ravie à la vue de son tapis et supplia les Esprits d'apporter des choses plus propres la prochaine fois. Ils nous ont alors dit d'éteindre à nouveau les lumières et chaque assistant devait souhaiter mentalement quelque chose pour lui-même. Je souhaitais un papillon jaune, sachant que c'était décembre, et en y pensant, une petite boîte en carton m'a été mise dans la main. Le prince Albert m'a chuchoté : "As-tu quelque chose ?" «Oui», ai-je répondu, «mais pas ce que j'ai demandé. J'imagine qu'ils m'ont donné un bijou. Quand le gaz fut rallumé , j'ouvris la boîte et là gisaient *deux papillons jaunes* , morts bien sûr, mais n'en étaient pas moins extraordinaires.

En parlant d'une séance avec Katie King, elle a déclaré : « Elle m'a dit de prendre les ciseaux et de lui couper les cheveux. Cette nuit-là, elle avait une profusion de boucles qui coulaient jusqu'à sa taille. J'ai obéi religieusement, coupant les cheveux partout où je pouvais pendant qu'elle n'arrêtait pas de dire : « *Coupez plus ! coupez plus ! pas pour vous-même, vous savez, parce que vous ne pouvez pas l'enlever.* " Alors j'ai coupé boucle après boucle et aussi vite qu'ils tombaient au sol, *les cheveux ont repoussé sur sa tête* . Quand j'ai eu fini, « Katie » m'a demandé d'examiner ses cheveux et de voir si je pouvais détecter un endroit où j'avais utilisé les ciseaux, et je l'ai fait sans aucun effet. Il n'y avait pas non plus de cheveux coupés. Il avait disparu, hors de vue. »

Dans un autre endroit, elle raconte : « Un jour, un chef d'orchestre m'a parlé. « Je ne connais pas votre nom », a-t-il dit (et j'ai pensé : « Non, mon ami, et je ne le saurai pas encore non plus ! ») », mais un Esprit ici souhaite que vous veniez au cabinet. ' Je m'avançai, m'attendant à voir un ami, et là se tenait un prêtre catholique, la main tendue en signe de bénédiction. Je me suis agenouillé et il m'a donné la bénédiction habituelle, puis a fermé le rideau. « Connaissez-vous l'Esprit ? m'a demandé le conducteur. Je secouai la tête et il poursuivit : « C'était le père Hayes, le prêtre bien connu de cette ville. Je suppose que vous êtes catholique ? Je lui ai dit « Oui » et je suis retourné à ma place. Le conducteur s'adressa à nouveau à moi : « Je pense que le père Hayes doit être venu ouvrir la voie à certains de vos amis », dit-il. « Voici un Esprit qui dit qu'elle est venue chercher une dame du nom de Florence, qui vient de traverser la mer. Répondez-vous à cette description ? J'étais sur le point de dire oui lorsque le rideau s'est à nouveau ouvert et que ma fille « Florence » a traversé la pièce en courant et est tombée dans mes bras. « Mère », s'est-elle exclamée, « j'ai dit que je viendrais avec toi et prendrais soin de toi, n'est-ce pas ? Je l'ai regardée. Elle avait exactement la même apparence que lorsqu'elle est venue me voir en Angleterre sous les différentes médiumnités de Florence Cook, Arthur Coleman, Charles Williams et William Ellington.


Elle raconte l'histoire d'un homme d'affaires qui assistait à une séance tous les soirs et offrait une fleur blanche à l'Esprit de sa femme décédée le jour de son mariage onze ans auparavant. 123 Le livre est plein d'incidents de ce genre, mais je pense qu'ils en ont suffisamment répété pour montrer au lecteur ce qu'il faut croire pour être un bon spiritualiste. 124

Dans le livre du juge Edmonds « Spiritualisme », nous lisons qu'il était d'usage de recevoir sur des feuilles de papier vierges des messages des Esprits d'hommes connus ; que Benjamin Franklin entra accompagné de deux autres Esprits ; qu'un crayon s'est levé de lui-même et a écrit cinq lignes d'hébreu ancien ; que des livres lévitaient d'une table à de nombreuses reprises, et un certain nombre d'autres incidents qui faisaient appel à l'imagination du lecteur.

Daniel Dunglas Home, dans son témoignage en juillet 1869, comme le rapporte le *London Times* , a raconté un incident survenu plusieurs années auparavant. « Nous étions, dit-il, dans une grande salle du Salon de Quatorze. L'Empereur et l'Impératrice étaient présents, je raconte maintenant l'histoire comme j'ai entendu l'Empereur la raconter, une table fut déplacée, puis on vit venir une main. C'était une main très joliment formée. Il y avait des crayons sur la table. Il a soulevé, non pas celui à côté, mais celui de l'autre côté. Nous avons entendu le son de l'écriture et l'avons vu écrire sur du papier fin. La main passa devant moi et se dirigea vers l' Empereur , et il la baisa. Il est allé à l'Impératrice ; elle se retira de son contact et la main la suivit. L' Empereur dit : « N'ayez pas peur », et elle l'embrassa aussi. La main semblait être comme une personne qui réfléchissait et disait : « Pourquoi devrais-je le faire ? » Cela m'est revenu. Il y avait écrit le mot « Napoléon » et il reste écrit aujourd'hui. L'écriture était l'autographe de l'empereur Napoléon Ier, qui avait une main extrêmement belle. M. Home a également déclaré que l'empereur de Russie ainsi que l' empereur Napoléon avaient vu des mains et les avaient saisies, "quand elles semblaient flotter dans les airs".

Telles sont les choses que les spiritualistes sont censés croire et croient effectivement. Je pourrais continuer à réciter des incidents *à l'infini*, *ad nauseam*, mais je crois que le lecteur peut se faire son propre jugement à partir de ce qui précède. C'est le genre de matériel qui rend les gens fous, car lorsqu'un être humain pauvre et malade est sur le point de guérir, de telles déclarations absurdes renversent souvent la raison. Faut-il s'étonner que la population de nos asiles de fous soit remplie de « disciples » qui ont tenté de croire ces choses ?

# CHAPITRE XV
## LES MAGICIENS COMME DÉTECTEURS DE FRAUDE

L' empressement avec lequel les spiritualistes s'emparent des lettres ou d'autres déclarations de magiciens selon lesquelles ils croient que les soi-disant manifestations spirituelles dont ils ont été témoins n'ont pas été accomplies au moyen d'un tour de passe-passe mais étaient attribuables à des pouvoirs surnaturels ou occultes m'a étonné et, même si j'ai l'intention de réfuter Je veux en même temps attirer l'attention sur l'incompétence de l'opinion du magicien ordinaire connaissant deux ou trois expériences de spiritualisme, qui se lève et prétend qu'il peut reproduire les expériences de n'importe quel médium ayant jamais vécu.

Mon opinion personnelle est que, malgré le fait que d'innombrables expositions ont été réalisées avec succès, ce fait ne constitue pas une preuve qu'un enquêteur, qu'il soit un escroc ou autre, est pleinement capable d'appréhender chaque effet produit.

Certains magiciens ayant une connaissance des effets pseudo-spiritualistes imaginent qu'ils ont tout ce dont ils ont besoin pour être qualifiés d'investigateurs, et si quelque chose se produit lors d'une séance qu'ils ne peuvent pas expliquer, ils sont mystifiés et se transforment en croyances temporaires et écrivent des lettres ou font des déclarations qu'ils sont tout à fait conscients. je risque de le regretter à mesure que les années passent. 125

Un bon joueur de cartes « requin » ou « jeu de renfort » 126 peut tromper et escroquer le plus habile des tours de passe-passe qui ait jamais existé, à moins que celui-ci ne se soit fait une spécialité des tours de jeu. Cela semble étrange, mais il est vrai que les magiciens des cartes sont de mauvais joueurs et que les médiums, comme les joueurs, recourent à la tromperie et profitent des gardiens sous tous les angles.

Il est manifestement impossible de déceler et de reproduire tous les exploits attribués à des médiums frauduleux qui n'hésitent pas à outrager les convenances et même la décence pour parvenir à leurs fins. Un médium habile recourra même à faire appel aux modèles 127 pour obtenir les informations souhaitées en recourant à ce qui peut être détourné pour une simple alouette, et si l'appât est avalé par le modèle, les circonstances sont mises à profit pour la perpétration d'une fraude délibérée. à sa consternation et à sa stupéfaction.

Encore une fois, bon nombre des effets produits par les médiums sont impulsifs, spasmodiques, produits sous l'impulsion du moment, inspirés ou favorisés par les circonstances présentes, et ne pourraient pas être reproduits par eux-mêmes. Parce que les circonstances de leur origine et de leur apparition sont si particulières, la détection et la duplication des phénomènes spiritualistes est parfois une tâche des plus complexes. Non seulement les médiums sont attentifs à profiter de tous les avantages offerts par l'autosuggestion, mais ils profitent également de chaque occurrence accidentelle. Par exemple, mon plus grand exploit mystérieux a été réalisé en 1922 à Seacliffe , L. I., le 4 juillet, au domicile de M. B. M. L. Ernest. Les enfants attendaient de déclencher leur feu d'artifice lorsqu'il a commencé à pleuvoir. Les cieux se sont complètement déchaînés. Le petit Richard, consterné, se tourna vers moi et me dit :

"Tu ne peux pas empêcher la pluie d'arrêter ?"

"Eh bien, certainement", répondis-je et levant les mains, je dis d'un ton suppliant: "Pluie et tempête, je vous ordonne d'arrêter."

Je l'ai répété trois fois et, comme par miracle, au bout de deux minutes, la pluie s'est arrêtée et le ciel est devenu clair. Vers la fin du feu d'artifice, le petit bonhomme s'est tourné vers moi et avec une lueur particulière dans les yeux m'a dit :

"Eh bien, M. Houdini, il aurait arrêté de pleuvoir de toute façon."

Je savais que je risquais la réputation de ma vie auprès du jeune mais j'ai dit :

"Est-ce ainsi? Je vais te montrer."

En sortant devant, j'ai levé mes mains suppliantes vers le ciel et avec tout le commandement et la force que j'avais en moi, j'ai appelé :

« Écoute ma voix, grand Commandeur de la pluie, et laisse encore une fois l'eau couler jusqu'à la terre et permettre aux fleurs et aux arbres de fleurir. »

Un frisson m'envahit, comme si, en réponse à mon ordre ou à la prière de mes paroles, une autre averse commençait, mais malgré les supplications des enfants, j'ai refusé de la faire cesser à nouveau. Je ne prenais plus de risques.

Je suis également conscient du fait qu'il existe des effets produits par les magiciens qui, selon eux, sont accomplis par des agents naturels, et que d'autres magiciens sont totalement incapables de rendre compte ou d'expliquer de manière satisfaisante. Un cas notable était une performance de carte du Dr Samuel C. Hooker qui comprenait la lévitation d'une tête d'animal grandeur nature, possédant un mouvement réaliste alors qu'il était en suspension et qu'il n'y avait toujours aucun moyen de soutien visible. Un certain nombre de ces séances étaient réservées à des groupes de magiciens.

À une occasion, une douzaine ou plus de magiciens professionnels parmi les plus experts étaient présents, mais aucun n'a pu proposer une solution satisfaisante.

De nombreux mystères magiques pratiqués à des fins de divertissement sont tout aussi incompréhensibles que les soi-disant phénomènes spiritualistes et il n'est pas étonnant que même les esprits entraînés à la pensée analytique soient trompés et égarés. Si j'étais à une séance et que je n'étais pas en mesure d'expliquer ce qui s'est passé, cela ne signifierait pas nécessairement que je croyais qu'il s'agissait d'un véritable spiritualisme. Le fait que j'en ai mystifié beaucoup ne signifie pas que ce que j'ai fait, bien qu'inexplicable pour eux, a été fait avec l'aide des Esprits. M. Kellar a fréquemment déclaré au public, particulièrement au cours des deux dernières années de son apparition sur scène :

« N'ayez pas honte si je vous mystifie ; J'ai vu Houdini et son travail et je ne sais pas comment il fait.

Le simple fait qu'une chose semble mystérieuse à nos yeux ne signifie rien au-delà de la nécessité d'une investigation analytique pour une compréhension plus complète. Mais revenons aux possibilités ; Je crois que la grande majorité des soi-disant manifestations peuvent être reproduites, mais je ne suis pas disposé à les inclure toutes, car, comme expliqué précédemment, certaines sont spontanées et ne peuvent être reproduites par les médiums eux-mêmes à moins que l'occasion identique ne se présente, ce qui est aussi incertain que la foudre frappant deux fois au même endroit – possible mais improbable.

Il serait extrêmement difficile, voire hors de question, de reproduire une grande partie des « phénomènes » par la description donnée par ceux qui en ont été témoins. Le temps écoulé et le fait qu'une histoire racontée deux fois ne perd jamais rend une telle reproduction extrêmement douteuse. Si je devais être mis au défi de reproduire une phase particulière présentée par un médium, il faudrait que l'autorisation me soit accordée pour me permettre au moins trois démonstrations. Au début, ne souhaitant accepter la parole de personne quant à ce qui s'est passé, je voudrais voir la manifestation afin qu'il n'y ait pas d'attaque surprise dans mon esprit par la suite. Lors de la deuxième séance, j'étais prêt à regarder ce que j'avais vu lors de la première séance et la troisième fois, j'essayais de l'analyser complètement pour déceler toute duplication. Il se peut qu'une formation particulière ou des années de pratique particulière aient permis au médium d'accomplir une certaine action et, naturellement, il faudrait au moins trois séances pour prendre pleinement conscience du modus operandi *ou* du processus de manipulation utilisé. S'il n'y avait pas de fraude, il ne pourrait y avoir aucune objection aux manifestations.

Analysons quelques déclarations du magicien. Premièrement : Belachini , prestidigitateur de la cour impériale allemande, est revendiqué par les spiritualistes comme un grand magicien approuvant et reconnaissant l'authenticité du spiritualisme, mais aucun effort d'imagination ne pourrait le classer ainsi malgré les efforts des spiritualistes modernes pour prouver qu'il était , car la nature même de ses astuces dément sa déclaration. Aucun magicien d'aujourd'hui ne permettrait qu'il soit mentionné comme une autorité en matière de spiritualisme, même si les spiritualistes tentent de prouver à partir de ses lettres qu'il l'était, tout comme ils le font depuis que ces lettres ont été écrites.

J'ai reçu des rapports de Karl Wilmann , de Hambourg ; A. Herman, de Berlin, et Rosner de Haisenhaid , à l'effet que Belachini n'était qu'un appareil ou un prestidigitateur mécanique avec une adresse adroite et audacieuse. En fait, sa confiance en soi illimitée lui a valu le poste pour lequel il est célèbre. Il jouait pour le Kaiser Wilhelm I. qui était émerveillé par sa dextérité suave. Le point culminant de la représentation fut lorsque Belachini , s'inclinant, tendit un stylo à Wilhelm.

« Prenez ceci, Votre Majesté, demanda-t-il, et essayez d'écrire avec. Je vous préviens, c'est un stylo magique et soumis uniquement à mon contrôle ; Je peux écrire n'importe quoi avec ou faire écrire n'importe quoi ; vous ne pouvez pas."

Wilhelm prit la plume en riant avec un air confiant, cachant sa véritable crainte pour Belachini . Il l'appliqua sur le papier devant lui mais, malgré ses efforts les plus minutieux, la plume rechignait, éclaboussant et éclaboussant de l'encre, tandis que Belachini souriait.

"Eh bien", dit le Kaiser, "dites-moi quoi écrire."

Belachini lui caressa pensivement le menton, puis répondit avec un sourire sec :

"Écrire cela. Je nomme par la présente Belachini Court Conjuror.

Le monarque rit de cet esprit et écrivit et signa sans difficulté l'ordre.

Un deuxième, célèbre à son époque, était « Herr Alexander », un magicien dont le nom complet était Alexander Heinberger . Il a donné des séances à la Maison Blanche pour le président Polk qui l'a envoyé une fois en Amérique du Sud sur un navire de guerre. Le président était prêt à croire que Heinberger était guidé et aidé par les Esprits, mais Heinberger ne voulait ni affirmer ni nier l'origine suspectée de ses exploits mais, en bon showman, il laissait ses observateurs à leurs propres déductions, comme c'était la pratique des frères Davenport. Il vécut jusqu'à quatre-vingt-dix ans et était un vieil homme des plus remarquables. Je lui ai rendu visite chez lui à Munster, en Westphalie.

Parfois, un malentendu entraîne un magicien dans le spiritualisme. L'exemple suivant me vient à l'esprit. C'est une croyance populaire parmi les spiritualistes que certaines lettres et déclarations portant la signature de Robert Houdin sont une reconnaissance de sa croyance dans le spiritualisme. Au contraire, ils font simplement référence à certains actes de voyance qui auraient eu lieu à la demande d'un certain Alexis Didier. La première déclaration a été traduite comme un entretien très long qui se conclut comme suit :

« Ah, Monsieur (Alexis Didier, adressé par Houdin ), cela peut paraître ainsi à un homme sans expérience en ces matières, à une personne ordinaire, bien que même alors une telle erreur soit difficilement admissible, mais à l'expert ! Considérez seulement, Monsieur, que toutes mes cartes sont truquées, marquées, souvent de dimensions inégales, ou du moins artistiquement disposées. J'ai de nouveau mes signaux et mes télégraphes. Mais dans ce cas, on s'est servi d'un nouveau paquet que je venais de sortir de son emballage, et que le somnambule n'a pas pu étudier. Il est un autre point où la tromperie est impossible, c'est dans le maniement des cartes : d'un côté, toute la naïveté du jeu, de l'autre, cet air révélateur d'effort que rien ne peut entièrement dissimuler. Ajoutez à cela son aveuglement total, j'insiste à juste titre sur l'impossibilité — l'impossibilité absolue — qu'il ait vu. *D'ailleurs, à supposer même qu'il puisse voir, comment expliquer les autres phénomènes ?* En ce qui concerne mes propres performances de « seconde vue », sans pouvoir vous dévoiler mon secret maintenant, sachez que je prends soin de vous dire chaque soir, que je ne promets qu'une seconde *vue* ! Par conséquent dans mon cas un premier regard est indispensable.

« Le lendemain, Robert Houdin m'a remis (Alexis Didier) la déclaration signée suivante :

" " Bien que je ne sois nullement enclin à accepter les compliments que M... a la gentillesse de me faire, et bien que je tiens particulièrement à ce que ma signature ne soit pas considérée comme préjudiciable en aucune façon à mon opinion, que ce soit pour ou contre le magnétisme , je ne peux cependant m'empêcher d'affirmer que les incidents rapportés ci-dessus sont ABSOLUMENT EXACTS, *et que plus j'y pense, plus il me semble impossible de les classer avec ceux qui font l'objet de mon métier et de mes performances .*

« 'Robert Houdin .

« '4 mai 1847.' »

On voit d'un coup d'œil que la signature dans cette affaire fait référence à une mystification par manipulation de cartes, voyance, prévision, etc. Sa deuxième lettre a été écrite quinze jours plus tard et est la suivante :

« Monsieur, (Alexis Didier) comme je vous l'ai dit, j'avais hâte d'avoir une seconde séance. Cette séance qui s'est tenue hier chez Marcillet s'est révélée encore plus extraordinaire que la première, et m'a laissé sans l'ombre d'un doute sur la clairvoyance d'Alexis. Je me rendis à cette séance, bien décidé à surveiller attentivement le jeu de *l'écarté*, qui m'avait tant étonné auparavant. Cette fois, je pris bien plus de précautions que lors de la première séance, car, me méfiant de moi-même, je pris un ami dont l'imperturbabilité naturelle lui permettait de juger avec sang-froid et m'aidait à affermir le mien. Je joins le récit de ce qui s'est passé, et vous verrez que la supercherie n'aurait jamais pu produire de tels résultats que ceux que je vais raconter.

«Je défais un jeu de cartes que j'avais emporté avec moi dans un emballage marqué pour me prémunir contre le remplacement d'un autre jeu. Je mélange et c'est mon affaire. J'utilise toutes les précautions connues d'un homme expérimenté dans toutes les esquives de sa profession. Tout cela ne sert à rien, Alexis m'arrête, et me désignant une des cartes que je venais de poser devant lui sur la table, dit :

« 'J'ai le roi.'

« Mais vous ne pouvez pas encore le savoir ; l'atout n'a pas été dévoilé.

« 'Vous verrez', répond-il. 'Continue.'

« En fait , j'ai trouvé le huit de carreau, et c'était le roi de carreau. Le jeu se poursuivit d'une manière assez étrange, car il me dit les cartes que je devais jouer, bien que mes cartes fussent cachées sous la table et tenues serrées dans mes mains. Pour chacune de mes avances, il jouait une de ses propres cartes sans la dévoiler, et c'était toujours la bonne carte à jouer contre la mienne. Je quittai alors cette séance dans le plus grand état d'étonnement possible, et convaincu de l'impossibilité totale que le hasard ou la prestidigitation aient été responsables d'une telle merveille. résultats.— Les vôtres, etc.,

( Signé) « Robert Houdin ,
« 16 mai 1847 ».

Je profite ici de l'occasion pour apporter une correction à une déclaration dans « Le démasquage de Robert Houdin » (page 287). Le dossier et la source d'information de l'époque ont été publiés à Berlin, en Allemagne. Cela donnait l'impression que les « lettres » citées ci-dessus faisaient référence à des phénomènes spiritualistes, mais maintenant, étant entré en possession d'une véritable traduction complète de ces documents, telle que publiée par la Society for Psychical Research, 128 je suis d'avis que Houdin a fait traitez le sujet du spiritualisme avec une prudence et une impartialité conservatrices, comme le rapporte le professeur Hoffmann.

Mais je tiens à dire qu'à mon avis, Robert Houdin , malgré sa merveilleuse réputation et son palmarès mentionné dans l'Encyclopédie Larousse, je ne peux pas être d'accord avec ses déclarations, car il a tellement dénaturé dans ses «Mémoires d'un magicien». Dans « Le démasquage de Robert Houdin », j'ai consacré un chapitre entier à son ignorance de la magie et en enquêtant, j'ai découvert qu'il n'était pas compétent en tant qu'enquêteur sur les affirmations des spiritualistes.


Ce fut pour moi une surprise choquante de constater que les lettres censées faire référence à des séances spiritualistes, et qui ont été si souvent citées comme telles, se réfèrent uniquement à son expérience avec Alexis le clairvoyant. Il doit être évident, même pour l'observateur occasionnel, qu'ils n'ont aucune relation avec le spiritualisme, mais se réfèrent uniquement à des séances avec un clairvoyant dans un jeu de cartes pointu. Sachant, comme je le sais maintenant, ce que tout cela signifiait, le fait qu'il ait écrit ces lettres ne me surprend pas du tout. Je crois que beaucoup de choses se sont passées dans cette pièce qu'il ne pouvait pas voir, ni savoir s'il y avait confédération, car les clairvoyants ainsi que les médiums obtiennent souvent des informations des sources les plus inattendues. La voyance, comme le spiritualisme, ne s'inscrivait pas dans la lignée directe de l'observation professionnelle de Robert Houdin . Que diraient lui ou l'un de ses confrères, qui étaient censés être des adeptes à cette époque, s'ils pouvaient assister à une séance de certains de nos clairvoyants d'aujourd'hui qui se présentent devant le public et utilisent la radio, la radio, les bobines d'induction, etc.? Quel merveilleux tas de lettres ils pourraient écrire du simple fait qu'ils ne pouvaient pas dire comment les effets étaient produits. Il est ridicule pour un magicien de dire que le travail dont il est témoin n'est pas accompli par magie ou par un tour de passe-passe simplement parce qu'il ne peut pas résoudre le problème.

Quant à ses qualifications pour juger du travail d'un clairvoyant, nous n'avons qu'à revenir à sa propre narration de l'origine et du développement de la seconde vue telle qu'elle est utilisée par lui-même. Ce récit se trouve dans l'édition anglaise de ses Mémoires :

« Mes deux enfants jouaient un jour dans le salon à un jeu qu'ils avaient inventé pour leur propre amusement ; le plus jeune avait bandé les yeux de son frère aîné et lui avait fait deviner les objets qu'il touchait, et quand plus tard il avait deviné juste , ils avaient changé de place. Ce jeu simple m'a suggéré l'idée la plus compliquée qui m'ait jamais traversé l'esprit. Poursuivi par cette idée, je courus m'enfermer dans mon atelier, et me trouvai heureusement dans cet état heureux où l'esprit suit facilement les combinaisons tracées par la fantaisie. J'ai posé ma tête dans mes mains et, dans mon enthousiasme, j'ai posé les premiers principes de la seconde vue.

Il est difficile de concilier cette affirmation avec la vérité, étant donné que l'entraînement de la mémoire, tel qu'il le décrit, était à la mode et pratiqué bien avant son époque et n'est pas la manière d'apprendre la seconde vue. Il n'a pu le découvrir ou l'inventer que par coïncidence, en raison de son manque total de connaissances sur les méthodes de vision et de clairvoyance telles qu'elles étaient pratiquées à son époque ou dans l'Antiquité. Laissez-moi vous expliquer clairement, et je l'espère une fois pour toutes, l'inutilité de ses lettres en ce qui concerne le spiritualisme et la voyance.

En premier lieu l'essai aux yeux bandés 130 réalisé par Alexis Didier pour mystifier Houdin . Mettre du coton sur les yeux et le couvrir avec un mouchoir est maintenant utilisé par les amateurs dans la forme la moins chère de ce que nous appelons la « lecture musculaire ». Il n'y a pas la moindre difficulté à voir sous un tel bandage, parfois au-dessus, et le champ de vision peut être facilement déterminé par un test. A Paris, j'ai vu un mystérieux artiste, nommé Benoval , qui avait les yeux collés avec du papier adhésif, dessus du coton était placé et sur le coton un mouchoir, mais il dansait autour des bouteilles et des bougies allumées sans aucune difficulté.

Concernant l'information donnée par clairvoyance à Madame Robert Houdin lors d'une autre séance avec Alexis ; Houdin était à cette époque l'un des personnages les plus connus de Paris, un personnage public, et c'était la chose du monde la plus simple pour Alexis de recueillir des informations sur lui et sa famille. Houdin n'était peut-être pas familier avec la subtilité de ce que nous appelons aujourd'hui « pêcher », « caler » ou « tuer le temps » afin d'obtenir des informations ou de faire passer quelque chose. Il aurait pu être mystifié mais sa connaissance du spiritualisme et de la clairvoyance était nulle selon sa propre déclaration.

L'une des démonstrations présentées par Alexis pour mystifier Houdin était la lecture d'un livre, par le voyant, plusieurs pages avant une page désignée par la personne qui tenait le livre à ce moment-là. Il ne semble pas y avoir de détails vraiment authentiques rapportés concernant la performance exacte de cet homme, Alexis, par conséquent beaucoup de choses doivent nécessairement être laissées à la conjecture et à la connaissance des méthodes orthodoxes pour faire de telles choses. Les informations disponibles semblent être passées entre plusieurs mains et, selon toute probabilité, ont été présentées pour la première fois au public par le biais d'une publication spiritualiste. Cependant, l'effet particulier mentionné n'est ni nouveau ni étrange, mais a toujours été une caractéristique des actes de seconde vue et des clairvoyants. La lecture d'un livre de mémoire est tout à fait possible aux personnes présentant un mental anormal ou une formation particulière à la mémorisation co-relative ; un système très astucieux aux possibilités surprenantes. Il existe de nombreux cas de personnes qui, après avoir lu un livre une fois, étaient capables de répéter chaque mot et même de dire où se trouvait la ponctuation. La capacité de réciter des chapitres entiers ou des parties de chapitres est beaucoup plus courante et n'est pas difficile pour les esprits entraînés comme ceux que possèdent les membres des sociétés de théâtre, qui sont souvent obligés de mémoriser simultanément trois ou quatre pièces, et cela aussi. sur la route. Afin d'être prêts à jouer un rôle l'après-midi et un tout autre le soir même, les acteurs classiques doivent souvent effectuer un merveilleux travail de mémorisation dans des délais très brefs. Ce n'est pas une exception mais la règle. Ils ont de longues parties avec de cinquante à cent cinquante « faces », chaque face contenant de un à dix discours. Le discours de la mère adoptive dans « Common Clay » fait plus de trois pages, et celui de la duchesse dans le premier acte de « Lady Wildmere's Fan » d'Oscar Wilde fait environ quatre pages. L'actrice bien connue, Miss Beatrice Moreland, m'a dit qu'elle les avait mémorisés tous les deux en une heure et qu'elle était presque parfaite. La règle de l'acteur pour mémoriser les rôles est de prendre d'abord dix pages et, une fois mémorisées, d'en prendre dix autres. Si de tels exploits peuvent être réalisés grâce à un entraînement, combien il doit être facile pour un esprit anormal de mémoriser un livre.

Il me vient à l'esprit un exploit de mémoire phénoménal réalisé par un esclave aveugle appelé « Blind Tom ». Il écoutait pendant qu'un compositeur jouait une composition originale. Dès que le compositeur eut fini, Tom s'assit au piano et reproduisit la pièce entière avec toute la délicatesse de nuances et de technique du compositeur.

Il existe un cas connu d'un spectacle de mémoire, je pense à l'époque de Rousseau, où un poète lisait un morceau de poésie, une longue monodie, au roi. En conclusion, le roi dit :

«Eh bien, c'est une histoire assez ancienne, je l'ai déjà entendue. En fait, l' homme qui me l'a raconté est maintenant dans mon palais ; Je l'enverrai chercher et je lui demanderai de vous le réciter.

Il a parlé à un domestique qui a quitté la pièce et est revenu quelques minutes plus tard avec l'homme à la mémoire qui se tenait au centre de la pièce et récitait le poème en entier. Il semble que le roi, souhaitant mystifier le poète, fit cacher l'homme de la mémoire dans un placard où il pouvait entendre la lecture du poème.

Inaudi , un Français, a donné des spectacles en Amérique et en Europe dans lesquels il regarde un tableau noir couvert de chiffres écrits par un comité, puis se retourne et indique immédiatement correctement chaque chiffre du tableau et sa position ; les ajoute, les soustrait et les multiplie, avec une rapidité fulgurante, et tout cela sans regarder le tableau une seconde fois. Il ne revendique aucun pouvoir psychique ou clairvoyant mais explique simplement sa merveilleuse performance comme étant le résultat d'un souvenir photographique.

Je pourrais répéter de tels exemples indéfiniment, mais je pense en avoir donné suffisamment pour étayer ma prétention à la préséance des lois naturelles de Dieu et de leur action merveilleuse , voire incompréhensible, sur tout soi-disant don surnaturel d'une classe de personnes si complètement disqualifiée par toutes les lois connues. de la sociologie morale, comme le reconnaissent de nombreux médiums professionnels par leurs plus ardents partisans.

mystificateur aussi éminent que Robert Houdin peut mal juger lorsqu'il s'agit de comprendre les soi-disant manifestations du médium professionnel. Comme je l'ai expliqué dans « Le démasquage de Robert Houdin », page 291, il commet deux erreurs flagrantes en tentant d'expliquer le truc des frères Davenport. Il affirme d'abord que « grâce à une pratique particulière des médiums, le pouce est amené à reposer à plat dans la main, alors que l'ensemble prend une forme cylindrique d'un diamètre à peine plus grand que le poignet » . Deuxièmement, il déclare que les frères Davenport possédaient le pouvoir de voir dans l'obscurité grâce à une pratique ou un entraînement.

Me libérer des attaches de toutes sortes, des cordes aux camisoles de force, est mon métier depuis plus de trente-cinq ans, je suis donc en mesure de contredire positivement la première affirmation de Houdin . J'ai rencontré des milliers de personnes qui affirmaient que le tour de la corde ainsi que celui des menottes étaient accomplis en repliant la main ou en rendant le poignet plus grand que la main, mais je n'ai jamais rencontré l'homme ou la femme qui pourrait rendre la main plus petite. que le poignet. Je suis même allé jusqu'à faire fabriquer des bandes de fer pour serrer mes mains l'une contre l'autre, dans l'espoir de les rendre éventuellement plus petites que mes poignets, mais cela n'a servi à rien. Même si les pouces étaient coupés, je crois qu'il serait impossible de glisser une corde correctement attachée autour du poignet. De plus, je sais que Houdin avait tort à propos des Davenport à cause de ce que m'a dit Ira Erastus Davenport lui-même.

Tout aussi absurde est le don de voir dans le noir dont Houdin a doté les Davenport. Le professeur Hoffmann défend Houdin en citant des exemples de prisonniers qui avaient été enfermés dans un cachot pour une durée indéterminée et qui avaient appris à voir dans le noir. Ira Erastus Davenport s'est moqué de cette idée et Morelle , qui a été enfermé dans un cachot pendant plusieurs années, m'a dit que toutes les années qu'il avait passées dans l'obscurité n'habituaient pas du tout sa vue et que d'avoir vu un article clairement il l'aurait fait. aurait été obligé de le tenir près de ses yeux et même alors , il aurait dû faire preuve d'imagination.

Baggally , un enquêteur, membre de la Society for Psychical Research de Londres, Angleterre, déclare avec insistance qu'il croit que les Zancig sont *de véritables télépathes* , et mon ami Sir Arthur Conan Doyle, bien qu'il dise que Zancig a donné la preuve à de nombreuses reprises qu'il fonctionne avec un code, mais a néanmoins déclaré par écrit qu'il croyait que les Zancigs étaient authentiques. Je tiens à déclarer officiellement que les Zancigs ne m'ont jamais impressionné comme étant autre chose que des codeurs de signaux intelligents, silencieux et silencieux . Zancig a librement admis aux membres de la Society of American Magicians, dont il est membre, qu'ils n'étaient pas des télépathes mais, comme nous l'appelons, des « artistes de la seconde vue ». Ils ont simplement un code merveilleux que le public ne peut pas détecter. Il est intéressant de savoir qu'après la mort de Mme Zancig , Zancig a pris un conducteur de tramway de Philadelphie et l'a fait entrer par effraction pour commettre l'acte. Ce jeune homme quitta bientôt son professeur, se maria et commença à présenter le numéro avec sa femme. Puis Zancig prit le jeune David Bamberg, un fils intelligent de Théodore Bamberg, un de nos magiciens bien connus. Le garçon s'est montré exceptionnellement intelligent, mais en raison de circonstances inattendues, il est parti et est parti à l'étranger. Zancig est venu me chercher un assistant et je lui ai présenté une actrice. Il a dit qu'il garantirait de lui apprendre le code dans un délai d'un mois, mais ils ne sont jamais parvenus à un accord sur les questions financières. Zancig s'est remarié, cette fois professeur d'école, et ils réalisent un spectacle très intelligent. Je précise au passage qu'en 1906 ou 1907 j'ai engagé Zancig pour accompagner mon exposition. J'ai eu amplement l'occasion de regarder son système et ses codes. Ils sont rapides, sûrs et silencieux, et je dois lui reconnaître le mérite d'être expert dans la ligne de mystère qu'il a choisie, mais j'ai sa parole personnelle, donnée devant un témoin, selon laquelle la télépathie n'entre pas en ligne de compte.

Charles Morritt a un code de seconde vue qui est très simple et peut être enseigné à n'importe qui en trente minutes. Il m'a donné le secret. Il a donné ce code à un banquier qui l'a exécuté avec sa sœur, et Morritt , bien qu'il ait enseigné les signaux, n'a pas pu les suivre ou les détecter une fois qu'ils ont commencé à fonctionner correctement. Bien sûr , il savait ce qu'ils faisaient, mais il ne pouvait tout simplement pas les suivre.

Concernant la possibilité d'utiliser des codes et des indices avant les autres sans être détecté, je peux dire positivement que c'est non seulement possible mais simple et pratique. J'avais un fox terrier du nom de "Bobby" que j'entraînais à ramasser des cartes par un signal. Le 31 mai 1918, j'ai joué avec ce chien devant la Society of American Magicians et je ne crois pas qu'il y ait quelqu'un dans le public qui ait détecté mon signal silencieux. J'en ai parlé à un certain nombre de professionnels experts qui pensaient, à toutes fins utiles, que Bobby écoutait mon discours, alors que je le lui faisais signe en silence tout le temps. Je ne souhaite pas dénoncer le signal silencieux car je sais que les grands dresseurs de chiens du monde l'utilisent et il ne serait pas juste pour eux de le rendre public. J'étais capable de donner à Bobby son signal silencieux dans n'importe quelle pièce ou même dans un bureau de journal et les spectateurs pouvaient me surveiller de près tout le temps parce que je n'avais jamais fait un mouvement qu'ils pouvaient voir ni aucun son qu'ils pouvaient entendre.

Il est courant de dresser d'autres animaux de la même manière. Au cours d'une de mes tournées en Allemagne, j'ai vu un cheval appelé « Kluge Hans » qui était capable d'épeler, d'additionner, de soustraire, de sélectionner des cartes et, avec ses pieds, de faire une tape pour oui et deux tapes pour non. Kluge Hans a longtemps trompé les professeurs, mais il s'est finalement avéré qu'il s'était inspiré de l'assistant du formateur. On ne sait pas généralement qu'en raison de la position de ses yeux, un cheval peut regarder en arrière dans une certaine mesure et les enquêteurs n'ont pas remarqué l'assistant qui se tenait juste derrière la tête du cheval.

À une certaine époque, William Eglinton, un médium anglais, était sans aucun doute considéré par les spiritualistes comme le médium professionnel le plus puissant non seulement en Angleterre mais dans une plus grande partie de l'Europe. En 1876, il détenait la palme en tant que successeur de Slade dans les astuces d'écriture sur ardoise. Il était un atout majeur pour la cause et a été vanté et porté aux nues par la presse spiritualiste. Il a produit des phénomènes variés en plus de ses effets d'écriture sur ardoise, tels que le mouvement des articles, la production de lumières spirituelles et la matérialisation. Les spiritualistes ont raconté qu'« il était si habile que plusieurs prestidigitateurs expérimentés ainsi que de nombreux enquêteurs » étaient incapables de détecter ou d'expliquer ses méthodes. C'était peut-être le cas. Il y a un demi-siècle, les prestidigitateurs n'étaient pas au courant du spiritualisme comme ils le sont aujourd'hui, et d'ailleurs, il faut admettre que même les prestidigitateurs ne sont pas à l'abri d'être trompés. Néanmoins, il y avait des prestidigitateurs et des enquêteurs profanes pleinement qualifiés pour découvrir et dénoncer ses fraudes.

En 1876, alors qu'il était dans la fleur de l'âge en tant que médium, il fut exposé à la matérialisation d'un Arabe. La barbe flottante et les draperies de cet Arabe étaient très familières aux spiritualistes anglais et, comme preuve de la matérialisation réelle, les modèles étaient autorisés à couper des fragments de la barbe et des robes. L'archidiacre Colley, membre intéressé d'un cercle de gardiens, soupçonnant une fraude, se procura quelques coupures de presse et, quelques jours plus tard, lorsque l'occasion s'en présenta, « il *trouva* dans le porte-manteau d'Eglinton une fausse barbe et une quantité de mousseline à laquelle correspondaient parfaitement les reliques détachées ». Il fut également dénoncé à plusieurs autres reprises, mais cela n'empêcha pas le journal spiritualiste *Light* de publier en octobre 1886 une masse de témoignages donnés par plus d'une centaine d'observateurs, parmi lesquels des personnes de haute culture et de haute position sociale, pour montrer que Les phénomènes observés lors de ses séances n'étaient pas dus à une action délibérée de la part du médium mais visaient à « établir de manière concluante l'existence d'une force objective et intelligente, capable d'agir à l'extérieur du médium et en violation des lois reconnues de la matière ».

La publication de telles déclarations a incité le professeur H. Carvill Lewis 131 à se rendre à Eglinton à des fins d'enquête et des dispositions ont été prises pour qu'il tienne une première audience en novembre, juste un mois après la déclaration extravagante dans *Light* . Conscient de la fragilité de la mémoire, le professeur Lewis a pris des notes pendant la séance et a rédigé ses déductions et conclusions immédiatement après. Il a découvert très tôt qu'un examen minutieux ne produisait pas une atmosphère suffisamment saine pour obtenir les résultats souhaités. Tandis que son attention était concentrée sur le médium, la « *force intelligente objective* » semblait totalement inopérante, mais chaque fois qu'il détournait son attention du médium et s'absorbait apparemment dans la prise de notes, la « *force intelligente* » devenait instantanément active. Sous l'observation du professeur Lewis, Eglinton a parfois échoué complètement et, à d'autres moments, a simplement *refusé* de travailler lorsque les conditions étaient contre lui. Le professeur Lewis le cite affirmant qu'il avait converti Kellar au spiritualisme, mais réfute une telle affirmation dans les mots suivants :

"C'est loin d'être le cas que M. Kellar , que je connais personnellement, offre chaque soir en Amérique vingt livres à quiconque produira des phénomènes spiritualistes qu'il ne peut pas imiter par la conjuration."

Les faits sont que Kellar s'est entretenu avec Eglinton à Calcutta pour voir s'il pouvait reproduire ses effets par des moyens naturels. Son esprit était impartial et, ne parvenant pas à détecter la méthode d'Eglinton, il remarqua : « Si mes sens doivent se fier à l'écriture, ce n'est en aucun cas le résultat d'une supercherie ou d'un tour de passe-passe. » Mais notez la nuance de sa remarque : « Si l'on doit se fier à mes sens. » De toute évidence , il avait alors des doutes et il a dû résoudre le problème peu de temps après. Deux ans plus tard, comme le professeur Lewis l'a dit, il produisait cet effet en Amérique et, peu de temps après, il a exécuté les tours d'ardoise de Slade et d'Eglinton devant la Commission Seybert . à Philadelphie, à son grand étonnement.

Il n'était pas étrange que Kellar n'ait pas détecté instantanément la méthode d'Eglinton, ni qu'il ait reconnu qu'il était déconcerté. Aucun magicien n'est à l'abri d'être trompé et il n'est en aucun cas indigne d'un magicien ni humiliant pour sa réputation professionnelle d'admettre ouvertement qu'il ne peut pas toujours rendre compte de ce qu'il pense voir.

Ernst Basch , de la célèbre famille Basch , qui fabriqua les principaux appareils destinés aux magiciens du monde, m'a dit qu'il avait fabriqué des centaines de tables sans fil avant que la technologie sans fil ne soit si connue sous le nom de « La Table Ensorcelée ». C'était un grand inventeur et constructeur d'illusions doté d'une merveilleuse connaissance, mais dans toute son expérience et son contact avec les médiums, il n'avait jamais rien vu qui puisse le faire croire au spiritualisme. Francis J. Martinka non plus , qui a parcouru le monde avec Haselmeyer , le magicien, et qui vend des appareils magiques à New York depuis plus de quarante ans. J'ai la lettre suivante de lui concernant la communication spirituelle.


"146 East 54th Street,
New York, 23 mars 1921.
« Cher M. Houdini :

« En réponse à votre question, si je crois au spiritualisme, ou à la possibilité du retour sur cette terre après la mort, comment puis-je croire en une chose telle que le spiritualisme, alors que pendant plus de deux-vingts ans, j'ai été l'éminent marchand de magie et fabricant de produits magiques. effets mystérieux J'ai fourni presque tous les trucs ou appareils connus et des milliers d'appareils inconnus à la grande majorité des magiciens, et indirectement à des médiums bien connus (un exemple dont vous vous souviendrez peut-être en raison du brouhaha qu'il provoquait à l'époque, lorsque je vendais de la peinture lumineuse à Hereward Carrington, à l'époque exacte où il était directeur du célèbre médium E. Palladino, qui avait dérouté les scientifiques du monde), ainsi qu'à tous les directeurs de magasins de fournitures pour magiciens existants.

« Non, je dois dire positivement que je ne crois pas au spiritualisme et cela m'a toujours amusé de voir combien il est facile de tromper les êtres humains qui cherchent du réconfort dans leur chagrin ou ceux qui plongent dans les mystères dont ils ne connaissent rien.

« Au cours de mes quarante années d'expérience, je n'ai jamais rien vu qui puisse me convaincre de l'existence d'une chose telle que le spiritualisme.

« Et pour vous montrer que je souhaite que ma lettre soit positivement authentique, faites signer deux amis comme témoins.

"Salutations.
« Cordialement,
( Signé) « Francis J. Martinka .

"Les témoins.
( Signé) Jean A. Leroy,
133 3rd Ave.
(Signé) Billy O'Connor,
Magicians' Club,
Londres. »


Un autre qui ne trouve rien d'autre qu'une « fraude grossière » dans le spiritualisme après soixante ans d'études est A. M. Wilson, M. D., de Kansas City, Missouri, rédacteur et éditeur du *Sphinx* . Il m'a écrit ceci :


1007 Main St.,
Kansas City, Missouri.

Mon cher Houdini :—

Depuis près de soixante et un ans, j'observe et enquête sur le spiritualisme et le spiritisme propagés par les médiums à travers leurs soi-disant communications avec les morts. Jusqu'à présent, je n'ai pas rencontré de médium, célèbre ou obscur, qui ne soit une fraude grossière, ni vu une manifestation qui ne soit pas une supercherie et qui ne puisse être reproduite par aucun magicien expert et cela sans les conditions et restrictions exigées par le médiums ou expliqués par des méthodes mentales ou physiques parfaitement naturelles.

Bien sûr , il existe certains phénomènes mentaux et psychiques propres à quelques personnes qui utilisent leur don spécial pour tromper les croyants (ainsi que d'autres personnes crédules) en leur faisant croire que leur travail est surnaturel, mais même ces phénomènes peuvent être analysés et expliqués par n'importe quel homme compétent. psychologue.

La première chose qui a éveillé mes soupçons et mon incrédulité et m'a amené à réfléchir et à enquêter était la suivante : pourquoi les chers défunts ne pouvaient-ils pas communiquer directement avec leurs parents et amis ? pourquoi parler, ou rapper, ou écrire ou se matérialiser par un médium, dont la majorité sont des hommes et des femmes ignorants, bien que astucieux et rusés ; et si c'est par l'intermédiaire d'un médium, pourquoi le médium aurait-il besoin d'un contrôle, en particulier de la part d'un vieux chef indien ou d'une jeune fille indienne bavarde ? Pourquoi un contrôle ?

Il est vrai qu'il existe dans ce métier quelques médiums bien instruits, intelligents et raffinés, et dont l'avantage les rend plus dangereux mais non moins frauduleux que leurs confrères plus ignorants.

Je répète que depuis ma première séance à Aurora, Indiana, en février 1863, jusqu'à cette date de 1923, je n'ai jamais rencontré de médium qui ne soit pas une fraude ni vu une manifestation d'aucune sorte ou d'un caractère qui ne soit pas frauduleux. En d'autres termes , il s'agissait d'une performance magique plus ou moins grossière ou habile réalisée par un escroc ou une escroc intelligent .

( Signé) A. M. Wilson, M. D.,
rédacteur en chef *du Sphinx* .

---

# CHAPITRE XVI
## CONCLUSION

J'AI voulu, dans ce livre, transmettre au lecteur mes opinions concernant le spiritualisme, qui sont le résultat d'études et d'investigations, dont la caractéristique surprenante a été l'incapacité totale de l'être humain moyen à décrire avec précision tout ce dont il a été témoin. . De nombreux modèles, dépourvus du sens de l'observation aiguë, préfèrent garnir et embellir leurs histoires avec les fruits de leur imagination fertile, ajoutant un choix à chaque fois que l'incident est rapporté, et finalement, par un tour de passe-passe, croyant vraiment ce que ils disent. Il est donc évident que, grâce à une mauvaise orientation et à une mauvaise direction de l'attention, un médium peut accomplir des merveilles apparentes. Le modèle se fait des illusions et pense en fait qu'il a vu des fantômes étranges ou qu'il a entendu la voix d'un être cher.

À ma connaissance, je n'ai jamais été le moins du monde déconcerté par ce que j'ai vu lors des séances. Tout ce que j'ai vu n'est qu'une forme de mystification. Le secret de toutes ces performances est de prendre l'esprit par surprise et, l'instant d'après, il est surpris d'enchaîner avec quelque chose d'autre qui entraîne l'intelligence avec l'interprète, même contre la volonté du spectateur. Lorsqu'il est possible de le faire avec un esprit très développé comme celui de M. Kellar , formé aux mystères magiques, et lorsque des hommes scientifiques aussi intelligents que Sir Oliver Lodge, Sir Arthur Conan Doyle, feu William Crookes et William T. Stead, On peut ainsi faire croire à quel point cela doit être plus facile dans le cas des êtres humains ordinaires.

Je ne peux pas accepter ni même comprendre l'intelligence qui justifie la conclusion, si souvent publiée sous forme d'opinion d'hommes intelligents soutenant le spiritualisme, qui admet la possibilité d'un résultat obtenu par des moyens naturels, mais affirme néanmoins sa croyance sincère que l'accomplissement identique par des moyens naturels un médium professionnel est uniquement d'origine et d'orientation surnaturelles, et je ne comprends pas non plus le raisonnement qui, reconnaissant le caractère peu recommandable de certains praticiens ou médiums, défend délibérément les coupables dans l'accomplissement de ce qui s'est avéré être un crime. Est-ce une vraie logique, une logique qui tiendrait au tribunal ou dans un club, de dire qu'un médium surpris en train de tricher quatre-vingt-dix-neuf fois sur cent était honnête la centième fois parce qu'il n'était pas attrapé ? Le lecteur ferait-il confiance à un domestique qui aurait volé quatre-vingt-dix-neuf articles et professerait ensuite son innocence lorsque le centième article manquait ?

Sir Conan Doyle demande en toute innocence : « Est-il vraiment scientifique de nier et en même temps de refuser d'enquêter ? » Ma réponse est catégoriquement « non ». Néanmoins, ils s'opposent absolument à tout effort honnête d'enquête et justifient les médiums en refusant de travailler lorsque les conditions ne sont pas celles qu'ils souhaitent. Lorsqu'une personne est invitée à une séance sombre dans le but d'enquêter et que les conditions sont si fixées qu'elle l'empêche de s'enquérir de trop près et l'oblige à se contenter de simplement regarder, elle a peu de chance d'obtenir les faits, et devrait s'il ose méconnaître les « règles du cercle » et que la séance se solde par un échec, l'enquêteur est accusé d'avoir créé un climat d'incrédulité qui empêche toute manifestation.

Je n'affirme pas que les affirmations du spiritualisme sont réfutées par de tels échecs, mais je dis que si, dans de telles circonstances, quelqu'un osait enquêter correctement et sainement, et contre-interroger, comme il le ferait très certainement dans toute autre forme d'enquête, scientifique, ou dans d'autres domaines de la vie, le spiritualisme ne serait pas aussi généreusement accepté. Pour se justifier, le médium affirme que l'obscurité ou une lumière excessivement faible sont parfaitement légitimes et qu'une enquête tangible pourrait entraîner des *blessures*, voire *la mort* du médium. La folie d'une telle peur a été prouvée à maintes reprises par le jeu inattendu d'une lampe de poche. Même les ardents partisans qui mettent l'accent sur une telle absurdité ont, selon leurs propres aveux, réalisé ou fait réaliser des photographies à la lampe de poche et aucun cas de dommage ou de catastrophe n'a été signalé. Cette nécessité de l'obscurité semble n'être que l'invention la plus grossière du médium pour détourner, voire intimider, l'attention des spectateurs. Une telle nécessité ne peut pas être considérée comme une raison logique pour exister dans des conditions de test pour démontrer un sujet scientifique. Elle ne peut être soutenue que comme une superstition visionnaire et spéculative ; un instrument pour favoriser l'illusion hallucinatoire et comme un admirable subterfuge pour dissimuler la fraude.

Sir Arthur dit :

« Si vous voulez envoyer un télégramme, vous devez vous rendre dans un bureau télégraphique. Si vous souhaitez téléphoner, vous devez d'abord décrocher le combiné et transmettre votre message soit à une opératrice, soit à un automate en attente.

Très bien, je suis allé chez l'opérateur entre l'Au-delà et cette sphère terrestre, je suis allé au bureau télégraphique qui reçoit le message en code, chez ce qu'on appelle le *médium*. Qu'y aurait-il de plus merveilleux pour moi que de pouvoir converser avec ma mère bien-aimée ? Il n'y a sûrement pas d'amour dans ce monde comme l'amour d'une mère, pas de proximité d'esprit, pas d'autres battements de cœur qui battent de la même manière ; mais je n'ai entendu parler de ma bienheureuse Mère, que par les dictées des recoins les plus intimes de mon cœur, les pensées qui remplissent mon cerveau et le souvenir de ses enseignements.

Mon secrétaire particulier, John William Sargent, ne reviendrait-il pas vers moi et me confierait-il les secrets de l'au-delà si c'était possible ? Ne m'a-t-il pas dit, juste avant de mourir, qu'il viendrait vers moi s'il y avait un moyen de le faire ? Plus qu'être secrétaire particulier, il était mon ami, fidèle, loyal, sacrificiel, il me connaissait depuis trente ans. Il n'est pas revenu vers moi et il le ferait si c'était possible.

J'avais des compacts avec une douzaine ronde. Chacun m'a fidèlement promis de revenir si c'était possible. Je suis même allé jusqu'à créer des codes secrets et des poignées. Sargent avait un certain mot à me répéter ; William Berol, l'éminent expert mental, m'a donné la poignée de main secrète quelques heures avant sa mort et n'a pas repris conscience après m'avoir dit silencieusement qu'il se souvenait de notre pacte ; Atlanta Hall, nièce du président Pierce, une femme de quatre-vingt-dix ans, qui avait eu des séances avec les plus grands médiums qui avaient visité Boston, m'a appelé juste avant sa mort, m'a serré la main et m'a donné la prise convenue qu'elle devait faire. donne-moi par un médium. Ils ne sont jamais revenus vers moi ! Est-ce que ça prouve quelque chose ? J'ai assisté à un certain nombre de séances depuis leur mort, les médiums les ont appelés, et lorsque leurs formes spirituelles étaient censées apparaître, aucun d'eux n'a pu me donner le signal approprié. L'aurais-je reçu ? Je parie que je l'aurais fait. Il y avait une sorte d'amour entre chacun de ces amis disparus et moi. Il est inutile de souligner l'amour d'une mère et d'un fils ; l'amour d'un véritable ami ; l'amour d'une femme de quatre-vingt-dix ans envers un homme qui la tenait à cœur ; l'amour d'un philosophe envers un homme qui respectait l'étude de sa vie, c'étaient tous des amours, chacun fort, chacun contraignant. Si ces personnes, avec tout l'amour qu'elles portaient dans leur cœur pour moi et tout l'amour que j'ai dans mon cœur pour elles, ne revenaient pas, qu'en serait-il de ceux qui ne me tenaient pas près, qui ne s'intéressaient pas à moi ? Pourquoi devraient-ils revenir et les miens pas ?

Sir Arthur Conan Doyle a dit à plusieurs reprises aux spiritualistes que je finirai par voir la lumière et embrasser le spiritualisme. Si le souvenir d'un être cher, placé sous la protection des mains du Grand Mystificateur , signifie spiritualisme, alors j'y crois vraiment. Mais si le spiritualisme doit être fondé sur les ruses des médiums exposés, sur les prouesses de la magie, sur le recours à la ruse, alors je dis sans hésiter que je ne crois pas, et plus encore, je ne croirai pas. J'ai dit à maintes reprises que je suis prêt à croire, que je veux croire, que je croirai, si les spiritualistes peuvent montrer une preuve solide, mais jusqu'à ce qu'ils le fassent, je devrai continuer à vivre , croyant à partir de toutes les preuves qui m'ont été montrées et de ce que je me suis dit. J'ai constaté que le spiritualisme n'a pas été prouvé de manière satisfaisante au monde en général et qu'aucune des preuves proposées n'a pu résister aux rayons féroces de l'enquête.

Ce n'est pas à nous de prouver que les médiums sont malhonnêtes, c'est à eux de prouver qu'ils *sont* honnêtes. Ils ont fait une déclaration, la plus grave de ces derniers temps, car elle affecte le bien-être, l'attitude mentale et signifie une révolution complète des croyances et coutumes séculaires du monde. S'il y a quelque chose dans le spiritualisme, alors le monde devrait le savoir. S'il n'y a rien, s'il est, comme il semble, construit sur un cadre fragile de mauvaise orientation, alors il faut aussi raconter l'univers. Il y a trop d'enjeux pour des propos insolites, pour des vérités non fondées.

# ANNEXE

## Une
### *déclaration de Margaret Fox*

« Savez-vous qu'il y a quelque chose derrière le masque obscur du spiritualisme que le public peut à peine deviner ? Je dis maintenant ce que je sais, non pas parce que j'y ai réellement participé, car je ne serais jamais complice d'une telle méchanceté, mais parce que j'ai eu amplement l'occasion, comme vous pouvez l'imaginer, de le vérifier. Sous le nom de cette terrible, de cette horrible hypocrisie qu'est le spiritualisme, tout ce qui est inapproprié, mauvais et immoral est pratiqué. Ils vont même jusqu'à avoir ce qu'ils appellent des « enfants spirituels ». Ils prétendent à quelque chose comme l'Immaculée Conception ! Existe-t-il quelque chose de plus blasphématoire, de plus dégoûtant, de plus trompeur que cela ? À Londres, je me suis rendu déguisé à une séance tranquille chez un homme riche et j'ai vu une soi-disant matérialisation. L'effet était produit à l'aide d'un papier lumineux dont l'éclat se reflétait sur l'opérateur. La silhouette ainsi affichée était celle d'une femme, pratiquement nue, enveloppée d'une gaze transparente, le visage seul étant dissimulé. C'était une de ces séances auxquelles pouvaient avoir accès les amis privilégiés non croyants des spiritualistes croyants. Mais il est d'autres séances où l'on n'admet que les plus éprouvées et les plus fiables, et où se déroulent des activités éhontées qui rivalisent avec les secrètes Saturnales des Romains. Je ne pourrais pas vous décrire ces choses, parce que je ne le ferais pas.

Extrait de « Le coup mortel au spiritualisme », de Ruben Briggs Davenport. Page 50.

## B
### *Irving*

Discours d'Henry Irving précédant son imitation des Davenports le 25 février 1865, au Manchester Athenæum , Manchester, Angleterre.


« Mesdames et messieurs : — En vous présentant les phénomènes remarquables qui ont observé les messieurs, qui ne sont pas frères, qui vont comparaître devant vous, je ne crois pas nécessaire de présenter mes observations sur leurs manifestations extraordinaires. Je vais donc immédiatement commencer un long charlatan dans le but de distraire votre attention et de remplir de perplexité vos têtes intelligentes. Je n'ai pas besoin de dire à cet auditoire éclairé que les manifestations dont ils vont être témoins sont produites par une puissance occulte dont je ne comprends pas clairement le sens ; mais nous vous présentons simplement des faits, et à partir de ceux-ci, vous devez former vos propres conclusions. Sur la jeunesse de ces messieurs, on pourrait écrire des chroniques des plus inintéressantes ; Je mentionnerai un ou deux faits intéressants liés à ces hommes remarquables et dont je me porte personnellement garant de la véracité. Au début de sa vie, l'un d'eux, sans se soucier des autres, flottait constamment et très inconsciemment dans sa paisible demeure dans les bras de son aimable nourrice, tandis qu'à d'autres occasions, il était fréquemment attaché par des mains invisibles au tablier de sa mère. cordes. Des particularités de même nature ont été manifestées par son compagnon, dont la connaissance de divers Esprits a commencé il y a de nombreuses années et s'est développée jusqu'à présent avec plaisir pour lui-même et profit pour les autres. Ces messieurs n'ont pas été célébrés sur tout le vaste continent américain, ils n'ont pas étonné le monde civilisé, mais ils ont voyagé dans diverses parties de ce pays glorieux – le pays de Bacon – et sont sur le point d'apparaître dans une phase dans votre glorieuse ville. de Manchester. Beaucoup d'individus vraiment sensés et intelligents semblent penser que l'exigence de l'obscurité semble impliquer une supercherie. C'est donc le cas. Mais je m'efforcerai de vous convaincre que ce n'est pas le cas. Une chambre noire n'est-elle pas essentielle au processus photographique ? Et que répondrait-on à celui qui dirait « Je crois que la photographie est une charabia, fais tout dans la lumière et on croira le contraire » ? Il est vrai que nous savons pourquoi l'obscurité est essentielle à la production d'une image solaire ; et si les hommes scientifiques soumettaient ces phénomènes à l'analyse, ils découvriraient pourquoi l'obscurité est essentielle à nos manifestations. Mais nous ne voulons pas qu'ils le découvrent, nous voulons qu'ils évitent une vision du mystère fondée sur le bon sens. Nous voulons qu'ils soient aveuglés par notre énigme et qu'ils croient avec une foi implicite à la plus grande fumisterie du XIXe siècle.

### C
### *L'histoire de Lord Adare.*

C'est ainsi que les chroniqueurs spiritualistes racontent cette histoire, mais Lord Dunraven, dans une lettre au rédacteur en chef du *Weekly Dispatch*, Londres, Angleterre, du 21 mars 1920, donne une version tout à fait différente de l'événement et, en raison de sa valeur intrinsèque, pour réfuter les affirmations bruyantes des spiritualistes , je reproduis l'intégralité de l'article, y compris les titres :

« ENTREE DU MOYEN PAR FENÊTRE

---

"CE QUE J'AI VU À ASHLEY HOUSE

*« Par Lord Dunraven.*

« Mon attention a été attirée sur les récits d'un débat sur le « spiritualisme » le 11 mars entre Sir Arthur Conan Doyle et M. Joseph McCabe, dans lequel ce dernier aurait décrit le prétendu flottement de M. D. D. Home d'une fenêtre à l'autre . comme l'une des plus grandes supercheries que l'on puisse trouver dans tout le mouvement spiritualiste.

«En supposant l'exactitude substantielle du rapport, moi, en tant que seul survivant parmi les personnes présentes à l'occasion, je pense qu'il est de mon devoir, en justice envers les morts, de mentionner les faits tels que j'ai enregistré à l'époque.

« Ils sont extraits d'une longue lettre décrivant la soirée à mon père, qui s'intéressait beaucoup au sujet. Je ne peux pas maintenant dire avec certitude si ma lettre a été soumise aux autres personnes présentes. Je n'en doute pas, car ma coutume était toujours de demander aux autres personnes présentes de vérifier l'exactitude de tout document que je tenais.

« La date était le 16 décembre 1868. Les personnes présentes étaient moi-même (alors Lord Adare), feu Lord Crawford (alors maître de Lindsay), un de mes cousins, M. Wynne (Charlie) et M. DD Home.

"AU TROISIÈME ÉTAGE

« La scène était à Ashley House (à Ashley-place). De mémoire, il se composait de deux pièces faisant face à l'avant, c'est-à-dire donnant sur Ashley-Place, un passage à l'arrière courant le long des deux pièces, une porte dans chaque pièce la reliant au passage. La localité est ainsi décrite dans la lettre à mon père :

«'À l'extérieur de chaque fenêtre se trouve un petit balcon ou rebord de 19 pouces de profondeur, délimité par une balustrade en pierre de 18 pouces de hauteur. Les balustrades des deux fenêtres sont espacées de 7 pieds 4 pouces, à partir des points les plus proches. Un bandeau de 4 pouces de largeur passe entre les fenêtres au niveau du bas de la balustrade, et un autre de 3 pouces de largeur au niveau du haut. Entre la fenêtre par laquelle Home est sorti et celle par laquelle il est entré, le mur recule de 6 pouces. Les chambres sont au troisième étage.

« Le récit suivant de l'incident est extrait de la lettre à mon père :

« Il (la Maison) nous a alors dit : « N'ayez pas peur et ne quittez en aucun cas vos places » ; et il sortit dans le couloir.

« DE PIÈCE EN PIÈCE

« Lindsay a soudainement dit : « Oh, mon Dieu ! Je sais ce qu'il va faire ; c'est trop effrayant. Adare : « Qu'est-ce qu'il y a ? » Lindsay : « Je ne peux pas vous le dire ; c'est trop horrible ! Adah dit que je dois vous le dire ; il sort par la fenêtre de l'autre pièce et entre par cette fenêtre.

«Nous avons entendu Home entrer dans la pièce voisine, entendu la fenêtre se soulever, et bientôt Home est apparu debout devant notre fenêtre. Il ouvrit la fenêtre et entra tranquillement . « Ah, » dit-il, « tu as été sage cette fois-ci », faisant référence au fait que nous étions restés assis sans bouger et que nous ne souhaitions pas l'en empêcher. Il s'est assis et a ri.

« Charlie : 'De quoi riez-vous ?' Home : « Nous pensons que si un policier était passé et avait levé les yeux et vu un homme tourner en rond le long du mur dans les airs , il aurait été très étonné. Adare, ferme la fenêtre de la pièce voisine.

«Je me suis levé, j'ai fermé la fenêtre et, en revenant, j'ai remarqué que la fenêtre n'était pas surélevée d'un pied et que je ne pouvais pas penser à la façon dont il avait réussi à se faufiler.


« DEHORS, TÊTE PREMIÈRE

« Il s'est levé et a dit : « Venez et voyez ». Je suis allé avec lui; il m'a dit d'ouvrir la fenêtre comme avant, je l'ai fait ; il m'a dit de me tenir un peu à distance ; il traversa ensuite l'espace ouvert, la tête la première, assez rapidement, son corps étant presque horizontal et apparemment rigide. Il est revenu, les pieds en avant, et nous sommes retournés dans l'autre pièce.

« Il faisait si sombre que je ne pouvais pas voir clairement comment il était soutenu à l'extérieur. Il ne semblait pas saisir la balustrade ni s'appuyer dessus, mais plutôt être balancé vers l'extérieur et vers l'intérieur.

« Tels sont les faits tels que rapportés à l'époque. Je ne fais aucun commentaire sauf celui-ci. En toute rigueur, il est inexact de dire, comme je crois qu'on l'a dit, que nous *avons vu* M. Home flotter d'une fenêtre à l'autre.

"Quant à savoir s'il l'était ou non, je me soucie uniquement d'énoncer les faits tels qu'ils ont été observés à l'époque, et non d'en tirer des déductions."

Compte tenu de cette publication, il est tout à fait naturel de déduire que Sir Arthur Conan Doyle en avait connaissance au moment de sa parution, en raison de sa controverse avec M. Joseph McCabe à ce sujet ; par conséquent, il est difficile de concilier cette pensée avec le fait que Sir Arthur a fait l'éloge et approuvé sans réserve un homme que toutes les preuves présentées ont qualifié de charlatan.

**D**

*Luther R. Marsh et les Huyler*

En 1903, Luther R. Marsh tomba de nouveau entre les mains de charlatans, comme le raconte M. Isaac K. Funk dans son livre « L'acarien de la veuve et autres phénomènes psychiques ». Un tribunal a annulé la cession de plusieurs polices d'assurance que Marsh avait conclues à une médium connue sous le nom de Mme Huyler . M. Funk raconte l'histoire comme suit :

« Le jour où M. Marsh a transféré les polices, lui ( Huyler ) et sa femme étaient allés dans la chambre de M. Marsh, où Mme Huyler prétendait être en communication avec les Esprits et a dit à M. Marsh qu'il y avait un terrible tumulte à Spiritland parce qu'il a refusé de transférer les polices. Elle lui dit que son épouse spiritualiste, Adelaide Neilson, s'arrachait les cheveux, pleurait et lui faisait des reproches. Son épouse, Mme Marsh, agissait de la même façon, et son beau-père, « Sunset », Alvin Stewart, était extrêmement en colère.

"M. Marsh fut alarmé par cette manifestation de mécontentement spiritualiste et accepta de transférer les politiques. Au dernier moment, il hésita et prétendit que, son testament étant établi, il jugeait préférable de différer un peu l'affaire ; mais Mme Huyler a insisté pour qu'il traverse la rue pour se rendre chez un avocat, et il l'a fait.

«Pendant son absence, Mme Huyler a admis que la transe était 'fausse' et a déclaré qu'elle voulait obtenir tout ce qu'elle pouvait du 'vieil imbécile' avant sa mort.

"M. Marsh revint aussitôt dans la chambre et lui assura que le transfert avait été effectué comme elle le souhaitait. Dès que ce témoignage eut été présenté par Huyler , le juge Marean mit fin à la procédure.

"'Cet homme est un voleur et un fraudeur', dit-il en se tournant vers Huyler , 'et il a joué le rôle d'un voleur lorsque lui et sa femme ont conspiré pour obtenir ces politiques par les moyens qu'il vient de raconter.'"

**E**
### *Dossier de police d'Ann O'Delia Diss Debar.*

Editha Loleta , Jackson, alias The Swami—5—3½—jaunâtre.

Cheveux bruns, virant au gris. Yeux bleus. Profession, auteur.

Phrase:

6 mois, New York. 19.6.88. Escroquerie. Ann O'Delia Diss Debar.

2 ans, Genève. 25.3.93. Vol. Vera P. Ava.

Expulsé de la Nouvelle-Orléans. 7.5.99. Escroquerie, suspect. Personne. Édith Jackson.

30 jours, La Nouvelle-Orléans. 16.5.99. Soupçonné. Personne. Édith Jackson.

7 ans de travaux forcés, Central Criminal Court, Londres. 16.12.01. Aide et encouragement à la commission d'un viol. Editha Loleta Jackson.


### F.
### *Juge Edmonds*

Le juge Edmonds est né à Hudson, dans l'État de New York, en 1799, a fait des études universitaires et a étudié le droit. En 1819, il entre au cabinet d'avocats du président Van Buren. En 1828, il fut nommé Recorder of Hudson et en 1831, il fut élu au Sénat de l'État par une majorité sans précédent. En 1843, il fut nommé inspecteur de la prison d'État de Sing Sing , occupant ce poste jusqu'en 1845, date à laquelle il démissionna pour devenir juge de circuit du premier district judiciaire. Plus tard, il fut élu juge à la Cour suprême de l'État et devint finalement, en 1851, membre de la Cour d'appel. Ces diverses fonctions lui ont donné une expérience dans le plus large éventail de fonctions judiciaires ; il avait une mentalité très développée et était connu comme le juge le plus avisé de son temps.

En 1850, il perd sa femme avec laquelle il vivait depuis plus de trente ans. Il a été très affecté par sa mort et son esprit s'est occupé de questions concernant la nature et les conditions de la mort, passant fréquemment la plus grande partie de la nuit à lire et à réfléchir sur le sujet. Un minuit, il lui sembla entendre la voix de sa femme qui lui disait une phrase. C'était sa perte. Il a commencé comme abattu et a désormais consacré tout son temps, son argent et son énergie au spiritualisme. Sa foi n'a pas faibli jusqu'au bout. Sur son lit de mort, il prétendait être entouré de formes spirituelles et déclarait qu'en entrant dans leur sphère dans un état avancé de développement spirituel, il serait capable de renvoyer immédiatement des messages et des preuves de spiritualisme. Il est décédé le 5 avril 1874 (date même de ma naissance). Je doute que l'histoire du spiritualisme puisse signaler un homme plus brillant qui a ruiné sa vie en suivant ce feu follet pour soulager son chagrin.

### G
### *Doyle et le « Denver Express ».*

Cela me rappelle une conversation que nous avons eue à Denver en mai 1923, lorsqu'il m'a avoué qu'il était fréquemment mal cité et obligé de dire des choses auxquelles il n'avait même jamais pensé.


Par une farce du destin, Sir Arthur devait donner une conférence à Denver au même moment où j'y jouais.

Lady Doyle, Sir Arthur, Mme Houdini et moi-même sommes sortis en voiture le matin et, à notre retour à l'hôtel, Sir Arthur s'est excusé. Environ deux heures plus tard, alors que je me rendais au théâtre Orpheum, Sir Arthur s'est précipité dans le hall de l'hôtel, cherchant avec enthousiasme quelqu'un. Je me suis approché de lui en lui disant : « Que puis-je faire pour toi ? Il a passé son bras autour de moi et m'a dit : « Houdini, il y a un défi de 5 000 $ dans ce journal que je suis censé avoir publié. Je veux que tu saches que je n'aurais jamais songé à faire une chose pareille, à toi plus qu'à tout le monde.

J'ai répondu : « Sir Arthur, ceci n'est qu'un autre cas dans lequel vous avez été mal cité. Vous pensez sans doute que je vais le croire, car je sais que si les conditions étaient inversées, vous l'auriez cru ; par conséquent, vous voyez qu'il est préférable d'enquêter avant de donner crédit à quoi que ce soit comme étant un fait. Cela ne me dérange même pas, les choses se passent ainsi. Voudriez-vous, s'il vous plaît, vous souvenir de cet incident la prochaine fois que vous lirez une interview soi-disant publiée par moi ? Sir Arthur partit pour Salt Lake City le lendemain matin.

Je suis entré dans le département éditorial du *Denver Express* , j'ai vu M. Sydney B. Whipple, le rédacteur en chef, et je lui ai dit que j'avais rencontré Sir Arthur la nuit précédente et qu'il était très indigné du défi que le journal rapportait qu'il avait lancé. . J'ai dit : « Vous voyez, M. Whipple, Sir Arthur, Lady Doyle, Mme Houdini et moi-même étions en voiture toute la journée d'hier après-midi, et quand Sir Arthur est revenu , il a vu le « gros titre effrayant » selon lequel il avait défié moi pour 5 000 $ ! Whipple a demandé : « Vous voulez dire que Sir Arthur Conan Doyle nie vous avoir défié ? J'ai répondu : « Avec beaucoup d'insistance, il a dit que ce n'était pas vrai et qu'il n'a jamais fait une telle déclaration et a ajouté qu'il avait écrit au rédacteur en chef pour lui faire savoir ce qu'il pensait de lui pour avoir déformé et mal cité ce qu'il avait dit. M. Whipple m'a demandé d'attendre un moment jusqu'à ce qu'il aille au fond des choses.

Whipple a appelé M. Sam Jackson et lui a dit : « Concernant ce défi de Sir Arthur Conan Doyle, a-t-il ou non défié Houdini lors de votre entretien ? Jackson a répondu : « Pourquoi il l'a fait absolument. Vous ne pensez pas, M. Whipple, que je viendrais avec une histoire qui n'est pas vraie ? Sir Arthur a clairement fait sa déclaration en termes positifs, selon lequel il était prêt à défier Houdini pour 5 000 $. Miss Jeanette Thornton était là au moment où elle interviewait Lady Doyle et elle a entendu la conversation. Pourriez-vous s'il vous plaît l'appeler et lui demander de confirmer ma déclaration. »

Miss Thornton s'est approchée et, après avoir été interrogée, a répondu : « Très certainement, j'ai entendu le défi de Sir Arthur hier. J'ai pensé que c'était un incident très intéressant, alors j'y ai prêté une attention particulière. Je suis surpris que Sir Arthur nie maintenant avoir réussi.

Whipple s'est tourné vers moi et m'a dit : « Voilà, si vous voulez une preuve supplémentaire, y a-t-il quelque chose que nous puissions faire pour que vous contredisiez cela ? Souhaitez-vous que nous fassions une déclaration ? Ce à quoi j'ai répondu : « Non, laissez tomber, nous allons laisser passer ».

Les lettres suivantes que j'ai reçues de M. Whipple sont explicites :


« LE « DENVER EXPRESS »<br>« LA VÉRITÉ – RAPIDEMENT.

« 11 mai 1923.

« Cher M. Houdini : –

« Je joins une lettre de Sir Arthur Conan Doyle se plaignant que le rapport sur son défi concernant les apparences médiumniques ait été tronqué dans ce journal.

« Je dois également dire que notre journaliste, qui a parlé avec Doyle, insiste sur le fait que son rapport sur la conversation était absolument exact et que Doyle a dit ce que nous avons imprimé.


« Cordialement vôtre,<br>( Signé) « Sydney B. Whipple.


« THE BROWN PALACE HOTEL<br>Denver, Colorado.

« 9 mai 1923.

« Monsieur :…

« Le rapport du *Denver Express* selon lequel j'ai proposé de ramener l'esprit de ma mère pour cinq mille dollars, afin de réfuter M. Houdini, est une invention monstrueuse, et je ne peux pas imaginer comment vous osez imprimer une chose pareille, qui est à première vue si blasphématoire et absurde.

"Ce qui s'est réellement passé, c'est que votre journaliste a dit que mon ami M. Houdini avait parié 5 000 $ qu'il pouvait faire tout ce que n'importe quel média pouvait faire, ce à quoi j'ai répondu : "Pour ce faire, il devrait me montrer ma mère." C'est sûrement très différent.

« Cordialement,<br>( Signé) « A. Conan Doyle.

**H**
*Exposition de Mme Stewart*

Il est significatif de noter que le 28 décembre 1923, à St Louis, Missouri, j'ai eu la chance de faire la connaissance du juge Daniel G. Taylor, qui présidait la division n° 2 de la Circuit Court, à laquelle appartenait Josie K. Folsom-Stewart, en tant que président, Charles W. Stewart, secrétaire, et Phoebe S. Wolf, en tant que trésorière, ont déposé une demande d'incorporation de la « Society of Scientific and Religious Truthseekers », qui a affirmé qu'ils s'étaient associés par des articles d'accord dans l'écriture, en tant que «société à des fins religieuses et d'amélioration mutuelle». « Les statuts et l'association sont signés par une quarantaine de personnes. » Comme il était d'usage dans de tels cas, le juge Taylor « a nommé J. Lionberger Davis, alors avocat en exercice, aujourd'hui président de la Security National Bank, comme amicus curiae pour examiner l'affaire et faire rapport si la charte devait être accordée ou non ». Le résultat en était la preuve de la culpabilité de manifestations frauduleuses de médiumnité. Au cours de l'enquête, Mlle Martha Grossman, membre de la « classe de perfectionnement » de Mme Folsom, a déclaré que M. Stewart et Mme Folsom dirigeaient des réunions auxquelles elle assistait depuis six mois, moment auquel elle a vu écrire sur des cartes ce qui Mme Folsom a dit que cela avait été fait par les Esprits.

Mlle Grossman a témoigné que ce que Mme Folsom prétendait être des photographies d'esprits n'étaient que de simples transferts de tirages dans le *Post-Dispatch* , annonçant le « Sirop de figues » et la concoction de « Lydia Pinkham ». Il a également été révélé que Mlle Alice C. Preston a avoué avoir été une complice et, à ce titre, « avoir aidé Mme Folsom à produire, physiquement et par des moyens naturels, les prétendues démonstrations surnaturelles ». Une référence à ce témoignage est contenue dans le mémorandum sur les preuves qui est signé par l'avocat des requérants et qui se trouve dans le dossier du tribunal.

En conclusion, le juge Taylor a rejeté la demande d'incorporation, qui de toute façon aurait pu être accordée dans le but de détenir des biens immobiliers uniquement, et non pour promulguer les enseignements d'une secte.

Le juge a reconnu qu'il était lui-même convaincu que Mme Folsom était une fraude ; et c'est la même *Mme Stewart* , qui a comparu devant le Scientific American Committee of Investigation en 1923, où elle a été détectée dans son tour de cartes.

Mme Folsom a été forcée de reconnaître devant le tribunal en 1905 qu'elle était l'auteur d'un petit livre intitulé « Non- Godism », dont une copie, ainsi que des preuves documentaires portant sur la procédure judiciaire mentionnée ci-dessus, sont maintenant dans mes archives. possession.

# NOTES DE BAS DE PAGE

1 "Oh, non, Houdini, je n'ai jamais été aussi sérieux de ma vie."

2 Sir John Franklin était un célèbre explorateur de l'Arctique. En 1845, il fut nommé au commandement d'une expédition envoyée par l'Amirauté britannique à la recherche du passage du Nord-Ouest. L'expédition a quitté Greenhithe le 18 mai 1845 et a été annoncée pour la dernière fois à l'entrée du détroit de Lancaster, le 26 juillet 1845. Trente-neuf expéditions de secours, publiques et privées, ont été envoyées d'Angleterre et d'Amérique à la recherche de l'explorateur disparu. entre 1847 et 1857. McClintock retrouva des traces de l'expédition disparue en 1859, ce qui confirma les rumeurs antérieures de sa destruction totale.

3 *New York World* , 21 octobre 1888.

4 Voir l' annexe A.

5 Se pourrait-il que cela ait été « en réponse à la prière » comme on le prétend maintenant ?

6 Sir Arthur Conan Doyle déclare dans son livre « Our American Adventures » :

« La maison d'origine a été démolie par des mains pieuses et reconstruite, si je comprends bien, à Lily Dale. On ne sait généralement pas que lors de sa destruction, ou peut-être auparavant, les os du colporteur assassiné et sa boîte en fer blanc ont été découverts enterrés dans la cave, comme l'indiquent les frappes originales . Les coups ont eu lieu en 1848, la découverte en 1903. Qu'en pensent nos adversaires ?

Selon les aveux de Margaret Fox, les déclarations de Doyle sont trompeuses et contraires aux faits.

7 Trois enquêtes ont été menées par des enquêteurs compétents. Un à Buffalo par des médecins, un à Philadelphie par la Commission Seybert de l'Université de Pennsylvanie et un à Boston par un comité de professeurs de l'Université Harvard. N'importe lequel des trois aurait eu des conséquences désastreuses pour le médium si les conditions et exigences exigées par les enquêteurs avaient été respectées. Un soupçon était fondé dans l'esprit des enquêteurs quant à la solution réelle du problème, mais il ne leur fut pas permis d'aller

jusqu'au bout, les médiums se couvrant à chaque fois lorsqu'un test crucial était proposé.

8 J'ai été averti en écrivant ce livre de faire attention à ma déclaration sur la confession de Margaret Fox. Je suis également pleinement conscient du fait que le Dr Funk écrit dans son livre « The Widow's Mite » :

« Margaret Fox, peu de temps avant sa mort, a avoué qu'elle et sa sœur avaient trompé le public. Cette malheureuse femme était tombée si bas que, pour cinq dollars, elle aurait renoncé à sa propre mère et juré n'importe quoi. À ce moment-là, sa déclaration sous serment pour ou contre quoi que ce soit ne devrait pas avoir le moindre poids.

M. W. S. Davis, lui-même médium en exercice, qui connaissait personnellement Margaret Fox Kane, m'a écrit :

« On pourrait penser que Margaret Fox s'est ivre et, dans cet état, a été incitée à avouer qu'elle était une imposteur, mais lorsqu'elle est devenue sobre , elle a renoncé à ses aveux. C'est ce que l'on penserait en entendant parler certains spiritualistes. *Elle était sobre quand elle a fait ses aveux ; elle était sobre lorsqu'elle est apparue au théâtre et a fait son exposé. En fait , elle était généralement sobre.* Elle buvait beaucoup au cours des dernières années de sa vie, et souvent trop, *mais elle était généralement sobre* . L'une des raisons pour lesquelles elle buvait était que son hypocrisie lui répugnait de plus en plus. Vivre dans un mensonge constant lui énervait et, dans les dernières années, elle n'avait plus la même force vitale que dans sa jeunesse pour lutter contre les préceptes de sa conscience.

9 *New York World* , 22 octobre 1888.

10 Extrait de « Le coup fatal au spiritualisme » de Ruben Briggs Davenport.

11 *Ibid.*

12 Ces déclarations sont pleinement corroborées par des lettres conservées dans ma bibliothèque et je considère que c'est non seulement un privilège, mais aussi un devoir de les présenter ici avec sincérité.

Ira , le frère survivant, fut si touché par ce petit acte qu'il m'apprit la fameuse corde de Davenport, dont le secret avait été si bien gardé que même ses fils ne le savaient pas.

14  C'est également à Paris que l'autre frère, William Henry Harrison Davenport, rencontra la grande Adah Isaacs Menken, surnommée le « Tigre du Bengale », et bien que peu connue, elle devint plus tard sa femme. Elle était considérée comme l'une des « dix super-femmes du monde ». Elle est née à quelques kilomètres de la Nouvelle-Orléans, en Louisiane, en 1835. À la mort de son père , elle se lance dans sa carrière scénique et remporte instantanément le succès. Elle fait sa première apparition à New York au National Theatre. en 1860. Elle se maria plusieurs fois. Son premier mariage était avec John C. Heenan , le combattant primé, mieux connu sous le nom de « Benicia Boy ». Elle a été la première femme à faire le Mazeppa en collants, jouant ce rôle à la fois en Amérique et en Europe. À Londres, elle est devenue la star littéraire et professionnelle du moment et son hôtel était le lieu de rencontre d'hommes tels que Charles Dickens, Swinburne, Alexander Dumas, Charles Reade, Watts Phillips, John Oxenford, le duc de Hamilton et bien d'autres. Elle a écrit un recueil de poèmes intitulé « Infelity », qu'elle a dédié à Charles Dickens. Elle avait un penchant pour être photographiée avec nombre de ses admirateurs et il existe une photo rare d'elle et de Swinburne qu'il s'est efforcé de supprimer. Un autre célèbre est celui de Dumas et de la belle dame.

15  Ils se sont mariés à Londres en mars 1866.

16  Longtemps après la mort d'Ira, sa fille unique, Zellie , une actrice bien connue, m'a dit que pendant que son père et moi étions si absorbés par la discussion et l'expérimentation du tour de corde, elle et sa mère se glissaient prudemment derrière les rideaux et nous regardaient traverser la chambre . fenêtre.

Ira m'a raconté qu'au début ils travaillaient sans liens dans un coin de la pièce, avec un rideau pour cacher leurs méthodes. Lors d'une de leurs séances, on leur demanda si les Esprits agiraient si les Frères se laissaient attacher. Cela les a amenés à expérimenter différentes méthodes de corde, développant progressivement celle utilisée dans le monde entier et qu'Ira m'a apprise, en disant après l'avoir fait en souriant : « Houdini, nous l'avons commencé, tu le finis.

18  J'ai eu l'honneur de jouer un rôle déterminant dans le lancement et la direction des adieux de Dean Kellar à l'Hippodrome de New York et il m'a choisi pour être son dernier assistant. Dans le cadre de la performance , il a présenté

une table renversant ce qu'il a appelé le « mystère du cabinet et de la corde Davenport ». Après la représentation, il s'est dirigé vers la rampe et a déclaré :

« Mesdames et messieurs, j'ai fini de donner mes représentations ce soir. Comme je n'aurai plus d'utilité pour le meuble et la table , je les présente publiquement à mon cher ami Houdini.

Dans ce meuble, réalisé à l'imitation de celui utilisé par les frères Davenport, les bancs sont insérés dans une rainure permettant de les faire glisser en cas d'attache très sévère, laissant suffisamment de liberté pour sonner les cloches et faire un certain nombre d'autres choses sans lâcher les mains de la manière habituelle. C'est en quelque sorte une amélioration dans les armoires mystérieuses.

19 Ils se frottaient de la vaseline sur les mains et les poignets pour faciliter leurs mouvements. La corde généralement utilisée était similaire à la corde à ceinture de Silver Lake.

20 On prétendait parfois qu'une fois leurs manifestations terminées, les Davenport retournaient les journaux et les remarquaient. Ce qu'Ira a dit était un mensonge délibéré car ils n'ont jamais quitté leur place pendant toute la représentation.

21 Lors d'une de leurs séances, un homme attacha les frères si étroitement qu'il leur fallut lutter désespérément pour obtenir leur libération. La nuit suivante, l'homme a tenté un test plus difficile, en étendant simplement les cordes sur tout le corps, mais les Davenport ont travaillé si lentement, si adroitement et avec une patience si inépuisable qu'ils ont sauvé leur réputation.

non plus à me dire qu'il utilisait parfois jusqu'à dix confédérés lors d'une séance pour se protéger.

23 William Fay, pour se préparer à une urgence, portait toujours un morceau de corde dans sa mandoline et se vantait auprès de ses partenaires :

"Je ne vais pas mâcher les cordes comme vous les gars, je vais les couper."

24 Le cabinet original des Davenports, en érable piqué, a été mis en gage pour trente livres à Cuba il y a de nombreuses années et est toujours là.

25 Afin de prouver au public qu'ils n'utilisaient pas leurs mains, des conditions d'essai furent imposées en remplissant les deux mains de farine et en les attachant ensuite derrière le dos. Presque toutes les publications qui ont écrit un exposé sur les frères Davenport affirment avec joie que le tour a été réalisé en mettant de la farine dans leurs poches, dont ils ont pris une nouvelle poignée une fois les manifestations terminées et en faisant semblant d'avoir les mains serrées tout le temps. On prétend qu'un jour, un membre du comité, au lieu de leur mettre de la farine dans les mains, les remplit de tabac à priser et qu'après les manifestations, ils eurent les mains pleines de farine. Ira m'a dit que c'était un mensonge délibéré, car ils n'avaient pas besoin de se débarrasser de la farine dans leurs mains, car ils pouvaient faire tous les tours avec les mains serrées en utilisant le pouce libre.

26 L'acte de lévitation qui a contribué à grossir les rangs des spiritualistes et qui a mystifié les scientifiques et les profanes, était l'une des tromperies les plus simples jamais pratiquées sur les masses naïves par des médiums rusés. Un médium réformé de Bristol, en Angleterre, m'a dit qu'il s'efforçait de se libérer de ses entraves et qu'il avait réussi, grâce à d'habiles manipulations, à attraper une personne assise sur une chaise à proximité. Bien que le modèle n'ait été soulevé que de quelques centimètres du sol, il croyait en toute bonne foi que sa tête avait effectivement effleuré le plafond, cette impression étant créée par le médium passant doucement sa main sur le dessus de la tête du modèle.

27 Quant à l'illusion du son. Les ondes sonores sont déviées tout comme les ondes lumineuses sont réfléchies par l'intervention d'un milieu approprié et, dans certaines conditions, il est difficile de localiser leur source. Stuart Cumberland m'a raconté un test intéressant pour prouver l'incapacité d'une personne aux yeux bandés à retracer le son jusqu'à sa source. C'est extrêmement simple ; il suffit de faire claquer deux pièces au-dessus de la tête de la personne aux yeux bandés.

28 Cela fait référence à notre tour du monde envisagé. Lorsque j'ai fait la connaissance d'Ira Davenport pour la première fois en 1909 , j'ai découvert qu'il était très impatient de réintégrer le domaine du divertissement et nous avons commencé à planifier ensemble un tour du monde. En combinant sa réputation, mes connaissances et mon expérience, nous aurions pu mettre le monde en émoi. En aucun cas nous

n'aurions cependant qualifié notre prestation de spiritualiste, mais simplement de divertissement mystérieux.

29 Le début de l'émeute de Liverpool peut être imputé indirectement à Ferguson. Il a protesté contre la façon dont les garçons avaient été attachés et, sans attendre les instructions ni un mot des Frères , a sorti un couteau et a coupé les cordes. Ira m'a dit que c'était dommage que Ferguson ait fait cela car ils n'auraient jamais pu les sécuriser et n'auraient donc pas pu produire certaines manifestations.

Ira m'a raconté que lors des troubles à Liverpool, John Hughes, chef des Fenians, lui avait proposé cinq cents Irlandais pour nettoyer toute foule d'Anglais.

Ira m'a dit qu'il croyait que leur succès diminuait tellement la popularité du théâtre où Irving jouait que les stars étaient obligées de recourir à divers stratagèmes pour contrecarrer la diminution des recettes au box-office.

Voir l'annexe B pour le discours d'Irving.

32 Le lecteur ne doit pas confondre cet homme Jacobs avec *Jacoby* , l'artiste allemand de l'évasion, spécialiste de la corde qui a inventé un certain nombre de tours de corde qui méritent encore d'être présentés.

33 Il m'a écrit une lettre le 5 juillet 1911 et m'attendait au moment de sa mort le 8. Je devais quitter New York dès réception de sa lettre mais sa fille Zélie m'a annoncé son décès.

34 Lorsque Sir Arthur Conan Doyle apparaissait en Australie en 1920 , il rencontra Bendigo Rymer , le petit-fils de J. S. Rymer , qui avait abondamment diverti Home. Bendigo montra à Sir Arthur un certain nombre de lettres de son grand-père qui prouvaient de manière concluante que Home avait été coupable d'avoir profité de l'amitié de cet homme. Rymer avait diverti Home en Angleterre et l'avait envoyé à Rome avec son fils pour étudier l'art. De Rome, le jeune Rymer écrivit à son père que dès que Home avait pu se frayer un chemin dans la société , il l'avait totalement ignoré, même si en tant qu'hôte, il payait les dépenses de Home. Finalement, Home s'est enfui et a vécu avec une Anglaise titrée, évitant complètement Rymer .

Sir Arthur, dans son livre « Les errances d'un spiritualiste », dit à propos de Home : « Pendant des semaines, il a vécu dans sa villa, même si son état de santé suggère qu'il était plutôt comme un patient que comme un amant. » Dans son introduction au livre de Madame Home, Sir Arthur pardonne entièrement cette action grossière de Home et défend fermement sa basse ingratitude.

35 Home, le spiritualiste, donne des lectures à Boston. A-t-il abandonné son spiritualisme par dégoût de constater que des gens qui s'efforçaient de ses manifestations avaient avalé les Davenport ? Nous sommes heureux de penser qu'il a enfin adopté une profession honnête, et nous espérons voir bientôt ses rivaux se lancer dans le balayage d'un passage à niveau ou quelque chose d'aussi respectable . - *London Fun* , 1864.

36 « Incidents dans ma vie », Londres, 1863 – « Lumières et ombres du spiritualisme », 1877.

37 Il est tout à fait inutile pour moi de répéter les nombreuses preuves de fraude perpétrées par Home, mais si le lecteur est intéressé , il trouvera de nombreux cas de ce type rapportés par M. Frank Podmore dans « Modern Spiritualism », Londres, 1902, et « Newer Spiritualism », Londres, 1910. M. Podmore était lui-même un spiritualiste et membre de la Society of Psychical Research et il allait naturellement présenter un argument aussi solide qu'il le pouvait honnêtement en faveur de Home.

38 Voir l'annexe F .

39 Elle n'a vécu que quatre ans environ.

40 Dans son introduction à l'édition de 1921 de « D. D. Home's Life and Work », de Madame Home, Doyle déclare qu'il recommande le livre à l'étudiant en disant :

"Tout particulièrement la deuxième série est recommandée à l'étudiant de Home, car on y trouvera tous les papiers traitant du procès Home-Lyon démontrant de manière concluante combien l'action de Home était honorable."

Souhaite-t-il que nous en déduisions que c'est Home qui a intenté une action contre Mme Lyon, plutôt que le contraire ?

Souhaite-t-il qu'on comprenne qu'il est *sincère* dans ses éloges à l'égard d'un charlatan ?

Tout au long de l'introduction, il défend Home et semble délibérément déformer l'histoire de l'homme.

41 Il est intéressant de noter que Sir William Crookes, l'éminent scientifique, qui devait connaître l'histoire et le caractère de Home tels que dévoilés lors du procès de Lyon, aurait dû se permettre de tomber dans les mailles de D. D. Home.

42 En tenant pour acquis que le comité présent dans la salle n'était pas en mesure de voir ou n'était pas autorisé à quitter la table, la méthode que Home aurait pu utiliser avec la plus grande facilité était la suivante : d'abord sortir par la fenêtre, ou faire semblant de le faire ; puis revenez en arrière et rampez sans bruit à quatre pattes à travers la porte dans la pièce voisine et secouez la fenêtre ; et enfin, retournez hardiment dans la première pièce en fermant la porte avec fracas.

Il est possible qu'un homme aussi audacieux avec des exploits de lévitation ait eu recours à se balancer d'une fenêtre à l'autre, ce qui ne signifie rien pour un acrobate disposant d'un fil correctement placé.

L'idée de Home perdant son poids physique et flottant par la fenêtre la tête la première n'est qu'une suggestion de sa part, une ruse qui est encore utilisée par les médiums.

43 Voir l'Annexe C pour l'histoire de Lord Adare.

44 Il existe de nombreuses versions sur la cause de sa mort. Mme. Blavatsky, qui a mené une enquête particulière sur la mort de médiums éminents, a écrit : « Ce Calvin du spiritualisme a souffert pendant des années d'une terrible maladie de la colonne vertébrale, provoquée par ses relations avec les « Esprits », et est mort complètement détruit. » — « Clé de la Théosophie », 1890.

45 Lever la table était pour elle une carte forte.

46 « Elle fut placée dans une position subalterne dans une famille adonnée aux pratiques spiritualistes. Appelée un jour à former le cercle lors d'une séance, certaines manifestations nouvelles et surprenantes eurent lieu, et elle fut déclarée médium. Il semble donc que les spiritualistes l'ont poussée à se lancer dans cette affaire et qu'elle a immédiatement profité de l'occasion. » — Proceedings, Society for Psychical Research, novembre 1909, pp. 311, 312.

47 Robert Owen, le professeur Hare, le professeur Challis, le professeur Zollner , le professeur Weber et Lombroso étaient tous proches de la fin de leur vie lorsqu'ils ont embrassé le

spiritualisme . — Voir « Spiritualisme », de Joseph McCabe, page 207.

48 Une autre méthode adroite pour libérer une main lorsque le sujet pense avoir la preuve que les deux mains du médium sont occupées, consiste pour le médium à maintenir un battement continu des mains, en travaillant les mains près du visage ou à un autre endroit. partie exposée du corps et remplacez simplement le claquement d'une main contre l'autre par le claquement d'une main contre le corps. Dans l'obscurité, l'effet est le même et le modèle croit que les deux mains du médium sont occupées à applaudir.

49 Pas difficile à réaliser dans le noir.

50 M. Baggally avait une réputation de prestidigitateur et je pense qu'il a fait beaucoup pour dénoncer les médiums. Il croit également à la télépathie et a récemment publié un livre sur ce sujet, « Telepathy, Genuine and Fraudulent », Chicago, 1918.

51 La « pince humaine » est l'un des moyens de lévitation de table les plus simples et pourtant les plus efficaces et les plus mystérieux. La médium et ses sujets posent le bout de leurs doigts sur le dessus de la table avec légèreté. La médium fait doucement basculer la table d'avant en arrière jusqu'à ce qu'elle la mette dans la bonne position pour placer son pied, ou l'ourlet de sa robe, sous l'une des jambes. Lorsqu'elle perfectionne sa position , elle appuie avec la main au-dessus du pied de table qui repose sur son pied. Dès lors, il ne lui reste plus qu'à lever le pied à la hauteur qu'elle souhaite pour que la table s'élève. Si elle veut qu'elle lévite à une grande hauteur, elle lui donne un coup de pied vers le haut puis retire son pied, et la table monte et descend conformément aux lois de la gravitation.

52 À un moment donné pendant la série de tests à New York, un homme de Philadelphie, M. Edgar Scott, qui se tenait à l'arrière-plan, a profité de l'obscurité pour ramper sur le sol jusqu'au meuble et a tenté d'attraper le pied d' Eusapia . alors qu'elle l'utilisait à des fins de ruse, mais juste au moment où sa main touchait son pied, Eusapia eut un spasme de cris. Les professeurs Jastrow et Miller en furent témoins.

Palladino voulait son propre interprète, également un ami personnel, mais cet obstacle a été évité. Son directeur commercial, M. Hereward Carrington, n'était pas non plus présent à cette occasion particulière.

54 Les détails complets de cette séance ont été publiés dans le *Journal of the American Society for Psychical Research* , Section « B », août 1910.

55 Dans une interview avec Walter Littlefield, un journaliste réputé, Palladino a révélé trois méthodes par lesquelles elle était capable d'employer la substitution en ce qui concerne les mains à table, quatre en ce qui concerne la substitution des pieds, une demi-douzaine de méthodes de lévitation de la table, plusieurs façons de produisant des coups, deux manières par lesquelles elle produisait l'illusion d'un courant d'air venant de son front. Elle lui a dit qu'elle n'était pas ennuyée lorsqu'elle était surprise en train de pratiquer des tours, et qu'elle n'avait pas non plus nié leur utilisation lorsqu'elle était surprise. Elle lui dit : « *Tous les médiums se livrent à des tours, tous.* » Elle lui a également dit qu'elle était une bonne catholique, qu'elle allait à la messe, qu'elle faisait ses aveux et qu'elle détestait entendre les gens parler de phénomènes « surnaturels » ou « surnaturels ».

Le fameux « courant d'air venant du front » dont parle M. Littlefield était simplement son souffle soufflé avec force et détourné par sa lèvre inférieure.

56 Je suis informé de bonne source qu'Eusapia a jeté ses jambes sur les genoux de ses modèles masculins ! Qu'elle plaçait sa tête sur leurs épaules et faisait diverses autres choses destinées à confondre et à embrouiller les hommes, tout cela s'expliquait par la théorie de « l'hystérie ». Dans sa jeunesse, Eusapia était une femme plantureuse et il n'est pas étrange que beaucoup de vieux scientifiques aient été sidérés par une telle conduite.

57 Voir l'annexe D .

58 Je dispose d'un compte rendu complet de la procédure dans mon dossier de référence.

59 Afin de prouver que la fraude et la supercherie étaient les outils utilisés pour escroquer les imprudents, des magiciens furent incités à comparaître en preuve et, le 27 mai 1888, Alexander Hermann fit une démonstration publique à l'Académie de musique de New York. City dans le but de reproduire les phénomènes produits par Diss Debar et comme aide au New York Press Club Fund.

Le public comprenait de nombreuses personnalités et notables, dont le colonel Cockerell ; Edward S. Stokes, de la Maison Hoffman ; Joseph Howard ; boursiers des procureurs de district ; Ex-juge Donohue ; l'avocat Newcombe ; le juge Hilton ; *Luther R. Marsh* ; et "Dr." Lawrence, l'un des attachés du temple Diss Debar.

Le professeur Hermann a lu des messages spirituels, a fait basculer des tables, des cabinets, des séances de lumière et a produit des images effrayantes, se terminant par une sombre séance de musique *fantomatique et de matérialisations*.

60 *New York Times* , 21 avril 1888.

61 *New York World* , 18 juin 1888.

62 Alors que la presse londonienne était pleine d'histoires sensationnelles suite à l'arrestation de Laura et Theodore Jackson, Carl Hertz, en reprenant son journal un matin, fut étonné de reconnaître la femme qui avait incité les jeunes filles à rejoindre son culte immoral sous le nom d'Ann O ' Delia Diss Debar, avec qui il avait mesuré les épées lors du procès Marsh. Il a immédiatement contacté Scotland Yard et lui a donné toutes les informations dont il disposait sur les liens de Diss Debar avec des activités frauduleuses.

63 « Miss Croisdale , qui était l'une des victimes, a témoigné qu'elle avait été initiée à « l'Unité Théocratique », la secte que les Jackson prétendaient diriger, avec une corde attachée autour d'elle ; des passages ont été faits sur elle, a-t-elle dit, avec une lampe, de l'eau et une scie : Jackson lui a dit qu'il était le Christ réincarné. Miss Croisdale décrit ensuite le serment par lequel elle a juré qu'elle ne se laisserait hypnotiser par personne d'autre et qu'elle garderait tous les secrets sous peine de « me soumettre à un courant de volonté mortel et hostile mis en mouvement par le chef de l'ordre ». , avec lequel je serais tué ou paralysé sans armes visibles, comme frappé par la foudre. Mme Jackson (ou Diss Debar) avait l'air de vouloir mettre à exécution la menace sur-le-champ. Miss Croisdale a en outre témoigné que Théodore l'avait indignée en présence de sa femme. Jackson a déclaré qu'il était physiquement incapable et a exigé un examen médical pour prouver sa déclaration. » — Dépêche du *London Times* dans le *New York Sun* , 11 octobre 1901.

64 *Chicago Daily Tribune* , 14 août 1906.

65 *Soleil de New York*, 11 octobre 1901.

66 Si elle est vivante, elle a maintenant (1924) soixante-quinze ans.

67 Voir l'annexe E pour le casier judiciaire.

68 Si le lecteur souhaite approfondir la question, je le renvoie à « Modern Spiritualism » de Podmore, Vol. II, pages 204 et 221 ; également à l'histoire du Dr Slade dans le même volume ; aux actes de l'American S. P. R., Vol. II, partie I, pages 17, 36-59 ; à Abbot, « Dans les coulisses avec les médiums », pages 114 à 192 ; à « Révélations d'un médium spirituel », pages 121-157 ; à « Bottom Facts », pages 143 à 159 ; au rapport de la Commission Seybert ; « Spirit Slate Writing », par Wm. E. Robinson, et des articles dans les journaux sans numéro.

69 Selon « The Medium and Daybreak », le 6 octobre 1876, Slade « *a découvert* » le phénomène de l'écriture sur ardoise alors qu'il effectuait des expériences dans la maison privée de M. Gardiner Knapp, à New Albany, Indiana, où Slade était en visite.

70 Alors qu'il cherchait l'éponge, qui avait été délibérément placée au centre de la table, il tenait l'ardoise juste en dessous du champ de vision et, en attrapant l'éponge, il tourna l'ardoise, le côté vierge sur le dessus et fit semblant d'effacer la phrase qu'il avait « lire » – alors qu'en fait il avait écrit quelque chose de complètement différent.

71 En ce qui concerne les coups et les coups involontaires et inconscients sur la table : Certaines personnes rappent et donnent des coups à la table lors de toutes les séances de coups et de coups sur la table. J'ai assisté à des séances où j'ai surpris quelqu'un qui trichait obligeamment pour soulager la monotonie, et l'imposition, une fois commencée, était obligée de se maintenir.

72 Inventé par Andrew Jackson Davis, en 1845, et signifiant l'au-delà. Maintenant fréquemment utilisé par Sir Arthur Conan Doyle.

73 Voir l' annexe F.

74 À cette époque, il n'y avait pas de plaques sèches et avec les anciennes plaques « humides », il était tout à fait possible d'exposer une plaque, de la développer, puis de la préparer à nouveau et de l'exposer une seconde fois. Une fois cela fait, les deux images sont apparues sur le tirage. Une telle plaque

pourrait être utilisée dans les conditions de test les plus strictes sans détection.

75 En parlant de la photographie spirituelle, Sir Arthur Conan Doyle avance généralement comme preuve positive que ses photographies de fées sont authentiques. Selon le *London Star* du 20 décembre 1921, il y a eu de nombreux développements intéressants à ce sujet :

« MM. Price and Sons, la célèbre entreprise de fabrication de bougies, nous informe que les fées sur cette photographie sont une reproduction exacte d'une célèbre affiche qu'elles utilisent depuis des années pour annoncer leurs veilleuses.

"'J'admets que sur ces fées il y a des ailes, alors que nos fées n'en ont pas,' a déclaré un représentant de la firme à un journaliste *du Star* , 'mais, à cette exception près, les chiffres correspondent ligne pour ligne à notre propre dessin.'"

76 Je voudrais dire pour le bénéfice du lecteur que DeVega est un artiste magique talentueux ; a inventé un certain nombre de tours de passe-passe ; contribué à un certain nombre d'articles intéressants dans des publications magiques ; est un artiste talentueux et un photographe intelligent. J'ai eu beaucoup de chance de pouvoir recruter un homme aussi compétent pour l'enquête.

77 Le 5 mars 1923, Harry F. Young, connu sous le nom de « La mouche humaine », tomba de dix étages du rebord d'une fenêtre de l'hôtel Martinqiue , à New York. Il a succombé avant d'arriver à l'hôpital.

Pour ceux qui ne le savent pas, "A Human Fly" est un acrobate qui se fait une spécialité d'escalader des bâtiments de grande hauteur, s'accrochant simplement aux ouvertures ou aux crevasses de l'architecture extérieure d'un tel bâtiment pour l'édification d'une foule rassemblée, par exemple. lequel il reçoit une collection d'assiettes, un salaire ou est engagé notamment à des fins publicitaires. Ce n'est pas un métier très lucratif et les dangers sont nombreux.

78 Le 14 avril 1922, à New York, Sir Arthur, selon son livre « Our American Adventure », assista à une séance donnée par un jeune Italien du nom de Pecoraro. Au cours de la séance, le nom de Palladino fut donné et on lui annonça que le célèbre médium était présent. Une voix du cabinet, soi-disant celle de Palladino, dit : « Moi, qui rappelais les Esprits, je reviens

maintenant moi-même en tant qu'Esprit », ce à quoi Sir Arthur répondit : « Palladino, nous vous envoyons notre amour et nos meilleurs encouragements. » Cependant, cette force a été brisée par « la danse absurde et vile de la table » et il n'y a eu aucune manifestation physique. Cela montre la volonté de Sir Arthur d'excuser même Palladino, qui a été dénoncé à de nombreuses reprises comme médium frauduleux.

79 *TOUS* les spiritualistes disent cela.

80 Le Dr A. T. Schofield a écrit dans le *Daily Sketch* du 9 février 1920, qu'un célèbre spécialiste mental estimait que des milliers de personnes avaient été conduites à l'asile par le spiritualisme. Un bilan vraiment pitoyable.

81 Lettre de Sir Arthur à H. H. (datée du 2 avril 1920) : « J'ai eu des preuves très concluantes depuis la rédaction de mes deux livres. J'ai parlé six fois face à face avec mon fils, deux fois avec mon frère et une fois avec mon neveu, tous sans aucun doute dans leur propre voix et sur des sujets privés, donc pour moi il n'y a pas, et ce depuis longtemps, aucun doute. Je *sais* que c'est vrai, mais nous ne pouvons pas communiquer cette certitude aux autres. Cela viendra – ou pas, selon les efforts que nous déploierons pour y parvenir. C'est le vieil axiome : « Cherchez et vous trouverez ».

82 Rapport du procès devant le juge Darling— *Morning Post* , 16 juillet 1920.

83 Je l'ai sur la parole positive de Stuart Cumberland, qui était à l'une des séances du « Médium masqué » et il m'a donné des spécifications précises et des faits positifs sur la lecture des initiales dans l'anneau soumis par Sir Arthur Conan Doyle à le « Médium masqué » qui, selon lui, possédait des pouvoirs remarquables. Stuart Cumberland m'a expliqué plusieurs façons de réaliser cet exploit. Parmi eux, les boîtes noires étaient échangées subrepticement dans le noir, puis rapportées. Il est facile de présenter une boîte à l'inspection tout en y comportant de faux compartiments de sorte que le contenu puisse tomber. Ce n'est qu'après que ces méthodes aient été expliquées à maintes reprises à Sir Arthur qu'il les a condamnées comme étant une fraude.

84 Selon le *New Orleans Times-Picayune* du 9 mars 1923, Clarence Thomson, missionnaire autoproclamé, président et membre du conseil d'administration de l'Association psychique

internationale, fut condamné à une amende de 25 dollars et à 30 jours de prison. Il a admis qu'il avait été arrêté à Chicago et à Kansas City pour avoir dirigé des séances, mais a déclaré qu'il avait été libéré honorablement.

85 D'autres artistes réalisent cet exploit. Je l'ai joué régulièrement pendant trente ans sans aucun pouvoir surnaturel.

86 Voir le chapitre <u>Davenport</u>.

87 Ces articles ont été publiés dans *New York American*, 3 septembre 1922.

88 *Morning Post*, 16 juillet 1920.

89 Voir <u>l'annexe G</u>.

90 Lady Doyle ne le savait pas. Si l'Esprit de ma Chère Mère avait communiqué un message, elle, sachant que son anniversaire était ma fête la plus sainte, l'aurait sûrement commenté.

91 Jusqu'à présent, toutes les séances d'investigation organisées sous les auspices du Scientific American n'ont pas réussi à prouver l'existence d'un pouvoir ou d'une force surnaturelle, telle qu'on pourrait, avec une cohérence logique, l'admettre comme étant psychique.

Valentine, le médium de Wilkesbarre, s'est révélé être un échec. Révérend (?) Jessie K. Stewart pareil. Mme Elizabeth Allen Tomson de Chicago, un fiasco complet, ne possédant pas assez de courage pour tenter une séance autrement que dans les conditions et dans un lieu prescrits par elle-même. Enfin, le garçon italien Nino Pecoraro n'a rien accompli au-delà des possibilités d'un effort humain, et il a complètement échoué lorsqu'il était solidement enchaîné, comme cela s'est avéré être le cas lorsque j'ai personnellement fait les attaches. Voir également l' annexe <u>H.</u>

Et d'après les résultats obtenus jusqu'à présent grâce à la série de séances avec ce « médium », on peut prédire que l'analyse finale le placera dans la même catégorie que tous les autres jusqu'à présent.

92 Selon les publications spiritualistes, la Société dialectique n'a jamais rédigé de rapport complet. Les « rapports » des sous-comités uniquement étaient publiés par des journaux spiritualistes utilisés par les écrivains dans des livres, mais ces *rapports* étaient basés sur des « ouï-dire » de témoignages

recueillis auprès des spirites . Ils ont raconté leurs histoires de fantômes aux comités et on les a crus. Il n'y a jamais eu de rapport ou de conclusion unanime. Les membres non spirituels (?) de la Société dialectique ont refusé de participer à l'enquête. La grande majorité des membres du Comité étaient des spiritualistes à part entière, et les rares personnes qu'ils prétendaient avoir convaincus étaient tout simplement crédules.

93 Sir Arthur Conan Doyle semble imaginer que tous les journaux du monde sont contre lui. Après sa tournée australienne, il accusa les journaux australiens de refuser de publier la vérité sur ses séances. Écrivant sur les journaux américains dans son livre « An American Adventure », il écrit : « Les rédacteurs semblent placer l'intelligence du public très bas et s'imaginer qu'ils ne peuvent être attirés que par des gros titres vulgaires et criards.

« Les journaux américains ont aussi une étrange manière de s'efforcer de résumer tout le sens d'un article en quelques mots de titre, qui, le plus souvent, sont de l'argot. »

Même au Canada, Sir Arthur affirme en avoir fait un mauvais usage par les journaux. Dans « Our American Adventure », il écrit : « Il y a eu des attaques plutôt amères dans les journaux de Toronto, y compris contre l'unique leader dans l' *Evening Telegram* , qui était si étroit et antilibéral que je ne pense pas que le journal le plus provincial de Grande-Bretagne aurait pu être coupable de cela.

«Il s'agissait du fait que les conférenciers britanniques retiraient de l'argent de la ville, qu'ils n'en donnaient pas pour leur argent et qu'il fallait les décourager.

« « Les piquer dans les yeux » était le titre digne.

« Il ne semblait pas venir à l'esprit de l'écrivain qu'un opéra-comique ou une comédie de chambre retirait également de l'argent de la ville, mais que le but principal des conférences, que l'on soit d'accord ou non avec le sujet, était de garder le public en contact direct avec les grandes questions actuelles de l'humanité. Je dois dire qu'aucun autre journal de Toronto n'a sombré dans les profondeurs de l' *Evening Telegram* , mais l'atmosphère générale était la moins agréable que j'aie jamais rencontrée au cours de mes voyages aux États-Unis.

94 Dans un article paru dans *Truth* , avril 1923, intitulé « The New Revelation », par le révérend P. J. Cormican , S. J., il demande :

> « Le prophète chevalier de la Nouvelle Révélation (Sir Arthur Conan Doyle) dit-il toute la vérité sur le Spiritisme ? Nous ne le pensons pas. Il ne dit rien des conséquences néfastes, physiques, intellectuelles et morales, de ceux qui se mêlent du Spiritisme. Il donne un aperçu unilatéral de la question. Il ne dit rien de ce que le Spiritisme a fait et fait encore pour remplir nos asiles d'aliénés partout dans le monde. Rien qu'en Angleterre, il y a plus de trente mille fous qui ont perdu la raison à cause de cette nécromancie moderne. Doyle ne fait même pas allusion aux innombrables cas de folie et de suicide, de blasphème et d'obscénité, de mensonge et de tromperie, de foyers brisés et de vérité violée, tous causés par le Spiritisme. Supposer qu'un Dieu de vérité et de sainteté transmet un nouveau message à travers de telles sources et avec de telles conséquences est un blasphème pur et simple. De plus, affirmer que cette Nouvelle Révélation doit remplacer un credo usé est à la fois gratuit et absurde. Le christianisme durera jusqu'à la catastrophe, lorsque les prophètes titrés auront cessé de traverser l'Atlantique à la recherche de shekels américains.

95 Mme Feilding est Mme. Tomchik , le médium polonais examiné par le professeur Ochorowiz , est le médium le plus connu qui « fait léviter » des choses sans contact physique.

96 À aucun moment, à ma connaissance, la fouille n'a porté sur les orifices de son corps.

97 Dans cette astuce, j'avale (si l'on en croit les yeux) de cinquante à cent cinquante aiguilles et de dix à trente mètres de fil ; puis au bout de quelques secondes je remonte les aiguilles toutes enfilées. La longueur du fil dépend de la taille de mon audience. Par exemple, à l'Hippodrome de New York, j'ai utilisé cent dix pieds de fil et deux cents aiguilles ; au jardin d'hiver de Berlin, cent pieds de fil et cent aiguilles. Dans les théâtres ordinaires de grande taille, j'utilise environ quatre-vingts pieds de fil et cent aiguilles, mais pour des usages ordinaires, trente-cinq pieds de fil et soixante-quinze aiguilles suffisent.

Jusqu'à présent , cette astuce n'a jamais été correctement expliquée mais cela ne prouve pas que j'ai des pouvoirs anormaux. Ce mystère de l'aiguille a été examiné par un grand nombre de médecins et de chirurgiens et, à Boston, au Keith's Theatre, il a été présenté lors d'une représentation spéciale à plus d'un millier de médecins, sans que ceux-ci soient en mesure de l'expliquer. Cependant, il n'y a rien d'anormal là-dedans. Ce n'est rien d'autre qu'une mystification astucieuse et naturelle.

98 C'est-à-dire qu'il a un complice secret. Celui qui fait des choses pour aider « inconnu ». Celui qui est dans le « clic ».

99 Après ma dernière séance avec Mlle. Eva M. Feilding a découvert par hasard que j'écrivais un livre sur le sujet. Il m'a supplié de ne pas dire un mot ni de publier quoi que ce soit sur les séances avant que la Society for Psychical Research n'ait publié un rapport complet. Maintenant que c'est fait, rien ne m'empêche d'écrire mes expériences.

100 Les résultats de ses investigations sont publiés dans trois livres : « Reality of Psychic Phenomena », « Psychic Structures at Goligher Circle » et « Experiments in Psychical Science ».

101 Il serait difficile de me convaincre que les nombreuses choses photographiées et décrites par le baron Schrenck-Notzing pouvaient être présentées dans des conditions de test rigides.

102 Dr Troup, professeur de psychologie ; Dr Stormer, professeur de mathématiques ; Dr Scheldrup , professeur de physique ; Dr Monrad Krhn , professeur de neurologie ; Dr (méd.) Leegaard et M. John Dammann , un éminent expert en tours de prestidigitation.

103 Guzek a été exposé à Paris comme je l'avais prédit, l'exposition s'est produite plus tôt que prévu.

104 Une des plus grandes femmes nées en Amérique. — H. H.

105 Ce message spirituel est tiré du livre de Doyle, « The Case for Spirit Photography », édition anglaise.

106 Ceci et les lettres de Tyndall et Lewes, tirées de « Report on Spiritualism », de J. Burns, pp. 229, 230, 265.

107 « Le spiritisme, une histoire populaire », par Joseph McCabe.

108 « Maîtres ouvriers », McCabe.

109 Florence Cook a été dénoncée à plusieurs reprises.

110 Le « galvanomètre » est un instrument utilisé pour contrôler le milieu. Il s'agit d'un appareil électrique doté d'un cadran et de

deux poignées, construit de telle sorte que si le support lâchait l'une ou l'autre poignée, le contact serait rompu et le cadran ne parviendrait pas à s'enregistrer. Le médium, pour tromper la modèle, plaçait simplement une des poignées sur la chair nue sous son genou et la saisissait là avec sa jambe, gardant le circuit intact et laissant une main libre pour produire des « esprits ».

111 Un scientifique honnête ne rêve pas que sa confiance est trahie et que l'innocence fade, le « ralentissement » du souffle ou les scènes de presque évanouissement ne sont que des camouflages destinés à aider la mauvaise observation afin que le médium puisse exercer avec succès son métier.

112 Les italiques sont de moi.

113 Le lecteur ferait bien de lire « Influence de l'esprit sur le corps » de Tuke (ou un ouvrage similaire) et il trouvera une explication de l'effet du chagrin sur un esprit sensible.

114 Peut-être, mais ne serait pas accepté comme preuve devant un tribunal d'équité.

115 Il m'a personnellement répété la même chose.

116 La boisson n'est pas une excuse pour le crime.

117 La grande majorité des coffres-forts Continental s'ouvrent par des clés et non par des serrures à combinaison comme en Amérique.

118 Je crois fermement au fonctionnement du subconscient.

119 *The Spirit Messenger* et The *Star of Truth* ont été publiés en 1852 par R. P. Ambler de Springfield, Massachusetts. Ils ont été « *édités et composés par des esprits* ». L'Esprit du Sixième Cercle prenait entièrement en charge l' *Esprit Messager* , et même l'éditeur n'était pas autorisé à dicter le moins du monde. Il y eut des éclaircissements des Esprits sur « l'Espoir, la Vie, la Vérité, l'Initiation, les Relations Marriaires, les Maux de la Société et la Destinée de la Race ». *The Northwestern Orient* , publié en 1852 par C. H. White, contenait des communications de John Adams, Edgar Allan Poe, John Wesley, John Whitefield, Thomas Paine et *al.* Il contenait également plusieurs poèmes des Esprits. Des exemplaires sont conservés dans ma bibliothèque.

120 « Lorsque William était en transe, son père a essayé de le faire sortir en le frappant, en le pinçant et en faisant d'autres actes

de cruauté, et a finalement essayé de lui verser de l'eau bouillante dans le dos. À défaut, il a pris une braise flamboyante du foyer et l'a placée sur la tête du jeune homme, mais William a continué à dormir, avec seulement les cicatrices pour rappeler la profonde préoccupation de ses parents pour son bien-être et sa sécurité. —« Eddy Brothers», par Henry S. Olcott.

121 J'ai donné une pseudo séance pour Sophie Irène Loeb et j'ai fait faire deux ardoises qui ont été examinées par le Cercle et notées. J'ai demandé si les Esprits se manifesteraient et lorsque les ardoises ont été ouvertes, il y avait un message contenant un mot de code. Miss Loeb était stupéfaite, car le message signé par Jack London contenait un mot dont, selon elle, personne au monde ne connaissait l'existence. Je l'ai fait par ruse mais elle a déclaré que si elle n'avait pas su que j'étais magicien, elle aurait facilement cru que j'avais des pouvoirs psychiques.

122 Un homme du nom de Rider, professionnellement connu sous le nom de « Kodarz », a exposé Bailey en Nouvelle-Zélande en 1916.

123 Sans aucune réserve, elle affirme avoir enquêté sur la majorité des médiums et leur avoir donné une note entièrement nette. Elle écrit qu'Eglinton a en réalité matérialisé l'esprit de Grimwaldi , le grand clown. Eglinton a été détectée à quatre occasions différentes et, autant que j'ai pu le savoir, presque tous les médiums qu'elle mentionne dans ses livres ont, à un moment ou à un autre, été détectés et exposés.

124 Voir l'annexe F .

125 Maskelyne, Kellar et Hoffmann étaient tous trois des magiciens qui ont changé d'avis.

126 Tout appareil ou jeu de jeu préparé, comme les dés en acier à commande électrique ; roulette; artifice tournant de pointeur et de flèche; cartes préparées, soit marquées, concaves ou convexes, ce qui donne l'avantage au croupier à tout moment. Les jeux de corset incluent tout, du put and take au changement d'un sac noir sur le dessus d'un chiffonnier à l'air innocent. Les jeux, tout en paraissant régis par la loi du hasard, sont secrètement contrôlés par le joueur ou son complice, d'une manière si subtile qu'il est impossible au pauvre dupe, qui parie sur le résultat, de s'en apercevoir.

127 Connu sous le nom de pêche.

128 *Actes de la Société pour la recherche psychique* , Vol. XIV, p. 380, 381.

129 « Second Sight » a été présenté par Pinetti , le célèbre magicien italien, au Haymarket Theatre, Londres, Angleterre, le 1er décembre 1784.

130 Une jeune fille nommée Shireen tient aujourd'hui une séance similaire et est capable de frapper une cible avec un fusil.

131 Un compte rendu complet et détaillé du travail intelligent effectué par le professeur Lewis se trouve dans *Proceedings of the Society for Psychical Research* , Vol IV, pp. 338-352.